말, 글 그리고 세상 2

한자의 어원으로 보는 우리말 우리글
말, 글 그리고 세상 ❷

첫판 1쇄 펴낸날 2014년 11월 24일

지은이 황안웅
펴낸이 박성규

펴낸곳 도서출판 아침이슬
등록 1999년 1월 9일(제10-1699호)
주소 서울 은평구 신사동 25-6(122-080)
전화 02) 332-6106
팩스 02) 322-1740
이메일 21cmdew@hanmail.net

ISBN 978-89-6429-136-8 04710
ISBN 978-89-6429-137-5 (세트) 04710

이 도서의 국립중앙도서관 출판예정도서목록(CIP)은
서지정보유통지원시스템 홈페이지(http://seoji.nl.go.kr)와
국가자료공동목록시스템(http://www.nl.go.kr/kolisnet)에서 이용하실 수 있습니다.
(CIP제어번호: CIP2014030967)

한자의 어원으로 보는 우리말 우리글

말, 글 그리고 세상

2

황안웅 지음

아침이슬

여는글

또 말(言語), 글(文字) 그리고 세상(世上)을 내면서

인간이 남에게 뜻을 전달하는 수단은 애당초에는 오직 '소리'뿐이었다. 그러던 것이 소리에 뜻을 더하여 '말'이 된 것이다. 외마디 소리만으로는 자신의 가슴속에 담겨진 뜻을 전달하기에는 너무나 부족했기 때문에 소리에 소리를 덧붙여 '말'이 나온 것이다.

그렇다면 말이란 무엇을 말하는 것인가? 어른의 말을 잘 새겨들어 일을 제대로 잘하면 더 이상 '말'을 듣지 않아도 되지만 그렇지 않고 제멋대로 하면 '말'을 들을 수밖에 없다는 것이다. 그래서 '말'은 어른이 철없이 구는 아랫사람을 나무라는 데 쓰는 것이니 곧 한편으로는 '말라'는 뜻이 들어 있는 것이 곧 '말'이다.

일상으로 자주 쓰는 말은 단지 한 음절일 뿐이지만 조금 복잡할수록 두 음절 이상으로 이뤄진 것이 또한 말이다. 산, 강, 꽃, 나, 너 등과 같은 말들은 항상 쓰는 말이기 때문에 단음일 뿐이지만 사랑, 미움과 같은 단어들은 두 음절이다.

사람은 어려서부터 말을 배운다. 제일 먼저 배우는 말이 '엄마'요 '젖'이다. 필요하기 때문에 말을 배운다. 그러다가 점차 사랑이니 미움이니 하는 자신의 감정을 나타내는 말들을 배운다. 처음에는 단순한 명사부터 배우기 시작하여 점차 추상적인 명사를 배우게 되고 지식이 넓어지면 넓어질수록 명사를 벗어나 동사 내지는 형용사들을 배운다.

따라서 말을 사용하는 범위가 다양하면 다양할수록 자신의 가슴속에 갊아 둔 것들이 더욱 잘 표현되기 마련이기 때문에 사실 말하는 소리를 잘 들어 보면 상대방의 지식수준이나 교양 정도를 짐작할 수 있다.

공자의 말씀을 주로 묶어 놓은 글을 〈논어〉라 한다. 그런데 그 내용을 자세히 살펴보면 거의가 다 "그리 말라"라든가 아니면 "그리하라"는 말들이다. 그러나 다만 쓸모없는 말들이 아니라 대단히 쓰임새 있는 말들을 엮어 놓았다. 그래서 '말씀'을 엮어 놓은 것이라 이름하여 〈논어〉(論語)라 받들어지고 있다.

소리에도 물론 뜻이 포함되어 있지 않은 것은 아니나 '소리'는 단순히 소리일 뿐이고 그 소리를 벗어난 '말'로 발전하여 소리에 뜻이 포함되어 나오자 표현 전달의 효과는 더욱 명백해졌다.

'소리'나 '말'은 공간적인 제약을 벗어날 수 없다. 만약 공자님의 말씀이 다만 구전으로만 전해져 내려왔다면 본디 말씀 그대로가 고스란히 전해져 내려올 수도 없거니와 설사 고스란히 전해져 왔다 할지라도 그 참다운 뜻을 받아들이기에는 많은 어려움이 있었을 것이다.

그래서 나온 것이 '글'이라는 것이었다. '글'이란 한마디로 말해서 '그림'의 준말이다. '소리'나 '말'이 공간적인 제약을 벗어날 수 없는 것을 보완해서 나온 것이 '글'이기 때문에 비로소 '글'이 나온 이후로부터 역사시대가 시작된 것이다.

'글'은 그림의 준말이기 때문에 '글'의 시작은 동양이나 서양을 막론하고 다 상형을 원칙으로 하는데 특히 한자는 다른 글들보다 상형성이 훨씬 두드러진다. 예를 들면 한 그루의 나무가 여기 서 있다고 하자. 나무라는 '말'은 나온 부분과 땅속에 묻힌 부분이 있다는 '말'이다. '나무'를 '글'로 나타내자면 그대로 '木'(나무 목)이라 쓰지 않을 수 없다. 이미 나무를 나무라고 본떠 나타내자면 나온 부분과 묻힌 부분을 다 함께 표현해 주지 않으면 안 되기 때문이다. 그중 묻힌 부분을 나타내자면 '本'(근본 본)이요, 나온 부분은 '末'(끝 말)이다.

나온 부분과 묻힌 부분이 있기 때문에 이 두 부분을 본떠서 '나무'를 나타내지 않으면 안 되기 때문에 나무를 나타내는 글은 자연히 '木'이라 쓸 수밖에 별다른 도리가 없는 것이다. 나무를 나무라 말하는 것은 다분히 음악적이라면, 나무를 '木'이라 쓰는 것은 다분히 회화적일 수밖에 없다.

〈대학〉에 나오는 "물에는 근본과 끝이 있고, 일에는 마침과 시작이 있나니 그 먼저 할 바와 나중에 할 바를 알면 곧 도에 가까우니라."(物有本末, 事有終始, 知所先後, 則近道矣)라는 글귀를 한번 자세히 풀어 보자.

아무리 하찮은 식물이라 할지라도 근본과 끝이 있고
아주 복잡한 인간사라 할지라도 마침과 처음이 있나니
그 먼저 하여야 할 바와 나중에 하여야 할 바를 알면
곧 도에 가깝다 할 것이니라.

여기에서 말하는 물(物)이란 온 천하에 널려 있는 만물 중에 식물을 지목한 것이다. 왜냐하면 식물만이 땅속에 묻힌 뿌리와 밖으로 나온 가지들이 있기 때문이다.

그리고 사(事)란 천지만엽으로 무성하게 나온 부분을 말하여 복잡한 인간사를 뜻하는 말이다. 이 가운데 반드시 먼저 해야 할 바와 뒤에 해야 할 바가 있음을 잘 알아 그대로 행하면 곧 도에 가깝다는 말이다.

이처럼 글은 경예의 근본이며 왕정의 비롯이다(文字, 經藝之本 王政之始). 뿌리가 제자리를 잡고 굳건해야 줄기나 가지가 무성해지는 것처럼 근본이 세워져야 길이 열리는 법이다(本立而道生).

끝으로 2008년 이후부터 오늘날까지 변변치 못한 졸고를 영남일보에 연재토록 지면을 내어 주신 동암 배성로 회장님께 깊은 감사를 드리며, 웰빙센터 이정환 팀장님과 편집국 관계자 여러분의 노고에 깊은 감사의 뜻을 전한다.

2014년 국화절에

吳超 黃安雄 씀

차례

차 례

차 례

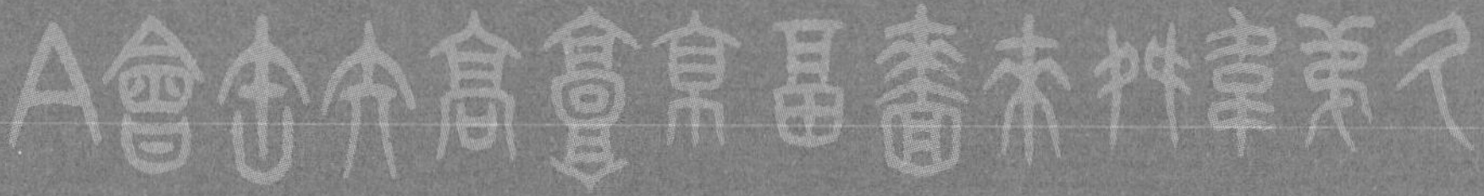

亼 모일 집

밑바탕과 좌우가 어울려 모인 모양

하나가 또 다른 하나를 만나면 '만남'이며, 이 만남에 다시 또 하나가 어우러지면 '모임'이 된다. 그래서 '모임'을 나타내는 글을 '세 가지의 결합'(三合)으로 그려 내어 '亼'(모일 집)이라 하였다. '많다'는 뜻을 두고도 둘 이상의 만남으로 나타낸 것이 아니라 셋으로 쓰게 된 것이다.

아무리 많은 벌레들이 집단을 이루고 있다 할지라도 '蟲'(벌레 충)이라 하고, 금강산이 비록 일만 이천 봉으로 이루어져 있을지라도 어디까지나 산은 산인지라 그 많은 봉우리 중에 셋만을 들어 '山'(뫼 산)이라 하였다. 자연물만 그런 것은 아니다.

사람이 하나일 경우에는 '人'이라 하나 둘을 앞뒤로 놓으면 뒤진 사람은 반드시 앞선 사람을 따라가야 한다는 뜻에서 '從'(따를 종)이라 하며, 수많은 사람들이 한군데 모여 뜻 모아 피를 바치는 일을 한다 할지라도 그런 때에는 '血'(피 혈) 밑에 세 사람을 겹쳐 '衆'(무리 중)이라 하였다.

셋을 도형의 기본 꼴로 여기듯 '셋의 결합'을 두고 '모인다'는 뜻을 나타낸 것은 당연한 발상이다. 이때에 밑의 '一'은 좌우를 아우르는 바탕이며, 그 바탕 위에 그려진 두 획들은 좌우를 나타낸 것으로 이를 종합해 보면 결국 '모인다'는 뜻이 될 수밖에 없다.

그리고 그 소릿값 또한 '집'이라 하였다. 오늘날 우리가 흔히 쓰는 '집'— 날 저물면 모든 가족들이 모여 휴식을 취하는 '집'도 여기에서 그 유래를 찾을 수밖에 없다. 사람들은 날이 밝으면 각각 일터로 나아가 흩어져 일하다가 날이 저물면 다시 '집'으로 모여든다.

공중을 나는 새들도 날이 밝으면 일단 먹이를 찾아 공중을 날다가 쉴 때에는 반드시 나무 위에 모여 조잘거리기 마련이다. 그래서 '木'(나무 목) 위에 새 떼를 올려붙여 '모인다'는 뜻으로 썼다가 그냥 '隹'(새 추) 한 글자만 올려붙여 '集'(모일 집)이라 쓰게 된 것이다.

쓸 만한 물건들은 집안에 놓아두고 버리지 않지만 별 쓸모없는 물건들은 손써서 집밖으로 내버리기 때문에 '舍'(집 사)에 '扌'(손 수)를 붙여 '捨'(버릴 사)라 하였고, 다시 쓸 만한 것을 보면 집안으로 들여 잘 합쳐 놓는다는 뜻으로 '拾'(주울 습)이라 하였다.

삶을 살아가는 동안 버릴 것은 무엇이며, 주워 들일 것은 무엇인가? 지나친 욕심은 언제나 망설이지 말고 버려야 할 것이며, 행여나 격한 감정의 충동으로 인하여 제 가슴속을 벗어나 천 갈래 만 갈래 찢어진 마음은 한사코 불러 모아야 할 것이다.

욕심의 성을 벗어난 석가세존의 '出家'는 바람직한 일이지만, 그동안 화기애애한 집안의 분위기를 깨트리는 철없는 소녀의 '家出'은 전혀 몹쓸 일이다. 본심은 항상 가슴속을 벗어남이 없이 맑게 자리 잡고 있어야 변화하는 사물을 제대로 가늠할 수 있다.

쓸모없다고 버린 뒤의 아쉬움도 있고, 버리지 않고 쌓아 두었다가 더 이상 거두어들일 수 없는 일도 딱한 일 중의 하나다. 버릴 것을 과감히 버릴 줄 알고, 거둬들일 것을 꼼꼼히 거둬들일 줄 아는 슬기가 필요하다.

산은 모든 생명들을 깁는데 '차가운 산'에는 그들이 살 수 없다. 그래서 '寒山'은 버린다. 그러나 '拾得'은 거둬들인다.

會 모일 회

시루 위의 증기가 올라 모인 모양

솥 안에 물을 담아 그 위에 시루를 걸고, 시루 구멍을 막은 채 익혀야 할 것을 넣고 뚜껑을 덮은 뒤, 아궁이에 불을 지피면 솥 안의 물이 끓어오름에 따라 수증기가 점차 시루 위를 맴돌면서 모이게 되고, 그러다 보면 시루 속의 음식은 뜨거운 김으로 인해 익혀지기 마련이다.

그래서 '솥'(曰; 왈은 솥에 담겨진 물을 나타낸 것임)의 위에 얹어진 '시루'에서 김이 무럭무럭 모여 오르는 모양을 그대로 본뜬 글자가 곧 '曾'(시루 증의 본디 글자)이다. 시루는 솥을 벗어날 수 없고, 솥 속의 물이 시루 위의 김으로 오를 수밖에 없다.

이런 맥락에서 본디 시루를 뜻하던 '曾'은 솥 위에 얹어진 그릇으로 솥 안에 담겨진 물이 시루 위의 김으로 변하듯, 이전의 그 어느 때라는 뜻으로 '일찍이'라는 말로 때를 나타내는 부사로 쓰이게 되었고, '曾'에 '瓦'(질그릇 와)를 붙여 '甑'(시루 증)이라 하였다.

시루를 뜻하던 명사가 때를 나타내는 부사로 바뀐 것은 곧 한자 성립의 특색이다. 한자에서의 기본은 사물의 모양을 그대로 본뜬 상형이듯이, 대부분 동사나 부사 및 형용사들은 다 명사에서 갈라져 나간 것임을 익히 짐작할 수 있다.

'曾'에 '人'을 붙이면 일찍이 속세를 떠나 새로운 깨달음을 얻기 위해 나선 사람인 '僧'(출가한 스님)을 말하며, '忄'(마음 심)을 붙이면 솥 위에 시루가 얹어져 솥 속의 물이 시루 위의 김으로 무럭무럭 솟아오르듯 쉽사리 마음속에서 떨쳐낼 수 없는 '憎'(미워할 증)을 뜻한다.

또한 타인의 모범이 되어 이를 널리 알림과 동시에 그런 일을 한 당사자를 기리기 위해 상장과 더불어 값진 상품을 얹어 내려주는 일을 일컬어 '贈'(내릴 증)이라 하였다.

'賞'(상줄 상)이라는 말도 '尙'(높일 상)에 '貝'(값질 패)를 붙였고 '贈'에도 '貝'를 붙였으니 상장을 주고 상품을 내리는 일은 높일 만한 일에 값진 문서와 더불어 값진 상품을 얹어 내려주는 일이니 당연한 일이다.

태평이 계속되다 보면 그 태평의 끝은 반드시 더부룩한 일이 일어날 수밖에 없고, 융통이 잘되는 그 끝은 막힘이 찾아오기 마련이다. 그래서 "'泰'(태평할 태)의 다음에 '否'(더부룩할 비)를 두었고, 그다음에는 그 더부룩한 상태를 청산하기 위해서 여럿이 힘을 모으는 '同人'이 온다."〈주역〉고 하였다.

역사의 수레바퀴 자국을 잘 살펴보면 이와 같은 흐름이 반복됨을 알 수 있다. 풍년이 들어 나라의 백성들 각자가 살 만하면 배 두드리며 서로 형이니 아우니 하고 넘나들며 오순도순 살아간다. 그러나 나라 전체가 가뭄이 들거나 적의 침입으로 말미암아 난리가 났을 때에는 이를 해결하기 위해 일심동체가 되어 비를 비는 기우제를 정성껏 지내거나 목숨을 걸고 의병을 일으켜 죽창을 들고 적과 맞서 싸우기 마련이었다.

그래서 "뭉치면 다 같이 살고, 흩어지면 다 같이 죽는다."는 '뭉침'이 태평할 때보다는 어려울 때일수록 더욱 단단하였다. 마치 솥 안의 물이 끓어 시루 위의 김으로 한데 뭉치는 것처럼.

따라서 일단 아궁이에 불을 지필 만한 이슈가 벌어지면 그 타오르는 불꽃의 농도에 따라 솥 속의 물은 펄펄 끓고 그 물은 시루를 통해 김으로 뭉치기 마련이니 '會'(모일 회) 자가 곧 이런 뜻의 글자다.

倉

倉 창고 창
지붕과 창문과 그리고 저장된 물건

살림을 살다 보면 반드시 먹고 입고 살아가는 공간이 있어야 하며 그 가운데 먹는 양식은 입는 옷이나 사는 집과는 달리 매일 매 끼니마다 먹어야 하기 때문에 '식량'을 갈무리해 두는 곡간이 있어야 하며, 동시에 생활에 필요한 도구를 저장해 두는 공간이 있어야 한다.

아무리 어려운 살림이라 할지라도 주로 먹을 양식인 '쌀'을 비롯한 곡식을 저장해 두는 공간은 있어야 하며, 그 공간의 크기는 바로 그 집의 살림 규모와 비례되는 것이 원칙이다. 특히 대가족 사회에서는 이른바 식량을 저장하는 '곡간'이 커야 할 필요가 있다.

그래서 곡간의 크기에 따라 살림의 규모를 짐작할 수 있으며, 또한 그 집안 '식구'의 다소를 엿볼 수 있는 척도가 되는데 식구는 많고 미처 곡식을 다 갈무리할 곡간이 부족할 때에는 지붕과 담장 사이에 다시 지붕을 뼁 둘러치고 회랑을 만들어 '보리'와 같은 곡식을 저장하기도 한다.

이런 경우 주로 주식인 '쌀'을 저장해 두는 별도의 곡간을 일컬어 '倉'(곡간 창)이라 하였다. 따라서 '倉'은 튼튼한 지붕(亼)에 바람이 통하는 창구(戶)가 있어야 하고, 그 속에 곡식을 비롯한 물건(口)들을 들여놓은 공간이라는 뜻을 그대로 나타낸 글자다.

한편 '쌀'보다는 저장성이 강한 보리 등을 갈무리함에는 더러 본체의 지붕과 담장 사이에 지붕을 얹어 만든 공간을 활용하기도 하였기 때문에 이를 '廩'(곳집 름)이라 하였다. '廩'은 지붕 위에 지붕을 덧씌워 집채를 뼁 둘러(回) 여기에 곡식(禾)을 갈무리해 두는 공간이라는 뜻을 그대로 나타낸 글자이니 '倉廩'은 주로 곡식을 갈무리하는 저장 공간을 말한다.

"백성은 먹이를 하늘로 여긴다."(民, 以食爲天)〈설문해자〉라거나 속담에 "백성들은 등 따습고 배부르면 아무 모자람이 없다."는 말을 곰곰 음미해 보면 정치란 '다살림'으로 역시 경제가 잘 잡혀야 한다는 것을 알 수 있다. 역사도 좋고 문화도 좋고 예술도 다 좋다. 그러나 삶의 바탕은 오직 경제일 뿐이다.

이런 점에서 "조정이 지나치게 말끔하기만 하면, 백성들의 밭은 지나치게 잡초만 무성하고, 백성들의 곡간은 지나치게 빌 뿐이다."(朝甚除, 田甚蕪, 倉甚虛)〈도덕경 53장〉라는 노자의 말씀은 몇 천 년이 지난 오늘날에도 반드시 귀 기울여야 할 금쪽같은 말씀이다.

반만년 역사의 흐름 속에 이미 쌓여진 우리의 금은보화가 전혀 없을 수는 없다. 이미 창고 속에 가득한 우리의 보배들을 거침없이 열어 제치고 하나하나 꺼내어 다시 재정리의 길을 활짝 열어야 한다. 그래야 새롭게 나갈 우리의 길이 훤히 열린다.

흔히 "옛 것을 익혀야 새로운 것을 알 수 있다."(溫故知新)라는 공자의 말씀을 금과옥조(金科玉條)라 찬탄하면서도 막상 실천해 가는 모습은 찾아보기 어렵다.

바탕이 넓어야 그 바탕에서 날카로운 뿔이 끊임없이 돋는 법, 큰 바탕(大)에서 날카로움(小)이 나와야 이것이 곧 '尖'(뾰족할 첨)이 된다. 마찬가지로 묵은 창고(倉)를 과감히 열어야(八;= 刂) 새로운 아이디어, 즉 창의성(創意性)이 발휘될 수 있다.

入 들 입
지하수 향해 깊이 파고들어 가는 모습

나오고 들어가는 것은 자연의 어김없는 법칙이다. 일 년을 두고 보면 동짓날 땅속 깊이 들었던 양기가 춘분이 되어서야 땅 위로 오르기 시작하여 하짓날에 절정에 오른다. 그런 뒤에 다시 하짓날을 기점으로 하여 추분이 되면 땅속으로 들기 시작하여 동짓날이 되면 양기가 땅 밑으로 가장 깊숙이 든다.

양기가 가장 절정에 오른 때는 곧 낮의 길이가 가장 길고, 양기가 가장 땅속 깊이 든 때는 밤이 가장 길다.

비단 천지 사이를 운행하는 음양의 두 기운만이 그런 것이 아니다. 음이 성하면 양이 줄고, 양이 성하면 음이 줄어들기 마련이며, 음은 묻어 주었다가 내어 주고, 양은 이끌어 내는 작용을 하기 때문에 천지간의 모든 생명체들은 이런 두 기운의 조화에 따라 낳고 죽는 일을 반복할 뿐이다.

늦은 가을에 심어서 한겨울을 거치며 다시 봄이 거의 지나서야 거두어들이는 '보리'는 음기 속에 숨은 채 자라다가 봄의 양기를 받아 익기 때문에 알 하나하나가 고개를 쳐든 채 여물 수밖에 없고, 대부분의 가을 곡식들은 땅속으로 들어가는 양기 따라 고개를 숙인 모양이라 하였다.

한 그루의 나무를 살펴보자. 본디 '나무'라는 말 자체가 나온 부분과 묻힌 부분으로 이뤄져 있기로 '나무'라 말한 것이다. 그래서 묻힌 부분에 한 획을 그어 '本'(뿌리 본)이라 하고, 땅속을 벗어나 자란 가지 끝에 한 획을 그어 ‘末’(끝 말)이라 하였다.

뿌리가 튼튼해야 나머지 줄기나 가지도 튼튼한 법이니 한 그루의 나무가 무성하게 자라려면 바로 뿌리가 튼튼해야 한다. 따라서 “뿌리 깊은 나무는 바람에 흔들리지 않고, 샘이 깊은 물은 마르지 않는다.”고 하여 모진 바람에 견디는 나무는 뿌리의 깊이 여하에 달려 있다고 하였다.

이처럼 일단 땅속에 심긴 종자가 맨 먼저 껍질을 깨고 자리를 잡아 가고자 뿌리를 내리는 모양을 그대로 본떠 ‘甲’(첫째 갑)이라 하였다. 그러하니 모든 일은 좋은 종자가 좋은 땅을 만나 뿌리를 튼튼히 내리는 일로부터 비롯되어야 좋은 열매를 맺을 수 있다.

한 그루의 나무가 무성하게 자랄 수 있는 또 하나의 조건은 깊이 파고들어 갈 수 있는 만큼 뿌리가 땅속을 파고들어 가야 하는 것인데 이런 때에 밤낮없이 지하수를 향해 깊이 파고들어 가는 뿌리의 모양을 본뜬 글자를 곧 ‘入’(들 입) 자로 삼았다.

따라서 ‘들다’는 말은 밖으로부터 안으로 들어간다(自外而中也, 자외이중야)는 말이며, ‘안속’이라는 말은 들어가 버린 바로 그곳이라는 뜻이라 ‘入’에 경계를 나타낸 ‘冂’(경계 경)을 합쳐 ‘內’(안 내)라 하였다. 나아가 옥에 전혀 티가 하나도 없다는 말은 ‘玉’(변하여 왕이 됨)에 ‘入’을 붙여 속까지도 아무런 티가 없다는 뜻에서 ‘全’(온전 전)이라 하였다.

쉽게 드러나는 밖을 살펴 좋고 나쁜 것을 가리는 일은 경솔한 일이다. 드러난 밖보다는 안속이 좋아야 참으로 좋은 것이다. 드러난 것은 쉽게 닦아 낼 수 있지만 숨겨진 속을 닦아 내기는 그리 쉽지 않기 때문이다. 속까지 티가 없어야 ‘온전’하다고 말할 수 있다. 겉으로만 그럴싸한 것은 ‘겉짓’(거짓)일 경우가 많다.

缶 장군 부

배가 불룩하고 목이 좁은 아가리로 된 병의 모양

물건을 담는 그릇은 흙으로 만든 것도 있고, 나무로 만든 것도 있고, 대나무로 만든 것도 있고, 짐승의 뿔 속을 파내어 만든 것도 있고, 나아가 쇠로 지은 것도 있다. 이 가운데 가장 많은 것은 역시 흙으로 지은 질그릇이다.

특히 물을 담을 수 있는 그릇으로 가장 적당한 것은 역시 질그릇인데, 작게는 술이나 간장을 담는 깍쟁이로부터 크게는 열 말 넘는 술을 담아 두는 술 단지에 이르기까지 크고 작은 그릇들이 다양하다.

그릇이라 하면 첫째는 물건을 담는 그릇 자체가 있어야 하고, 둘째는 크고 작은 그릇에 걸맞은 크고 작은 덮개가 있으며, 셋째는 그릇에 그린 무늬가 있는 것이 보통인데 이를 그대로 본뜬 글자가 곧 '缶'이다.

따라서 일반적으로 술을 담아 두는 술독을 '罍'(술독 뢰)라 하고, 이 술독에서 술을 담아 나르는 술 두레박을 '缾'(두레박 병)이라 하며, 술독에서 술을 두레박질하는 일을 일러 '罄'(빌 경)이라 한다.

그래서 언제나 술독에 든 술을 두레박질하는 것인데 두레박질할 일이 없는 것은 술독에 술이 차 있지 않은 까닭이기 때문에 "두레박에 술을 더 담지 못하는 것은 오직 술독의 부끄러움일 뿐이다."(缾之罄矣(병지경의), 唯罍之恥(유뢰지치))〈시경〉라는 말이 있다.

아주 먼 옛날로부터 노래 불러 내려온 이 말의 참뜻은 부자가 가난한 이들에게 나누어 주지 않고, 대중이 소수를 동정하지 않으며, 또는 그 근본을 다스릴 줄 모르고 결과적으로 모자람만 탓하는 이들의 잘못된 행태를 풍자한 말이다.

근본을 저버리거나 대중이 소수를 멸시해 버리거나 부자가 가난한 이를 못 본 체하는 일들은 바람직한 일이라 여길 수 없다. 이 세상은 언제나 무겁고 가벼운 것이 위아래로 갈래 지어 있고, 맑고 흐린 것이 뒤섞여 있어 마치 하나의 젓갈이 질그릇 속에 들어 있는 것과도 같다.

생선이나 고기가 질그릇 속에 뒤섞여 있는 것을 본뜬 글자는 '缶' 위에 '肉'(고기 육; 변하여 月)을 붙인 글자이다. 그래서 이런 젓갈 동이는 반드시 쓰기에 앞서서 손써 흔들어 주어야 한다는 뜻에서 '搖'(흔들 요)라 하였고, 나아가 같은 말이라도 가락을 지닌 말을 '謠'(노랫말 요)라 하였다.

몸속의 '기'를 가까스로 빼내며 가락을 이어 가는 짓을 일러 노래하다는 뜻으로 '歌'(노래 가)라 하고, 노랫말에 깃든 감정을 가락에 맞춰 그대로 전달하는 노래의 내용을 일러 '謠'라 하였다. 이런 뜻에서 '歌謠'는 흔들림을 떠나 생각할 수 없다.

병 속에 든 막걸리를 예로 들어 보자. 오래 놓아두면 위아래 물이 나눠져 이상한 맛을 내지만 잘 흔들어 상하를 소통시킨 뒤 맛을 보면 제 맛을 잃지 않고 마실 수 있다. 이처럼 가끔은 이 사회 전체가 공통된 목표를 지니고 상하가 융통되는 흔들림으로 제 목소리를 내어 합창할 수 있다면 보다 건전한 사회를 향해 나아갈 수 있다.

외부로부터 주어지는 흔들림은 좋은 결과를 얻을 수 없지만 내부로부터의 자발적인 흔들림은 보다 성숙함을 가져오는 결과를 낳을 수 있는 법이다. 하나의 옥돌이 빛나는 까닭은 이미 옥 자체가 지닌 빛이 그대로 흔들려 보이기에 나타나니 이때의 빛 그 자체를 '瑤'(반짝일 요)라 하였다. 누구나 돌이 아닌 옥돌이라 흔들면 반짝인다.

矢 화살 시

찌르는 촉이 달린 살의 모양

사냥시대에 있어서 짐승을 잡는 무기로는 맨 먼저 직접 손써서 짐승을 찔러 잡는 창이 있었고, 잡은 짐승을 해부하는 칼이 있었다. 창칼을 쓴다는 것은 다소 위험할 수밖에 없으니 거리를 두고 짐승을 찔러 잡을 수 있는 도구로 활과 화살이 등장하게 되었다.

짐승을 쫓다가 찌를 수 있는 거리에까지 육박해야 창으로 찔러 잡을 수 있는 방법보다는 활에 살을 얹어 일정한 거리를 두고서 쏘아 찔러 잡을 수 있는 활이 훨씬 편리한 방법이다. 그래서 창보다는 별 다른 위험 없이 사냥을 할 수 있었다.

그러나 활이 지닌 단점은 일정한 사정거리를 두고 쏘아야 하기 때문에 역시 달아나는 짐승을 정확히 꿰어 맞출 수 있기 위해 많은 훈련이 필요하다. 그런 뜻을 담아 과녁을 향해 활을 당겨야 한다는 뜻에서 화살을 본뜬 '矢'(화살 시)에 과녁을 나타낸 '口'를 붙여 '안다'는 뜻을 지닌 '知'(알 지)를 만들어 내었다.

따라서 흔히 '안다'는 뜻을 지닌 '知'는 단순히 사물을 분별해 안다는 뜻에서 그치는 말이 아니다. 활을 당겨 잡아야 할 것인가? 아니면 말 것인가?를 분별해 안다는 뜻도 있지만, 막상 활을 당긴다 할지라도 어떤 거리에서 어떤 방향을 향해 어떻게 쏘아야 할 것인가를 분명히 알아야 한다는 말이다.

과연 궁극적으로 어떤 것이 옳고 그르며, 어떤 것이 이롭고 해로운 것인가를 분별할 줄 아는 것이 '안다'는 말이며, 이 시점에서는 과연 어느 방향을 향해 나아가야 하는가를 분명히 알아차리는 시대적 방향 감각을 아는 것을 참으로 '안다'고 말할 수 있다.

아는 체하는 것만이 과연 능사인가, 알고도 모른 체 눈감아 두어야 하는가? 몰라도 아는 체해야만 하는가? 아니면 모르면 모른다고 굳이 말해야 하는가를 분명히 아는 것을 참으로 '안다'고 말할 수 있는 것이다.

일찍이 노자도 말하기를 "알면서도 알지 못하는 체하는 것이 훌륭한 태도요, 알지도 못하면서 아는 체하는 것은 병폐다."(知不知上, 不知知病) 〈도덕경 71장〉라 하였고, 더 나아가 "성인에게 병폐가 없는 것은 병폐를 병폐로 인정하기 때문에 병폐가 되지 않는다."(聖人不病, 以其病病, 是以不病)이라 하였다.

사실 아는 것만이 능사는 아니다. "모르면 아랫사람에게 묻는다 할지라도 부끄러운 일이 아니다."(不恥下問)라고 하였으니 모르면 알아 가는 길로 곧장 나아가면 된다.

아는 것을 단순히 아는 것으로만 그칠 것이 아니라, 실행으로 하나하나 옮겨 나가며 꼼꼼히 점검해 나간다면 아는 것이 단순히 아는 것으로만 그치는 것이 아니라, 더욱 밝게 알아 갈 따름이다. 단순히 아는 것을 달빛에 비춰 아는 것이라 치면 앎이 실천을 통해 더욱 밝게 알게 되는 것은 마치 햇빛에 비춰져 훤히 아는 것과 다를 바 없다.

어두운 둘레 속에서도 창틈으로 스며들은 달빛으로 밝은 것을 '明'(밝을 명; 창문에 달이 비치니 밝다는 뜻)이라 하여 '知'와 짝짓는다면, 대낮 밝은 빛에 드러난 밝음을 나타낸 '晅'(훤할 훤)은 '智'(슬기 지)와 짝지을 수 있다. 경험을 거쳐 얻어진 앎이야말로 참으로 촉촉한 생명력을 지닌 '앎'인 것이다.

高 높을 고

이 층 이상의 높은 집의 모양

인류가 만들어 낸 높은 것으로는 여러 가지가 있다. 중국의 만리장성과 같이 토석을 모아 성을 쌓아 울을 짓고, 그 성 위에 다시 집을 지어 적으로부터 '우리'를 보호하는 구조물을 만드는 것이 첫째로 치는 가장 크고도 높은 것이다. 그런데 이런 구조물의 목적은 적으로부터 삶을 지키려는 노력의 소산이었다.

이와는 달리 죽은 자의 시신을 미라로 만들고 이 미라를 영구 보존하기 위해 각종 밀실을 두고, 다시 거대한 피라미드를 쌓아 놓은 것은 삶의 현실과 사후의 이상을 고스란히 연결시켜 보려는 인간의 소망이 담긴 노력의 한 표현이었다.

소박한 인심을 지닌 우리 조상들은 당상의 정간에 부모를 모시고 당하의 행랑채에 자손이 거처하면서 언제나 염원하기를 "당상의 부모는 천년의 수를 누릴 것이요 슬하의 자손들은 만세를 두고 번영할지어다."
당상부모천년수 슬하자손만세영
(堂上父母千年壽 膝下子孫萬歲榮)라 하였다.

그러다가 조상이 돌아가시면 집 뒤 정갈한 곳을 택해 사당을 짓고 4대에 걸친 조상의 신위를 모시고, 사당의 울은 향나무로 둘러치고, 동고조(同高祖) 이하 많은 자손들은 한마당을 중심으로 오순도순 지내며 죽은 조상과 산 자손이 한 울안에서 살았다.

산을 등지고 물을 앞에 둔 배산임수(背山臨水)로 집을 짓되, 산보다 높은 집을 짓는 어리석음을 범하지는 않았다. 설사 높은 집을 짓는다 할지라도 큰 산이 이미 사방으로 울을 두르고 큰물이 넉넉히 흐르는 너른 곳에 터를 잡고 좌우로 각각 종묘와 사직을 짓고 그 중간에 궁을 지었다.

높다란 집들이 즐비한 곳은 한적한 시골이 아니라 서울이니, 성 위에 높은 집을 나타낸 '廓'(성곽 곽)도 서울에서 볼 수 있는 글자요, 이 층 이상 층층이 높은 집을 말하는 '高'(높을 고)도 서울에 가야만 즐비한 광경을 볼 수 있는지라, 또한 서울을 뜻하는 글자도 '京'(서울 경)이라 하였으니 '高'와 '京'은 서로 통하는 글자일 수밖에 없다.

큰 것은 큰 것 속에서 나오고 높은 것은 높은 것에 머물러 있어야 비로소 나오기 마련이라는 것이 예나 지금이나 다를 바 없는 이치인지도 모를 일이다. 따라서 다락에 올라 천지의 유유함을 절실히 느낄 수 있고, 산 좋고 물 맑은 곳에 버젓이 자리한 정자에 올라 위로는 한없이 높은 하늘과 그지없이 너른 땅을 굽어볼 수 있었던 것이다.

일찍이 "십 년을 경영하여 집 두 채를 지었는데 하나는 명월 주고, 또 하나는 청풍 주자. 강산은 드릴 데 없으니 그냥 두고 보리라."는 넉넉한 여유도 하늘을 우러르고, 땅을 굽어살핀다는 뜻을 지닌 면앙정(俛仰亭) 송순(宋純)만이 얻을 수 있는 걸림 없는 자유였다.

그뿐인가? "천지의 유유함을 생각하다가 내 홀로 눈물 흘리누나."(念天地之悠悠 獨愴然而涕下)라는 진자앙(陳子昂)의 깊은 사색도 다름 아닌 악양루에 올라 이뤄진 천고의 명시였다.

높은 곳에 넓게 지은 집을 뜻하는 '亭'(정자 정)이나 나무로 거듭 얽어 높게 지은 집을 말하는 '樓'(다락 루)는 거의 산 좋고 물 맑은 곳에 자리한 작품의 산실이었기 때문에 고상한 이들의 모임처였는데 실은 고상하다는 말 자체도 '高'에 지붕의 연기가 위로 오름을 본뜬 '尙'(높을 상)을 붙여 만든 말로 '높고도 높음'을 말함이다.

冂 먼데경
산림 밖의 먼 곳을 나타냄

고대에 사람들이 가장 많이 모였던 곳은 바로 '邑'(고을 읍)이다. 이때에 邑이란 오늘날로 말하면 마을보다는 큰 곳으로 아무리 크다 할지라도 작은 나라의 도읍이 되는 정도에 불과하기 때문에 이곳저곳 마을 사람들이 모이는 정도의 군 소재지 정도를 말한다.

그렇기 때문에 제법 사람들이 많이 모여 산다는 뜻에서 사람을 뜻하는 '口'에 다시 산이 둘러쳐져 있고 그 아래에 냇물이 흐르는 그 안속을 나타내는 '巴'(꼬리 파)를 덧붙여 '邑'이라 하였다. 많은 이들이 모여 살려면 그에 알맞은 물줄기가 있어야 하기 때문이다.

나아가 한 작은 나라의 도읍이 되는 이른바 도읍지가 되려면 반드시 임금이 거처하는 궁궐이 있어야 하고, 그 궁궐 양 옆으로는 역대 임금 및 그 선조들을 모시는 '종묘'(宗廟)와 곡식의 원조인 '稷'(기장 직)과 토지신인 '社'(토지신 사)를 모시는 '社稷'이 있어야 한다.

이 도읍을 에우고 있는 '城'(재 성)이 있고 성을 나가 약간 떨어진 언덕에서 해마다 하늘에 제사를 올리는 천제 터가 있는 곳을 일러 '郊'(성 밖 교)라 한다. 이 천제를 올리는 곳은 성 밖의 바깥 성이라는 뜻에서 일단 '阝'(언덕 부)를 썼고, 평소에 만날 수 없는 임금을 이 천제 때를 당하면 모처럼 뵐 수 있다는 뜻에서 '交'(만날 교)를 붙여 '郊'라 하였다. 따라서 흔히 '郊外'라는 말은 성안을 벗어난 외딴 곳이라는 말이다.

나아가 '郊'를 벗어난 외딴 곳은 이 마을 저 마을들이 띄엄띄엄 흩어져 있는 들이기 때문에 '野'(들 야)는 곧 '里'(마을 리)들이 띄엄띄엄 흩어진 채 죽― 이어져 있다는 '予'(건네줄 여)를 붙인 글자다.

들은 논이나 밭으로 이뤄진 곳으로 이런 농토를 토대 삼아 사람들이 농사를 짓고 모여 산다는 뜻에서 '里'(마을 리)는 곧 '田'(밭 전)과 '土'(흙 토)를 합쳐 만든 글자다.

더 나아가 들에서 더 멀리 떨어진 곳에는 거의 산들이 울을 치고 있고, 산에는 거의 다 나무들이 총총히 자라 숲을 이루고 있다. 그래서 농토를 벗어난 들 밖을 일러 '林'(수풀 림)이라 하며 그 숲을 지나 아주 먼 데를 일러 '冂'(먼 데 경)이라 하였다.

즉, "사람들이 많이 모여 사는 곳을 '邑'이라 하고, 邑 밖을 일러 '郊'라 하며, 郊 밖을 일러 '野'라 하며, 野 밖을 일러 '林'이라 하고, 林 밖의 먼 곳을 '冂'이라 한다."(邑外謂之郊(읍외위지교), 郊外謂之野(교외위지야), 野外謂之林(야외위지림), 林外謂之冂(림외위지경))〈설문해자〉라고 하였다.

창구멍 속이 아득히 깊기는 하지만 그래도 빛을 잃지 않고 빛난다는 뜻을 나타낸 글자 '冏'(빛날 경)은 비록 먼 곳으로 가 있으나 결코 사라지지 않고 그대로 남아 빛나는 것을 나타내는 '囧'(빛날 경)의 고자로 뜻은 같다.

'坰'(들 경)은 약간 다르다. 사람들이 많이 모여 사는 도읍에서 멀리 떨어진 곳이기는 하지만 그래도 다른 나라와 경계를 접한 곳으로 다만 지형이 '들'이기 때문에 제법 사람들이 모여 살며 농사도 짓고 나라도 지키는 곳을 뜻한 글자다.

그래서 멀다는 뜻을 지닌 '冂' 속에 사람을 뜻하는 '口'를 넣고 나아가 다른 나라와 경계를 이루고 있는 특수한 곳이라는 뜻에서 '土'를 붙였다. 그렇기로 멀다는 뜻이나 경계라는 뜻을 지닌 '경'을 소릿값으로 삼아 '冂' '冏' '囧' '坰' 모두 다 '경'이라 하였다.

郭 성곽 곽

외적의 침입을 막기 위해 쌓은 성곽의 모양

예로부터 인류는 영토에 관심이 많았다. 특히 뛰어난 지도자일수록 자신이 다스리는 영토를 넓혀 나가는 일을 하나의 중요한 업적으로 여겼다. 다른 동물들도 대개의 경우 자신이 차지하고 있는 영역을 일단 표시해 두고, 되도록 그 영역을 넓혀 가는 일을 능사로 삼았던 것과 전혀 다를 바 없는 일이다.

이런 까닭에 언제나 내 영토를 굳게 지켜야 할 책임이 있고, 또한 자신의 영토를 넓혀 나가야 할 사명이 있었다. 그래서 인류가 만들어 낸 구조물 중에 자연히 없어서는 안 될 성곽이 쌓일 수밖에 없었는데 그 성곽은 주로 많은 백성들이 모여 사는 모듬 사회의 울타리로서의 방어 체계인 것이다.

그렇기 때문에 애당초 삶의 터전이 되었던 숲속을 벗어나 점차 농경사회로 삶의 형태가 변모해 나가자 너른 벌판에 '里'(마을 리)가 생겨나고, 같은 마을 중에서도 삶의 조건이 보다 좋은 곳을 찾아 의지할 언덕과 맑은 물이 흐르는 제법 너른 곳에 '邑'(고을 읍)이 생겨나 고대 도시국가의 터전을 이루게 되었다.

노자가 말한 닭이나 개가 울고 짖는 소리가 서로 들릴 정도의 이상적인 도시국가인 '작은 나라 적은 백성'(小國寡民)의 모듬 사회는 고대국가의 한 전형으로 오늘날로 말하자면 '州'(큰 고을 주)보다는 작고 '里'보다는 큰

'마을 중의 마을'과 같은 '郡'(고을 군)의 소재지 정도라 볼 수 있다.

'邑'을 그대로 옮겨 쓸 때에 붙이는 '阝'(언덕 부)에 '君'(임금 군)을 붙인 글자가 곧 '郡'이기 때문에 자연히 '里中의 里'가 '邑'이 되었고, 이 '邑'이 더욱 커지자, 이 '邑'을 중심으로 모든 '里'까지를 다스리는 '郡'이라는 지역 단위가 생겨난 것이다.

이 '郡'에는 반드시 백성들을 다스리는 관청과, 나아가 통치자의 권위를 유지하기 위해 절대로 필요한 장소로서 임금의 조상을 모시는 '宗廟'(종묘), 더 나아가 임금과 종묘와 백성의 안위를 굳게 지키기 위한 울타리가 필요했을 것이다.

이와 같은 까닭에 애당초 '邑中의 邑'이 되는 이른바 '都邑'(도읍)은 적들의 침입으로부터 안전한 곳을 찾아 자리 잡았기 때문에 이미 인위적으로 쌓은 성 밖도 자연적으로 산이 둘레 지어진 곳을 택하였고, 그 속에 임금이 백성을 거느리고 살아갈 수밖에 없었기 때문에 실은 자연적인 외성과 인위적으로 쌓은 내성 속에서 살았던 것이다.

자연적인 외성의 높은 곳에는 적의 침입을 살피는 정자를 짓고, 또 인위적으로 쌓아 놓은 내성의 성 둘레 위에도 적의 침입을 자세히 살필 수 있는 정자를 세워 철저히 방어 태세를 갖췄던 것이다.

이런 면에서 정자를 뜻하는 '亭'(정자 정)이란 비교적 넓은 시야를 관망할 수 있는 높다란 곳에 그 어느 여염집과는 달리 높다랗게 지어진 건축물이라는 점에서 '丁'(오뚝할 정) 위에 '高'(높을 고)를 덧붙인 글자로 평화 시에는 쉬는 곳으로, 전쟁 시에는 적의 동정을 살피는 곳으로 쓰였다.

그래서 '郭'은 본디 종묘의 제사를 지키는 울타리라는 성곽을 뜻한 글자였는데 다시 관망대를 뜻하는 '广'(집 엄)을 더 붙인 '廓'(성곽 곽)과도 서로 통하는 글자다. 따라서 애매모호하지 않고 경계가 뚜렷한 깨달음을 일러 '廓然道通'(곽연도통)이라 말하기도 한다.

京 서울 경
높다란 집이 즐비한 서울을 뜻함

어떤 나라든지 나라에는 나라 전체를 다스리는 왕이 있고, 왕은 반드시 자신이 거처하는 궁궐이 있을 뿐만이 아니라, 조상을 모시는 종묘가 있었다. 그래서 궁궐과 더불어 종묘가 있는 나라 전체의 중심 도시를 '서울'이라 한다.

따라서 '서울'에는 임금이 거처하는 구중궁궐은 물론 역대 제왕을 모시는 종묘뿐만 아니라, 나라 전체를 다스리는 데 필요한 관청들이 즐비하게 늘어져 있다. 그래서 자연히 높다란 집의 모양을 그대로 본뜬 '京'(서울 경)이라 하여 '크다'는 뜻으로 삼았다.

이런 면에서 수리나 매와 같은 맹금들이 꿩이나 병아리, 토끼와 같은 연약한 짐승들을 잡아먹으려 들 때에는 제 몸집을 되도록 크게 보이도록 하여 일단 위엄을 떨쳐 상대의 기를 꺾은 뒤에 기회다 싶을 때에 발로 채 먹는 일을 두고 '奪'(빼앗을 탈)이라 하듯이 손을 크게 하여 남의 것을 빼앗는 일을 두고 '掠'(빼앗을 약)이라 한다.

작은 손으로 큰 것을 빼앗을 수는 없다. 그렇기에 남을 무참히 빼앗는 데 길이 든 사람을 두고 '손 큰 사람'이라 말하며, 일단 남의 것을 빼앗으려 들면 상대방에게 되도록 크게 보여야 할 수밖에 없기 때문에 맹금이 날 때에는 언제나 날개를 쫙 펴고 땅 위를 씩씩하게 나른다. 그래서 나온 글자가 '奮'(떨칠 분)이다.

조용한 곳에서 한가롭게 살아가는 이들은 아무래도 자신을 돋보이려는 노력을 하지 않는다. 그러나 많은 사람들 가운데 섞여 심한 경쟁에서 자신이 별다른 탈 없이 살아가려면 남의 눈에 유난히 띄어야 할 필요가 있다는 생각에서 사치하기 마련이다.

이처럼 어떤 사람이 되도록 돋보이려는 행위의 발상을 일러 '奢'(사치할 사)라 하고, 구체적인 행위 자체를 일러 '侈'(사치할 치)라 하는데 그 정확한 뜻은 일단 몸에 많은 장식을 하거나 분수에 넘치는 물건을 뽐내며 지닌다는 말이다.

'京'은 '크다'는 뜻을 지니고 있다. 그래서 한편 볕이 유달리 큰 곳을 일러 '景'(볕 경)이라 하여 서울뿐만 아니라 각 지방마다 八景이니 十景이니 하여 이른바 관광 명소를 자랑하기도 하며, 또 한편 남들이 보기에 썩 좋은 행동을 일러 '景行'이라 말하기도 한다.

제 부모를 제 스스로가 잘 알아서 효도를 다하는 일도 하나의 景行이며, 제 돈을 제가 써도 제 자신의 범위를 넘어 되도록 많은 사람을 위해 공익으로 쓰는 것도 또한 景行이다.

이런 뜻에서 "볕 좋은 행실은 현인으로 받들어질 수밖에 없으나, 나아가 막상 속마음까지도 잡스러운 것까지를 다 이겨 낸 뒤에야 비로소 성인이라 이를 수 있다."(景行維賢, 剋念作聖)〈천자문〉이라는 문구는 깨우쳐 주는 바가 매우 크다.

겉과 속이 전혀 다른 것을 일러 흔히 진짜가 아닌 가짜라고 한다. 겉으로 높다란 집들이 즐비하다고 하여 잘사는 것은 아니다. 오히려 제 형편에 걸맞지 않은 집을 지니고 있는 것은 흔히 말하는 '하우스푸어'일 경우도 많다.

'서울'에는 손 크고 간 큰 이들도 많고, 겉과 속이 전혀 다른 사람들도 많다. 사람들이 많으니 그중에 어떤 사람이 없으랴.

厚 두터울 후
자손이 제사상에 제물을 두터히 바침

조상을 정성껏 모시는 일은 자손이 조상을 위한다는 일이기보다는 실은 후손들이 살아가는 동안 조상의 뜻을 받들어 가며 살아야 되겠다는 깨달음을 언제나 바르게 갖자는 데 있다. 그렇기 때문에 조상을 모시는 일은 곧 조상을 통해 자신을 바람직하게 꾸려 나가야 한다는 뜻을 점검해 가는 일이다.

이런 면에서 사당에 모신 조상의 신주는 매일 아침 눈을 뜨면 의관을 가지런히 한 뒤, 용모를 갖출 수 있는 대로 갖추고 정신을 가다듬어 마치 자신 앞에 조상이 살아 계신 듯한 경건한 마음으로 받들어 모셨던 것이 하루의 첫 일과였다.

매일매일 조상의 뜻에 맞춰 제정신을 차리고 살아가야 한다는 삶에 대한 경건한 태도를 어떻게 잃지 않고 살아가야 하는가 하는 윤리적인 표준을 조상에서 구하려 들었다는 가장 큰 증거가 바로 네 칸 사당 안에 모신 조상의 신주였다.

그렇기 때문에 "선을 행하는 자는 하늘이 복으로써 갚고, 악을 행하는 자는 하늘이 화로써 갚는다."(爲善者, 天以報之以福, 爲不善者 天以報之以禍)〈명심보감〉라는 첫 구절로 시작하는 이른바 '선을 이어 간다'(繼善)는 말도 곧 가정적인 규모를 벗어나지 않고 조상의 뜻을 잘 받들어 나가야 한다는 말이다.

일단 '善'(착할 선)이라는 말 자체도 '양떼가 아무런 저항 없이 순순히 우리 안에 든다'는 뜻으로 여기에서 '口'는 곧 '우리'를 뜻하고 나머지 획수는 '많은 양 떼'(스물한 마리의 양)를 상하로 붙인 글자인 것이다.

따라서 착하다는 말 자체도 다른 뜻이 아니라 부모(조상)의 뜻에 어김없이 부응해 주다는 말로 '着하다'는 말이라, 이미 부모가 짜놓은 틀(로드맵) 속에 순순히 도착해 준다는 '到着의 着'이 곧 '着하다'는 말인 것이다.

이런 뜻에서 옛 어른들은 집안 가운데에서도 정갈한 곳을 택하여 사당을 짓고 그 사당 안에 고조 이하 선고(先考)까지의 신주를 모시고 자손들과 더불어 대가족을 이룬 채, 돌아가신 영혼을 모시며 조상의 뜻을 기리며 오순도순 살았던 것이다.

이처럼 한 나라를 다스리는 임금은 임금대로 자신의 역대 조상을 종묘에 모셔 두고, 일반 백성들은 백성들대로 각기 집안에 조상을 모시며 삶의 윤리적인 지표를 조상의 뜻에 부응하려는 노력에 두어 어디까지나 가정적인 규모를 벗어날 수 없었다.

사당 안에 모신 조상께 바치는 제물도 되도록 두텁게 올리는 것이 올바른 도리라는 뜻에서 '厚'(두터울 후)는 자손이 사당 안의 조상께 되도록 두터운 제물을 바치는 모양 그 자체를 본뜬 글자이며, 나아가 '享'(누릴 향)은 자손이 사당에 나아가 정성을 바쳐야 한다는 뜻을 나타낸 글자다.

자손들이 조상께 두터운 제물을 올리고 정성을 바친 뒤, 가족들이 모여 조상에 대한 미덕을 추모하며 서로가 서로를 격려하고 보면 산 자들의 정리도 자연히 두터워질 수밖에 없다는 뜻에서 '敦'(두터울 돈)이라 하였다.

그렇기에 자손들이 모여 조상을 기리는 제사는 곧 위로는 조상의 뜻을 받들고, 아래로는 자손들이 서로가 서로를 격려하며 가족의 정을 두텁게 하려는 하나의 이벤트이니, 그 적확한 뜻은 곧 '숭조목종'(崇祖睦宗), 즉 역사의 흐름에 줄 맞는 중요 행사였다.

畐 가득할 복

높고도 너비가 넓은 그릇을 본뜬 모양

복이란 뭐라 해도 먹을 것이 넉넉한 '식복'을 으뜸으로 여기고, 이를 상형으로 나타낸 본디 글자가 곧 '畐'(가득할 복)이다. 배를 넉넉히 채워 줄 복은 일단 높고도 넓은 그릇의 모양, 바로 그것일 수밖에 없다.

그래서 높다는 뜻을 지닌 '高'(높을 고)를 줄인 것을 글자의 한 요소로 삼고 그 밑에 위로도 높고 좌우로도 두텁다는 뜻을 지닌 '田'(밭 전) 자 모양을 붙여 '가득하다'는 뜻을 나타낸 것이다. 그리고 이런 큰 그릇에 가득한 일은 하늘의 신이 준다는 뜻에서 '福'(복 복)이라 하였다.

"사람이 착한 일을 하면 하늘이 복으로써 갚아 준다."(爲善者, 天以報之以福)〈명심보감〉거나, 또는 "착한 일을 쌓아 가는 집안에는 반드시 넉넉한 경사가 있을 것이다."(積善之家, 必有餘慶)〈주역〉 등의 말처럼 복이나 경사도 다 하늘에서 내린다는 것이다.

하늘이란 무엇을 말하는가? 저 한없이 넓고도 높은 하늘은 그지없이 텅 빈 것처럼 보여도 결코 그 빈 것이 모자람도 없고 남음도 없는 존재로서 털끝만큼도 틀림이 없는, 바로 어김없는 이치 덩어리이다.

하늘이 무서운 줄만 알면 허튼 짓을 할 수 없고, 하늘이 쉼 없이 돌아가는 줄만 알고 보면 게으름을 펼 수도 없다. 하늘은 부모처럼 높은 존재요, 하늘을 인 채 살아가는 크고 작은 사람들은 마치 형제와도 같은 것이다.

따라서 하늘을 감동시켜 복을 받으려면 우선 사람과 사람들이 서로 사랑하며 오순도순 평화롭게 살아가는 수밖에 없음을 확실히 자각하지 않으면 안 된다. 그래서 나온 말씀이 "하늘 이치에 순응하는 자는 보전이 되나 하늘 이치를 거스르는 자는 망한다."(順天者存(순천자존), 逆天者亡(역천자망))〈명심보감〉라고 일렀던 것이다.

사람과 사람이 서로 바람직한 관계를 유지해 가며 사랑으로 더불어 살아가는 도리는 어디에 있는 것인가? 일단 자신이 지닌 그릇만을 고집할 것이 아니라 나 아닌 남까지를 배려하는 마음을 지녀야 할 것이기 때문에 제 자신만 배부르다 하여 그 상황에 안주할 것만은 아니다.

오히려 제 배만 부르다고 안주하는 일은 가득한 것에만 만족하는 일시적인 만족에 불과하기 때문에 이를 '愊'(답답할 핍)이라 하였다. 이런 답답한 나 혼자만의 생각에서 벗어나 내가 먼저 남까지를 아우르는 폭 넓은 옷을 입어야 하기 때문에 '幅'(넓이 폭)이라 말한 것이다.

왜 많은 이들을 정신적으로 지도하는 지도자들은 넓은 옷을 입고 가르침을 행하는 것일까? 일단 자신이 가르침을 받고자 하는 이들에게 마음의 餘裕가 있음을 넉넉히 보여 주어야 하기 때문이다. 먹고 남은 양식을 '餘'(남을 여)라 하고, 넉넉한 옷이 곧 '裕'(넉넉할 유)라는 점을 그대로 보여주고 있는 것이다.

넉넉지 못한 이는 반드시 자신만을 고집하여 남을 괴롭히기 마련이기 때문에 제 밥그릇은 그대로 제 밥그릇인 채 잘 갈무리하고 오히려 남의 밥그릇을 향해 나아간다. 그래서 결과적으로는 남을 괴롭히기 때문에 '逼'(괴롭힐 핍)이라 하였다.

자신이 만든 두꺼운 껍질 속에 갇혀 새로운 천지의 신선한 공기도 호흡할 줄 모르는 우물 안의 개구리가 되지 말고 자신의 두겁을 과감히 벗어던지고 폭 넓고 여유롭게 사는 것이 곧 건강한 삶인 것이다.

廩 창고 름

곡식을 갈무리하는 창고의 모양

사냥을 청산하고 농사를 지은 곡식을 주식으로 삼아 생활을 영위하던 때로부터 논밭에서 거두어들인 양식을 저장해 두는 공간이 필요하였다. 또한 농사에 필요한 농기구나 우마를 두는 공간도 있어야 했다.

그래서 지금까지도 우리 양반 집 전통 가옥의 솟을대문 양편에 담장을 한쪽 벽으로 삼아 지어진 두 공간 '倉'과 '庫'를 합쳐 '창고(倉庫)'라는 말을 쓴다. 이때 '倉'은 주로 도구를 갊아 두는 공간임에 비하여 '庫'는 수레와 우마를 놓는 공간이다.

물론 한결같이 다 갖춘 양반 댁이 아니고는 '倉'에는 곡식도 저장해 두고, '庫'에는 우마가 먹는 사료를 저장해 두기도 한다. 그러나 큰 양반 댁은 슬하에 거느리고 있는 식구도 많기 때문에 '창고' 외에 곡식만을 저장해 두는 이른바 '곡간'(穀間)이 크게 자리하고 있었다.

특히나 임금의 선조를 비롯한 역대 제왕을 모신 종묘에서는 서울 근방의 들에서 거두어들이는 깨끗한 곡식들을 잘 보관해 가면서 흉년이 들건 풍년이 들건 간에 해마다 제사를 유감없이 지내야 하였기 때문에 양곡을 저장해 두는 곡간이 가장 우선적으로 중요시 될 수밖에 없었다.

이런 뜻에서 애당초 종묘의 곡간에 정곡을 가득 채워 두는 특별한 공간이 필요하였던 것인데 이런 공간은 외형으로는 튼튼한 담이 쌓여져 있고, 내부적으로는 바람이 잘 통하여 곡식을 신선하게 저장해야 하기 때문에 통풍창이 있어야 한다.

그래서 우선 외형의 담벽과 통풍창을 본떠 '回'를 쓰고 그 안에 정곡을 저장할 수 있을 만큼 높이 쌓아 둔다는 뜻에서 '亠'을 올려붙여 이를 '어름'(御廩)이라 하였다. 즉, '廩'의 본디 뜻은 종묘의 큰 곡간을 뜻하였던 것인데 이 말이 일반화되어 '곡간'이라는 뜻으로 널리 쓰이게 되었다.

일찍이 관자는 말하기를 "의식이 족해야 예절을 지킬 수 있다."(衣食足而知禮節)이라 하였다. 이 말을 바꾸어 말하면 예나 지금이나 "창름이 비고서야 예절을 다 지킬 수 없다."(倉廩虛而不知禮節)라고도 말할 수 있다. 돈이 없으면 인격을 제대로 유지할 수도 없다는 말이다.

안으로 경제가 허술하다 보면 밖으로 자신을 자신 있게 드러낼 수조차 없다. 더구나 신분 사회를 거쳐 자본주의 사회를 살아가는 오늘날에는 갈수록 경제의 힘이 더욱 커질 수밖에 없는 현실이다.

옛날에는 신분이 높은 사람이면 설사 경제력이 다소 떨어질지라도 위풍당당할 수 있었다. 그러나 오늘날에는 아무리 신분이 높다 할지라도 주머니 속이 텅 빈 상태에서 위풍당당하기가 매우 어려운 사회적 상황이 되었다.

그렇지만 따지고 보면 아주 옛날에도 꼭 신분이 높다고 위풍당당할 수만은 없었던 듯하다. 왜냐하면 위풍당당하다는 말을 바꿔 말한다면 '늠름하다'는 말인데 이 때 '늠름'(凜凜)이란 '廩'(곳집 름)에 '冫'(얼음 빙)을 붙여 쓴 글자 '凜'(찰 름)을 중복해 썼다.

예나 지금이나 신분도 신분이지만 같은 값이면 주머니도 든든하다면 마치 얼음장처럼 당당한 기상을 잃지 않을 수밖에 없다는 뜻이 곧 '凜凜'하다는 뜻이다. "근본이 서야 길이 난다."(本立而道生)는 삶의 뿌리는 곧 경제다.

嗇 아낄 색

곡간에 곡식을 갊아 두고 아껴 내려옴

오다는 뜻을 지닌 '來'(올 래)와 곡식을 갈무리하는 곡간을 뜻한 '廩'(곡간 름의 본디 글자)을 합쳐 애써서 농사지은 곡식을 곡간에 잘 갈무리하여 오다는 뜻에서 '嗇'(아낄 색)이 된다. 한 알의 곡식을 심어 많은 알곡을 거두는 농사는 그 자체가 하나의 원초적인 예술이다.

그렇기에 '藝'(심을 예)라는 글자 자체는 원래 밭에 초목을 심고 가꾸는 일을 뜻하는 '園藝'(원예)의 '藝'를 뜻하는 글자였다. 무형한 중에서 유형한 것을 창조해 내는 가장 실용적인 가치는 식물을 심고 가꾸어 열매를 따고 재목을 길러 내는 일이라는 말이다.

농사의 기본은 일단 밭을 뭉게뭉게 갈고, 구덩이를 판 뒤에 낱알을 심거나 식물을 심고 잘 자랄 수 있도록 북돋아 주는 것이 상책이니, 이처럼 중요한 과정을 하나로 집약시킨 글자가 바로 농사의 기본을 뜻하는 '藝' 자이다.

밭갈이를 뜻하는 '耘'(밭갈 운)을 가장 밑바닥에 깔고, 그 위에 중심을 잡아 심는다는 뜻을 지닌 '丮'(잡을 극)과 아울러 구덩이를 파고 심은 작물을 북돋아 준다는 뜻을 지닌 글자를 붙이고 다시 그 위에 식물을 뜻하는 '艹'(풀 초)를 얹은 것이 곧 '藝'다.

심고 가꾸는 농부의 정성이 바로 이 한 글자 속에 다 녹아들어 있으니 농부야말로 생명의 양식을 심고 가꾸고 거두어 내는 참다운 예술가라 해도 지나친 표현이 아닐 것이다. 그래서 이같이 정성으로 가꾸어 낸 곡식을 곡간에 갊아 두고 아끼는 농부를 일명 '嗇夫'(색부)라고도 한다.

어느 정도로 아낀다는 말인가? 토석으로 담을 둘러 곡간을 아낀다는 뜻에서 '墻'(담장 장)은 토석으로 두른 울을 뜻하고, '牆'(담장 장)은 널빤지로 두른 울을 뜻하며, 또 이처럼 두른 울로도 모자라 담장에 심어 두는 넝쿨가시나무를 일러 '薔'(장미 장)이라 하였다.

쌀처럼 주식으로 삼는 귀중한 곡식은 애당초 모판을 지어 일정한 기간 동안 키웠다가 옮겨 심는다. 이때 모판에서 자란 어린 싹을 옮겨 심는 일을 '稼'(심을 가)라 한다. 이는 마치 귀여운 딸을 잘 길러 성장한 뒤에 짝을 찾아 시집으로 보내는 일을 '嫁'(시집보낼 가)라 하는 말과 전혀 다를 바 없다. 그러고 나서 일단 자리 잡은 곡식을 잘 자랄 수 있도록 북돋아 주고 거두는 일을 일러 '穡'(거둘 색)이라 하였다.

그런데 그 어떤 일도 크게 다를 바는 없지만 심고 가꾸고 거두는 농사는 더욱 인간의 노력만으로 이뤄지는 것은 아니다. 바람 불 때 바람 불어 주고 비올 때 비가 내려 주어야 하고, 또 곡식이 한창 익을 무렵에는 햇빛이 잘 비춰 주어야 한다.

그래서 농사는 그 어떤 일보다 "비오거나 날이 개는 일은 하늘에 맡길 것이나 심고 거두는 일은 사람의 몫이다."(潦霽任天, 稼穡由人)라고 하여 한편은 하늘에 맡기는 체념과 한편으로는 인간의 정성이 하나로 합쳐진 그 안에서 이뤄지는 일이 아닐 수 없었다.

이런 면에서 유독 농사를 천하의 큰 근본으로 삼고 살아온 동양의 농경사회에서는 "큰 부자는 하늘에서 내지만 작은 부자는 부지런함에서 온다."(大富在天, 小富在勤)라 말하기도 하고, 또한 농사만이 아니라 모든 일들은 "사람의 도리를 다한 후에 하늘의 명을 기다린다."(修人事, 待天命)고 하여 천도와 인도를 병행시켜 왔던 것이다.

來 올래
보리의 모양

인류가 살아온 터전은 먼 옛날에는 숲속의 천연 동굴이었다. 그리고 생활은 사냥이었다. 그러다가 사냥이 청산되고 농업으로 들어서 가장 먼저 경작한 곡식은 '피'(기장) 농사였다. 찰기장인 '黍'(찰기장 서)로는 술을 담아 마셨고, 메기장인 '稷'(메기장 직)은 밥을 지어 먹었다.

'기장'을 땅에 심어 백성들이 삶을 이어 왔기 때문에 '社稷'이란 말은 이 땅에 터전을 잡고 이 백성이 살아온 역사의 시작을 가늠하는 말이 되었다. 음식의 기원이 목숨을 연명해 온 기원이라는 뜻이다.

그러다가 '쌀'이라는 좋은 음식 재료가 들어와 재배되기 시작하면서부터 봄에 심었다가 가을이 되어야 거두어들이는 일 년 농사가 이뤄지면서 본격적인 농업시대에 접어들게 되었다. 쌀농사는 일 년이라는 긴 시간을 지나야 곡식을 얻을 수 있기 때문에 오늘날까지 농사하면 '쌀'을 일컫게 되었다.

그래서 농사라 함은 '봄에 밭 갈아 가을에 거두는 일'(春耕秋收 춘경추수)을 연상하기 마련인데 여기에는 반드시 춘궁기(春窮期)라는 어려움이 뒤따르기 마련이었다.

그 후 '보리'를 얻게 된 일은 참으로 다행한 일이었다. 보리는 가을에 심어 늦봄에 거둬들이므로 춘궁기를 지나 여름을 거뜬히 넘길 수 있는 훌륭한 대체 식물이 될 수 있는 곡물이었기 때문이다.

세상에 온갖 슬픔 중 그 어떤 슬픔보다도 배고픈 슬픔을 견디기란 가장 어려운 일이다. 그렇기에 '보리' 농사를 시작하게 된 일은 참으로 다행하고도 기특한 인간의 큰 발견이라 해도 지나친 말이 아닐 것이다. 이런 뜻에서 '보리'를 찬양한 이른바 '麥穗歌'(맥수가)는 삶에 있어서 참으로 감동적인 큰 기쁨을 노래한 것이었다.

멀리 떠난 님을 한사코 기다리는 일도 어려운 일이요, 늙어 가는 자신의 목숨을 연장해 가려는 인간의 노력도 끈질긴 일이다. 그러나 배고픈 배를 채울 수 있는 대체 식량을 얻을 수 있는 일은 여간 다행한 일이 아니었다. 이런 뜻에서 '왔다'는 뜻을 나타낸 글자인 '來'(올 래)는 본디 '보리'의 모양을 본뜬 글자였다.

대부분 가을에 얻는 곡식은 '禾'(곡식 화)로 익을수록 고개를 숙이는 식물의 모양을 나타낸 글자지만, 오직 '보리'는 차가운 겨울을 밭에서 자라다가 늦봄이 되어서는 익을수록 고개를 반듯하게 쳐드는 식물이라는 뜻에서 가을 곡식과는 그 모양이 다르다.

다만 '보리'의 모양에서 다른 곡식들과 다른 모양을 지니는 것은 더러 어떤 것은 낱알 대신에 '깜부기'가 끼어 있다는 점이다. 그래서 깜부기가 낀 보리의 낱알을 그대로 본뜬 글자가 곧 '來'이다.

'보리'는 봄에서 가을걷이에 이르기까지 절량을 대체해 주는 고마운 곡물이라는 뜻에서 본디 명사로 쓰였던 '來'이지만 '살판날 일이 다가왔다'는 뜻에서 '왔다'는 말로 바뀌 사용하게 된 것이다.

그리고 '보리' 자체는 겨우내 눈 속에서 자라다가 봄이 되면 얼었던 뿌리가 부풀어 뜨기 때문에 반드시 밟아 주어야 하는 과정이 뒤따르기 때문에 '來'에 발자국을 본뜬 '夊'(저녁이라는 뜻이 아니라 발자국을 뜻함)을 붙여 '麥'(보리 맥)이라 하였다. 겨울을 지난 보리는 봄이면 부풀기 마련이니 밟아 진정시켜야 옳다는 뜻을 담고 있다.

麥 보리 맥

보리의 모양인 '來'에 발자국을 붙인 글자

본디 벼나 보리는 초목 중에서도 풀에 속하는 식물이지 나무와는 전혀 다른 식물이다. 그러나 삶에서 필수불가결한 주식이기 때문에 벼나 보리를 높여 나무처럼 중요하게 여겼기에 禾(벼 화)와 麥(보리 맥)을 각각 '木'(나무 목)에 붙여 만들었다.

익을수록 고개를 숙이는 것이 벼이기 때문에 '木'에 '丿'(삐침 별)을 붙여 '禾'라 하였고, 보리는 익으면 익을수록 고개를 빳빳하게 고누고 있으면서 어떤 이삭은 깜부기를 띠고 있다는 뜻에서 본디 '來'(올 래; 본디 보리 래)라 하였다.

봄에 모판을 꾸미고 볍씨를 뿌려 어린모를 정성껏 가꿨다가 얼마 동안 자란 다음에 이를 본 자리에 옮겨 심고, 여름 내내 물속에서 키웠다가 늦가을이 되어서야 거두어들이는 것이 벼다. 그렇기 때문에 쌀밥은 열을 내는 효과가 있다. 그래서 추운 겨울에는 쌀밥이 제격이다.

보리는 벼와 달리 늦가을에 심을 때부터 흩어 뿌릴 뿐 아니라, 자라는 시기도 또한 달라 추운 겨울과 봄을 지나 여름이 되기 전에 거두어들인다. 그래서 쌀과는 전혀 달리 한여름 더운 때에 먹는 보리밥이 제격이다.

쌀은 물속에서 뜨거운 여름에 자랐기 때문에 열을 내는 효과가 있으나, 보리는 밭에서 차가운 겨울의 추위를 견디며 자랐기 때문에 오히려 열을 풀어내는 효과가 있다.

그런데 왜 벼는 익을수록 고개를 숙이고, 보리는 익을수록 고개를 쳐드는 것일까? 그 까닭은 벼나 보리는 각각 그 머리가 따뜻한 양기를 따르기 마련이기 때문이다. 즉, 보리를 제외한 대부분 가을에 거두는 곡식들은 고개를 숙이는 것이 보통이다.

온 대지가 꽁꽁 얼어붙어 버리는 겨울에도 생명력이 강한 보리는 죽지 않는다. 그러나 봄이 되어 얼었던 땅이 서서히 녹으며 땅이 부풀어 오를 때면 땅속에 뿌리를 박고 자라던 보리도 그 뿌리가 부풀어 오르는 흙과 더불어 부풀어 오르기 마련이다. 그 뿌리박은 자리가 부풀어 오르면 줄기는 고스란히 말라 버린다. 그래서 보리는 겨울을 지나고 얼음이 풀리는 봄이 되면 반드시 땅 바닥에서 뜬 뿌리를 밟아 주어야 한다.

공자의 말씀에 "근본이 서야 길이 열린다."(本立而道生)〈논어〉고 하였다. 물론 뿌리는 땅속을 뚫고 들어가야 제대로 그 뿌리가 설 수 있는 법인데 그 뿌리가 땅과 더불어 부풀어 뜨면 결국 뿌리도 죽고 줄기도 죽고 가지도 죽어 꽃도 없고 열매도 없는 것이다.

우리가 흔히 쓰는 말 중에 '기본'(基本)이라는 말은 뿌리(本)를 내리고 있는 그 터(基)가 확실해야 줄기도 흥하고 꽃도 좋고 열매도 실하다는 말이다.

한 알의 보리알이 밭에 뿌려져 수많은 알찬 열매로 다시 태어나 이른바 숨 가쁜 보릿고개를 넘길 수 있으려면 반드시 봄에 보리를 밟아 주어야 한다는 뜻에서 애당초 보리의 모양인 '來'에 '夊'(발자국을 뜻함)을 붙여 '麥'(보리 맥)이라 하였다.

나아가 보리의 모양을 그대로 본뜬 '來'는 겨우내 먹었던 양식이 다 떨어져 갈 무렵, 숨 가쁜 보릿고개를 넘길 보리가 익기를 기다렸다가 마침내 익자, 비로소 살 길이 '찾아왔다'는 뜻으로 쓰이게 되었다.

夊 천천히 걸을 쇠
뒷굽 없는 신발을 끌고 걷는 모양

걷는다는 말을 나타내는 글자에는 여러 글자가 있다.

'行'(다닐 행)은 대부분 사람들은 왼발을 반걸음쯤 내딛은 연후에 비로소 오른발을 한 걸음 떼어 걸어가기 때문에 '가늠'을 뜻하는 '彳'(尺과 통함)에 '좇음'을 뜻하는 '亍'(促과 통함)을 붙여 '걸어가다'는 뜻을 만들었다.

'往'(갈 왕)은 가늠하여 나아가되 일정한 목적지를 향하거나 또는 주인을 정하여 두고 찾아감을 뜻하므로 '彳'에 '主'를 붙여 목적지를 향해 나아가다는 뜻을 지닌 글자다.

'去'(갈 거)는 버젓이 두 팔을 앞뒤로 흔들어 대고 두 발을 움직여 걸어감을 나타낸 '大'가 '土'로 바뀌진 모양에 발자국 모양을 붙여 만든 글자다. 그래서 往去往來(가고 옴)를 뜻함과 동시에 그 어떤 것을 '除去'(없애다)한다는 뜻으로도 쓰인다.

'之' 는 땅에 뿌리를 둔 넝쿨식물이 줄기를 뻗어 나가며 자라 나가는 모양 그대로를 본뜬 글자로 끊임없이 진행되어 나감을 뜻하는 글자다. 그렇기에 문장 속에서의 '之'는 대명사로 사용되기도 하지만 어떤 경우에는 '진행'을 나타내는 글자로도 쓰인다.

두 발로 걸어가는 모양에다가 한 획을 종아리에 비껴 그어 그 뜻을 '천천히 걷다'는 뜻으로 삼은 글자가 곧 '夊'(천천히 걸을 쇠)이다. 이렇게 걸을 때에는 자연히 고개를 끄덕이기 마련이기 때문에 '夊' 위에 고개를 끄덕이는 모양을 본뜬 '夊'(고개를 끄덕이는 모양)을 붙여 '천천히 나가다'는 뜻으로 썼다.

따라서 '俊'(준걸 준)은 보통 사람들과는 달리 앞서 나간 사람이라는 뜻이며, '駿'(천리마 준)은 다른 말들보다 달리는 능력이 훨씬 뛰어난 천리마를 뜻하며, '畯'(농부 준)은 매일 밭으로 나아가 농사짓는 농부를 말하고 또는 '농사의 신'을 일컫는 말이기도 하다.

어떤 공사를 다 이뤘을 때를 일러 '竣工'(준공)이라 말하는데 이런 때의 '竣'(마칠 준)은 공사를 진행하다가 드디어 마쳤기 때문에 '가다'는 뜻에 드디어 '서다'(立)는 글자를 덧붙인 글자다.

'夌'(언덕 릉)은 좌우로 나뉘어 파인 그 위에 흙이 우뚝 솟아 천천히 오를 수 있는 땅의 모양을 말하니 자연히 '언덕'이라는 뜻이 될 수밖에 없다. '稜'(모서리 릉)은 본디 곡식을 심는 논밭의 경계를 뜻한 글자로 이 또한 논두렁 밭두렁으로 논밭과는 달리 약간의 언덕을 이룬 '모서리'라는 말이다.

또 '綾'(비단 릉)은 같은 비단 중에서도 예사로운 비단이 아니라 불룩한 무늬를 놓은 고운 비단이라는 말이며, '菱'(마름 릉)은 흔히 물속에서 잘 자라는 가시 돋친 모난 식물로 '마름'을 말하며, '凌'(깔볼 릉)은 남을 대하는 태도가 얼음처럼 차갑고도 모난 꼴을 뜻한 글자다.

산의 형세를 나타낼 때 쓰이는 '峻'(험준할 준)과 '崚'(험준할 릉)이라는 글자들은 다 같이 보통 산세가 엉뚱하게 높이 치솟아 감히 오르기 어려운 상태를 두고 형용한 글자다.

고개를 끄덕이면서 걷는다면 '俊'이 되지만 고개를 당당하게 쳐들어 걷는 모양을 글자로 나타내면 '夏'(여름 하)이다. '夏'는 일 년의 중간이며 또한 당당히 걷는 인간의 모습이다. 그렇기 때문에 세계의 중심으로 당당한 양반이라는 뜻에서 고대 중국은 자신을 이름하여 '夏'라 하였던 것이다.

舛 걸을 천
좌우 두 발자국의 모양

간다는 말은 좌우 두 발로 걸음을 딛고 앞을 향해 나간다는 말이다. 그렇기로 두 발자국을 그린 '舛'(걸을 천)은 곧 '足'(다리 족)에 '작다'는 뜻을 지닌 '戔'을 붙인 '踐'(걸을 천)과 소리나 뜻이 서로 통한다. 그래서 말만 하지 않고 실제로 밟아 간다는 것을 '實踐'(실천)이라 하였다.

인간과 짐승은 다르다. 사람 발자국은 단순히 좌우 두 발자국으로 '舛'이라 나타낼 수 있지만, 짐승 발자국은 발 하나에 네 발톱이 그대로 찍히기 때문에 '番'(발자국 번)이라 하였다.

짐승이 이동한 발자국을 따르다 보면 똥이 쌓이고, 똥이 쌓인 곳에서는 풀이 무성하기로 '蕃'(번성할 번)은 '繁'(번성할 번)과도 소리와 뜻이 서로 통한다.

나아가 짐승이나 사람의 발자국을 통틀어 만든 글자에 '鹿'(사슴 록)을 붙이면 모양은 사슴과 같지만 사슴보다는 훨씬 몸집이 큰 '麟'(기린 린)이라 하였다. 생물학적 분류상으로는 어찌 되었든 간에 기린은 몸집이 크기 때문에 발자국이 뚜렷한 큰 사슴이라는 말이다.

마찬가지로 '鱗'(비늘 린)은 생선의 표면에 붙은 비늘이 마치 발자국과 같다는 뜻이며, '燐'(도깨비불 린)은 짐승이 내놓은 배설물에서 발산되는 반딧불 같은 파란 불빛(일명 鬼火)을 말한다.

사람이 몸으로 직접 자신의 뜻을 표현하는 '춤'도 또한 발자국과 불가분의 관계가 있다. 손으로는 끊임없이 공간에 바람을 내는 한편 발로는 부지런히 몸을 놀리며 발자국을 내는 일이 곧 '춤'이기 때문에 없다는 '無'(없을 무)에 '舛'을 붙여 '舞'(춤출 무)라 하였다.

음악에 맞춰 흐드러지게 춤을 추는 일만큼 자신의 존재마저도 다 잊을 수 있는 것은 없다는 뜻에서 '없다'는 뜻에 발자국을 붙인 것이다. 굳이 춤이 아니라도 부지런히 발을 움직여 하나의 목표를 향해 쉬지 않고 바르게 걷는다면 웬만한 잡스런 생각은 다 잊을 수 있다는 말도 결코 지나친 말이 아닌 것이다.

우두커니 멈추고 있는 것보다는 올바른 목표를 향해 끊임없이 걷는 실천적 태도는 어쩌면 부질없는 망상을 버리고 바름을 얻어 나가는 일종의 천천히 추는 춤과도 같은 것이리라.

춤이 가락에 맞춰야 하듯 실천도 가락에 맞춰 걷는 실천이어야 한다. 그래서 옛 말씀에도 "넘치는 생각은 한갓 정신을 상할 뿐이요, 망령된 행동은 도리어 재앙에 이른다."(濫想徒傷神 妄動反致禍[람상도상신 망동반치화])고 하였다.

흔히 옳고 그른 시비나 다툼도 없던 시대를 '요순시대'라 하여 공자님께서 본디 착한 본성으로 돌아가자고 말씀하실 때에는 반드시 요순을 들어 말씀하셨다고 맹자는 말하였다.

아무리 요임금이 착하고 착하여 옳은 정치를 베풀었다 할지라도 순임금이 그 뜻을 고스란히 받들어 선정을 베풀지 않았더라면 요순이 아울러 칭송될 수 없었을 뿐 아니라, 서로 물려주고 이어받은 행적이 착하지 않았더라면 과연 착함이 무엇인가를 알기 어렵다.

그렇기로 요임금은 그대로 가장 높다는 뜻인 '堯'(높을 요)이며, 순임금은 그 높은 요임금의 뜻을 고스란히 이어받아 그대로 밟았다는 뜻에서 '受'(줄 수)에 '舛'을 받쳐 '舜'(순임금 순)이라 하였다.

舜 무궁화 순
아름다운 꽃이 끊임없이 피는 모양

"꽃은 열흘 이상 피는 꽃이 없다."(花無十日紅) 하나 오랫동안 피어 있는 꽃들이 없는 것은 아니다. 백일홍이 그 대표적인 것이요, 무궁화 또한 오래도록 피어 많은 이들의 사랑을 받기도 하고 그 모양도 매우 아름답다.

이런 뜻에서 본디 '무궁화'를 뜻하는 글자는 '匚'(상자 방) 안에 '炎'(불꽃 염)을 넣고 그 밑으로 '舛'(걸을 천)을 붙였다. 꽃은 마치 불이 계속 타오르는 듯 피어나고 나무의 줄기도 또한 끈질기게 끊임없이 뻗어 나간다는 뜻을 붙여 놓은 것이다.

이 같은 뜻에서 우리는 나라의 꽃으로 '무궁화'라 이름하였으나 초나라에서는 '蔔'(메꽃 복)이라 하였고, 진나라에서는 '藑'(메 경)이라 하였다. 그렇지만 나라꽃으로 대접받고 있는 이 무궁화는 표현 그대로 무궁하게 피고 지는 아름다운 꽃인 것은 부인할 수 없다.

그러다가 이 무궁화 꽃을 나타낸 글자는 여러 차례 바뀌어 '舜'(무궁화 순)으로 다시 고정되어 오늘날까지 사용되고 있고 동시에 '堯'(요임금 요)를 계승한 임금의 이름으로도 널리 알려져 있다. 하나라의 '堯'(높을 요)임금은 흙더미 위에 높이 올라 백성들을 지도한 오뚝한 이(兀)라는 말이다.

요임금의 뜻을 고스란히 계승한 이가 순임금이기 때문에 '舛'은 그대로 걸어 가다는 뜻으로 실제로 밟아 가다(實踐)는 말이다. 즉, 두 발자국을 의미한다. 따라서 '木'(나무 목)을 밑으로 붙여 두면 두 발을 딛고 나무 위에 올라선 모양을 뜻한다.

그래서 만들어진 '桀'(뛰어날 걸)은 옛날에는 백성들을 지도하는 뛰어난 어른을 뜻하는 말이기도 하며, 또한 동시에 은나라 때에 유명한 폭군으로 백성들로부터 쫓겨난 '桀'임금을 지칭하는 고유명사로도 많이 쓰인다.

'桀'에 '人'을 붙인 '傑'(뛰어날 걸)은 '人傑' '豪傑' 등 수준이 보통을 뛰어넘는 뛰어난 사람을 가리킬 때 쓰이며, 사람이 만든 모든 작품 중에서도 뛰어난 작품을 일컫는 '傑作'(걸작) 등에 쓰인다.

"정사를 두고는 사라 하고, 지방의 야사를 두고는 승이라 한다."(正史曰史, 野史曰乘) 하였다. 임금의 언행을 적는 것이 '史'(역사 사)라면 중앙을 제외한 각처에서 나름대로 적은 야사가 '乘'(탈 승)이다. '乘'이란 말 역시도 나무 위에 높이 올라 아래에 모인 백성들을 향해 정치를 말하는 그 자체를 말하는 모양이기 때문에 '乘'에서 北은 두 발을 뜻한다.

또한 '乘'은 덧셈 뺄셈 곱셈 나눗셈 중에서 곱셈을 말한다. 수에 수를 곱하게 되면 숫자는 반드시 불어나기 마련이기 때문에 이미 이 '乘'에는 많다는 뜻이 들어 있다. 또 많은 것은 반드시 칼로 나누어야 한다는 뜻에서 '剩'(남을 잉)은 남는다는 뜻이 된다.

아무튼 고대에 백성을 지도하는 지도자는 나무 위에 올라 정치를 설명하기도 하였고, 또는 의자에 앉아 차분히 앉아 있는 백성들을 교화하기도 하였다. 그러다가 의자가 보편화되기 시작한 것은 한나라 때에 이르러서였다.

옛날 소공 석(奭)은 많은 백성들과 교유하여 수많은 사람들을 잘 다스렸다. 그래서 언제나 이백 명 정도를 옆에 끼고 살았다 하여 그의 이름을 '奭'(클 석)이라 하였다. 그리고 그가 아가위나무에 올라 선정을 베풀었다는 뜻에서 아가위나무는 선정의 상징이 되었다.

韋 가죽 위
두 발로 밟아 정제한 가죽

사냥시대에 옷감은 말할 나위 없이 짐승의 가죽을 벗겨 낸 가죽이었다. 가죽을 다룬 방법에 따라 가죽은 대략 세 종류가 있는데 그중 막 벗겨 낸 가죽을 일컬어 '皮'(가죽 피)라 한다. 고기와 가죽을 손써서 벗겨 낸 것을 말한다.

또 짐승의 몸통에서 가죽을 여지없이 홀딱 벗겨 낸 가죽을 일컬어 '革'(가죽 혁)이라 한다. 짐승의 가죽을 홀딱 벗겨 낼지라도 머리를 싸고 있던 가죽은 아무래도 효용가치가 없기 때문에 그냥 벗기지 않고 주로 몸통에 붙어 있는 것만을 벗긴 가죽을 뜻한 것이다.

그러나 '皮革' 그 자체만으로는 고급제품을 만들 수 없기 때문에 마치 빨래를 발로 밟아 올을 세우듯 뭉쳤던 가죽을 발로 밟아 고르고 곱게 정제한 가죽을 '韋'(가죽 위)라 한다.

여기서 '革'은 홀딱 벗긴 가죽이라는 뜻도 있지만 '뒤집다'는 뜻이 있으니 묵은 것을 깨끗이 씻어 버리고 새롭게 바꾸는 일을 두고 '革新'이라 말하기도 하고, 명을 따르지 않고 명을 뒤집어 버리는 일을 '革命'이라 하였다.

'韋'는 이 세 가지 가죽 중에서 가장 고급스럽게 정제된 가죽이기 때문에 '韋'에는 '크다'는 뜻도 있다. 그래서 남보다 훨씬 뛰어난 사람을 두고 '偉人'이라 하고 나아가 불을 지피는 가장 좋은 땔감으로는 곧 마른 갈대를 빼놓을 수 없으니 '葦'(갈대 위)라 하였다.

한편 '韋'라는 글자 속에는 밟히는 물건과 밟는 일이 뒤섞여 있기 때문에 어떤 사물을 두고 사방을 빙– 둘러 에워싸는 일을 '圍'(에울 위)라 하고, 전후좌우로 에워 보호하는 일을 '衛'(보호할 위)라 했다.

모든 생명체는 이미 가죽이 그 몸통을 보호하고 있는데 이런 가죽이 상하면 몸통도 제대로 유지하기 어렵기 때문에 인간이 옷을 입는다는 일도 가죽을 또 다른 옷으로 보호하는 일이다.

그래서 '被'(입을 피)는 가죽에 옷을 걸쳐 입는다는 말이며, '披'(헤칠 피)는 이와는 반대로 덮어진 것을 손써서 열어 제친다는 말이며, 대부분 두꺼운 가죽(겉)을 쉽게 부술 수 있는 적당한 방법은 겉을 돌로 쳐서 깨뜨려야 하기 때문에 '破'(부술 파)라 하였다.

흔히 세상을 '풍진세상'(風塵世上)이라 한다. 바람이 끊임없이 불고 그 바람에 먼지가 쉬지 않고 돌아다니며 쉴 날이나 쉴 때 없이 사물을 더럽히는 더러운 세상이라는 말이다.

불어오는 바람 따라 흩날리는 더러운 티끌에서 벗어나고자 하는 소망은 누구나 갖는 일이다. 때때로 앉은 먼지를 털고, 이미 앉아 몸에 딱 붙어 버린 때는 물걸레로 닦고, 다시 마른 걸레로 제 몸을 잘 닦아 낸다면, 우선 바람에 날려 온 티끌이 내 몸을 더럽히는 일은 없을 것이다.

문제는 이미 오염된 내 몸 속을 어떻게 고쳐야 할 것인가 하는 데 있다. 겉만 씻다 보면 앞서 속에 배어 들어간 더러움을 어떻게 말끔히 씻어 내야 할 것인가? "모르는 새 깊이 든 사특함을 쳐 버리고 가느다란 양심 줄기를 과감히 회복시켜야 한다."(破邪顯正(파사현정))고 하였다.

가죽을 돌로 쳐 속을 들여다보고 한 줄기 남아 있는 고운 마음을 살며시 드러내 새 얼굴로 나를 성형해야 한다. 오직 겉에 묻은 때만 벗기는 일만으로는 '偉人'이 될 수 없다.

弟 아우 제
가죽으로 활을 차례대로 묶은 모양

실끈과 가죽 끈 사이에 어떤 것이 먼저 생겼는지에 대해서는 자세히 알 수 없다. 그러나 묶는 일에 있어서 실끈은 아무래도 가죽 끈보다는 단단하지 못하다. 특히 무기를 부러지는 일에서 보호할 때에는 아무래도 가죽 끈으로 단단히 묶어 두는 것이 옳다.

그래서 평소 활을 사용하지 않을 때에는 잘 접어서 활집에 보관해 두었다가, 활이 필요할 때가 되면 마치 축구선수들이 무릎 관절을 보호대로 잘 묶는 것처럼 활의 탄력을 많이 받는 부분을 가죽 끈으로 묶어서 사용하기 마련이다.

이럴 때에 활을 밑에서부터 위로 차례차례 감아 가는 모양을 그대로 그려 낸 글자가 곧 '弟'(아우 제)인데 어떤 물건을 감아 나갈 때는 차례차례 감아 나갈 수밖에 없듯이 맏형 밑에 아우들은 차례차례 순서가 있다는 점에서 '형' 밑의 '아우'라는 뜻에서 '아우 제'라 하였다. 이미 '아우'라는 뜻이 있기 때문에 "형은 반드시 아우에게 손을 내밀어 붙잡아 주어야 하고, 아우는 반드시 형을 섬겨야 한다."(兄友弟恭[형우제공])는 말에서 아우의 공경스런 마음을 두고 '悌'(공경할 제)라고 하였다.

내 몸을 낳고 길러 주신 부모님께 효성을 다하는 일은 끝의 뿌리를 찾아 섬기는 일이라 본말에 대한 자각이며, 아우가 형을 공경하는 일은 곧 선후에 대한 자각이다. 이처럼 끝과 시작을 알고 앞과 뒤를 가릴 줄 아는 것이 바로 도에 가까워지는 일이다.

아무튼 '弟'는 차례를 뜻하는 글자다. 그렇기로 같은 초목이라도 '竹'을 붙여 주면 대나무가 자라나는 차례를 뜻하는 '第'(차례 제)가 되지만, '木'을 붙여 주면 밑에서부터 위를 향해 오르는 데 사용하는 도구를 뜻하는 '梯'(사다리 제)가 된다.

대나무가 자랄 때는 밑에서부터 위를 향해 마디 하나하나가 뻗어 나가야 한다. 그래서 마디를 뜻하는 '節'(마디 절)이 몇 개쯤 합해져서야 비로소 '第'를 이루기 때문에 第一章 속에는 몇 개의 節들이 합쳐져 있기 마련이다.

날개가 없는 이상, 밑에서 위를 오르려면 반드시 사다리를 타고 한 발 한 발씩 딛고 올라야 오를 수 있는 것처럼 막힘없는 천당에 오를 수 있는 가장 좋은 방법은 다름이 아니라, 자기 자신이 스스로를 규제해 나갈 수 있는 계율을 잘 지킬 수 있어야 한다. 그래서 일찍이 원효스님은 "계율은 곧 좋은 사다리다."(戒爲善梯[계위선제])라고 하였다.

모자란 것을 채우기 위해 하나하나 어김없이 채워 나가는 것은 극히 자연스런 일이다. 그래서 '二'(두 이)에 모자라다는 뜻을 지닌 '欠'(모자랄 흠)을 합쳐 '次'(버금 차)라 하였으니 '次'에는 이어 가다는 뜻도 있다. 여기에 '例'(법식 례)를 붙여 '次例'라 하였다.

그렇기에 본디 '次例'라는 말은 이미 정해진 법식대로 모자란 것을 채우기 위해 하나하나 순서를 밟아 행해 간다는 뜻이니, 모자람을 채워 나가되 욕심껏 채워 나가는 것이 아니라, 조심조심 알맞게 하나하나 채워 나간다는 말이다.

따라서 차례를 지킨다는 말은 앞서거니 뒤서거니 다투지 않고 서로가 서로를 잘 알아서 자기 알속에 맞게 무리 없이 순서를 잘 지켜 나간다는 말이다.

夂 뒤져 올 치
止(가다)를 뒤집어 놓은 모양

본디 '止'는 종아리, 뒤꿈치, 발바닥, 그리고 발가락을 그대로 본뜬 글자다. 그래서 발이기 때문에 '가다'는 뜻으로 썼고, 발 하나이기 때문에 '그치다'는 뜻으로도 썼다.

이 같은 예는 마치 '亂'(어지러울 란)을 '어지럽다'는 뜻으로도 썼고, 어지럽기 때문에 '다스리다'라는 뜻으로도 쓰였다는 사실로도 능히 짐작될 수 있다.

따라서 모양이 비슷한 글자로 '夊'(천천히 걸을 쇠)는 발 딛음을 자주 하지 않고 더디게 걸어가는 모양을 나타낸 글자로, '頁'(머리 혈)에 '夊'를 붙이면 '夏'(여름 하)가 되어 머리를 세우고 천천히 걷는 '여름'을 뜻하는 글자가 된다.

그러나 '夂'(뒤져 올 치)는 뒤를 좇아 따라간다거나 또는 가던 길을 되돌려 간다는 뜻을 나타낸 글자로 '夂'에 '冫'(얼음 빙)을 붙여 '冬'(겨울 동)이라 하였다. '겨울'이란 얼음이 얼고, 다시 '봄'으로 돌아가는 계절이라는 뜻이다.

물이 얼어 얼음이 되는 때가 곧 겨울이기 때문에 겨울로 접어드는 늦가을이 되면 나무들도 낙엽을 떨구고 모든 벌레들은 땅속으로 숨어들고 사람들은 되도록 활동을 멈추고 몸을 움츠리며 쉰다.

한참 더울 때에는 바람을 내는 '부채'가 필요하나 추운 겨울에는 따뜻한

난로가 필요하다. 그런데 뒤바뀌 여름에 난로나 겨울에 부채는 아무짝에도 별 쓸모없는 물건들이다.

그래서 본디 쓸모는 많으나 때에 따라 별 쓸모가 없는 것을 '夏爐冬扇(하로동선)'(여름 난로와 겨울 부채)이라 하며, 여름에는 풀처럼 맘껏 자라다가 겨울에는 벌레처럼 움츠러드는 '冬蟲夏草(동충하초)'는 때맞춰 변신하며 제 나름대로 생명력을 연장해 나가기 때문에 양생에 좋은 약재로 사용한다.

'夂'나 '夊'와 비슷한 글자로 '久'(오랠 구)가 있다. 그런데 이 글자는 걷던 걸음을 멈추고 그대로 오랫동안 한자리에 머무는 모양을 그대로 본뜬 글자다. 즉, 종아리를 더 이상 떼지 않고 땅에 그대로 머문 모양을 그려 놓은 것이다.

삶을 좀 더 연장하려면 여름에는 천천히 걷고 겨울에는 되도록 활동을 스스로 제약하며 움츠리는 태도가 중요하다고 여겨 온 삶에 대한 깊은 철학이 '夂' '夊' '久'의 세 글자 속에도 깊이 숨겨져 있다.

더위에 고개를 숙여도 안 되고, 가던 길을 끊임없이 가려는 어리석음을 지녀도 안 된다. 자칫 더위에 고개를 숙여도 좌절하기 쉬울 뿐이고, 자신만이 가던 길을 하염없이 가려는 생각을 벗지 못해도 어리석음에 자신을 가두기 마련이다.

때에 따라 머물 때에 이르면 머물러야 하고, 가야 할 때가 되면 반드시 나아가야 한다. 그러나 머무는 데 길이 든 사람은 가는 때를 당하여 나아가기를 주저하고, 가는 것으로만 길이 든 사람은 쉬지 않고 가는 것으로만 능사로 여긴다.

그래서 쓸모없는 여름 난로나 겨울 부채가 되어 세상 관심 밖으로 밀려나는 이들도 있는가 하면, 이와는 달리 반드시 머물러야 할 때에는 오랫동안 머물다가도 갈 때가 되면 부지런히 나아가는 바람직한 사람도 있다. 문제는 때와 장소를 잘 가려 멈춤과 나아감에 있다.

久 오랠 구
가려는 자를 뒤에서 당겨 앉힌 모양

사람이 두 발을 써서 앞으로 나가려는 것을 뒤에서 잡아당겨 주저앉히는 모양을 본뜬 글자가 곧 '久'(오랠 구)다.

이처럼 앞서서 나아가는 모양을 뒤에서 잡아당겨 제자리에 앉혀 놓는 것을 '挽留'(당길 만, 머물 류)라고도 한다.

무슨 일이든지 앞서 가려는 것을 손써서 당기는 것을 '挽'이라 하고 문을 닫아 버리고 그 자리에 주저앉히는 것을 '留'라고 하기 때문에 이 '留'자는 문을 닫아 버린 모양에 앉혀 놓은 그 자리를 나타내는 '田'(밭 전; 자리라는 뜻)을 그대로 붙인 것이다.

'久'에 '火'를 붙이면 몸 전체에 널리 퍼져 있는 경혈에 뜸을 뜬다는 것을 의미하여 '灸'(뜸뜰 구)라 하였다. 분육지간(分肉之間)에 기혈(氣血)이 드나드는 통로 가운데에서 혈(穴)이란 기혈이 머무르는 곳을 말하니, 이곳을 따스한 불로 자극하되 쑥을 이용하는 것을 말한다.

한의학에서 몸을 치료할 때 효과가 가장 큰 것은 '鍼'(바늘 침)이라 하여 경혈을 바늘로 찔러 기혈의 유통을 원활하게 하는 방법이며, 그다음으로는 '뜸'(灸)을 써서 몸을 다스리는 방법이며, 끝으로는 약물을 써서 몸을 치유하는 방법이다.

'灸'와 모양이 비슷한 '炙'(지질 적)은 고기 덩어리를 불 위에 얹어 굽거나 지진다는 뜻이다. '肉'(고기 육; 月로 변형됨)을 불 위에 얹어 날고기를 불로 익혀 부드럽게 먹을 수 있도록 음식을 익히는 방법을 말한다.

또 '久'에 길다는 것을 뜻하는 '長'을 붙이면 '長久한 歲月'처럼 길고도 오랜 세월이라는 뜻이 되고, 또 멀다는 뜻을 지닌 '遠'을 붙이면 '久遠한 信念'처럼 아주 오래도록 변하지 않는 믿음이라는 뜻이 되어 그 이미지가 좀 다르다.

그러나 '久'와 비슷한 글자지만 전혀 그 뜻이 다른 글자가 되는 것으로는 '夂'(뒤져 올 치)가 있는데 이때 쓰이는 용례로는 '後'(뒤 후) 자를 들 수 있다. 앞으로 당당히 나갈 때와 뒤를 향해 나갈 때는 서로 그 행동이 전혀 다르다. 뒤를 향해 나갈 때는 작게 조심조심해서 나가야 한다는 뜻에서 '幺'(작을 요)를 붙인 것이다.

또 '夊'(천천히 걸을 쇠)가 있다. '夏'(여름 하)는 날씨가 매우 덥기 때문에 자연히 그 걸음걸이가 느릿느릿해질 수밖에 없다는 말이다. 이에 비해 봄은 따뜻한 날이 지속되기 때문에 새싹이 돋고 햇살이 좀 길다는 뜻에서 '卉'(풀 훼)에 '屯'(머물 둔)을 붙이고 그 아래에 '日'(날 일)을 붙여 '春'(봄 춘)이라 하였다.

아마도 '봄'이라는 뜻은 겨우내 볼 수 없었던 새싹이나 긴 햇살을 볼 수 없었던 것인데 날이 풀리고 햇살이 길어지자 자연히 안 보이던 새싹이 돋아나 '보임'이라는 말이 줄어 '봄'이 된 것이다.

이처럼 '여름' 역시도 춘삼월에 핀 꽃들이 다 지고 나면 꽃이 져 버린 그 가지에 비로소 열매가 열어 무럭무럭 자라는 때가 바로 여름이기 때문에 열매가 '열음'이 변하여 '여름'이 된 것이다.

가을은 가을대로 익어진 오곡을 '갈무리'하는 때라 이 갈무리한다는 말이 기본이 되어 '가을'이라 이른 것이요, 겨울이란 겨울 나름대로 농사짓던 모든 사람들은 별 수 없이 손을 놓고 놀 수밖에 없기 때문에 '겨를이 있음'을 뜻하여 '겨울'이라 이른 것이다.

木 나무 목

땅 밑 뿌리와 땅 위 줄기가 있는 모양

흔히 말하는 '나무'라는 말은 바탕 지어진 땅을 중심으로 땅속에 묻힌 뿌리 부분과 땅 위로 올라온 줄기 내지는 가지 부분의 모양을 본뜬 것으로 '나옴'과 '묻힘'을 합성시켜 놓은 '나묻'이 곧 '나무'인 것이다.

본디 땅속에 묻힌 한 알의 씨앗이 땅 위의 태양을 향해 흙을 뚫고 돋아난 것이 곧 '나무'이기 때문에 '木'(나무 목)은 흙을 무릅쓰고 돋아난 것이라 '冒'(무릅쓸 모)라 하여 '木'의 소릿값을 '冒'에서 취한 것이라 하였다.

무릅쓰고 나오기 이전의 밑은 뿌리이며, 위로 올라온 줄기나 가지는 뿌리보다는 더 무성하기 때문에 '木'의 밑 부분에 한 획을 그어 '本'(뿌리 본)이라 하였고, 위로 나온 부분에 한 획을 길게 그어 '末'(끝 말)이라 하였으니 땅속에 묻힌 뿌리보다는 위로 나온 줄기나 가지가 훨씬 무성하다는 뜻이다.

어느 정도로 무성하냐면 뿌리를 '셋'으로 치면, 지면은 '다섯'이며, 뿌리가 지면을 통해 나온 부분은 '셋'에 '다섯'을 합친 수이기 때문에 '여덟'이 곧 줄기나 가지가 차지하는 수라 여겼기에 예부터 '木'이 지니는 수는 '三'과 '八'이라 하였다.

즉, 본말의 수가 각각 '三'과 '八'이기 때문에 땅속에 묻힌 '三'의 뿌리가 지하수와 거름을 부지런히 빨아들이면, '八'의 줄기와 가지에 달린 잎들이 햇빛을 흡수하여 꽃을 피우고 열매를 익혀 낸다는 것이 곧 나무가 지닌 광

합성의 구조다.

가장 기본이 되는 나무의 구조도 근본과 줄기 내지는 가지가 있다는 사실에서 복잡한 인간사를 유추해 낸 말이 곧 〈대학〉에 나오는 "물에는 본말이 있고, 사에는 종시가 있다."(物有本末, 事有終始)라는 말이다.

아무리 하찮은 하등식물일지라도 뿌리에 걸맞은 줄기와 가지가 있는 것처럼 아무리 복잡한 인간의 일일지라도 마침과 시작이 있을 것이니 "그 먼저 할 바와 뒤에 할 바를 잘 알면 곧 도에 가까우리라."(知所先後 則近道矣)고 하였다.

그렇다면 무엇을 먼저 하고 무엇을 뒤로 해야 할 것인가? 해답은 자명하다. 제일 먼저 건실하게 뿌리를 잘 내린 나무가 큰 나무로 자랄 수밖에 없는 노릇이니 장차 큰 나무로 성장시키려거든 반드시 기초를 튼튼히 하여 그 큰 나무를 아무런 막힘없이 잘 유지시켜 나갈 도리를 다해야 할 것이다.

공자는 말하기를 "군자는 근본에 힘을 써야 할 것이니 근본이 세워지면 도가 생기게 된다."(君子務本 本立而道生)이라 하였다. 좋은 나무를 심어야 좋은 열매를 얻을 수 있고, 뿌리를 튼튼히 해야 잘 자랄 수 있는 법이다.

뿌리를 튼튼히 하는 '三'의 도리를 다해야 땅이 지니는 '五'의 덕을 고스란히 잘 받아 '八'로 잘 뻗어나는 큰 나무로 자랄 수 있다는 것이 곧 나무에서 얻어지는 큰 가르침이다.

천년을 이어 온 저 낙락장송은 애당초 낙락장송으로 자랄 수 있는 좋은 씨가 손이 타지 않을 장소에 떨어져 그 심한 풍우를 뚫고서 굳게 자라며 뿌리 밑을 받치는 반석까지도 녹여 낼 줄 아는 그 끈질긴 생명력이 뒷받침되어야 한다. 땅을 탁- 뚫고 나온 그 질긴 힘과 모진 비바람을 견디어 낸 인고(忍苦)의 경력의 총합이다.

東 동녘 동
해가 올라 나무줄기에 겹친 모양

텅 빈 하늘에는 얼핏 보기에 아무것도 없는 듯하다. 그러나 빈 만큼 공기가 꽉 차 있고, 구름이 흐르고 일월이 동서로 운행하고, 남북으로 북극성과 남극성을 비롯한 별들이 총총히 박혀 어두운 밤을 비치고 있다.

그래서 〈천자문〉에 이르기를 "하늘은 가물가물하고 땅은 누렇고, 우주는 거침없이 넓고, 해와 달은 가득 차고 기울며, 북극성과 남극성은 남북으로 진열되어 있다."(天地玄黃(천지현황), 宇宙洪荒(우주홍황). 日月盈昃(일월영측), 辰宿列張(진수열장))라고 하였다.

무한히 높은 하늘은 높은 만큼 해와 달과 별들이 비치는 무한한 공간을 제공하고 있음과 동시에 특히 해가 동녘에서 뜨고 달이 서녘으로 기우는 끊임없는 작용을 제공함으로써 시간을 이끌어 가도록 배려하고 있다.

하늘은 주로 일월을 서로 갊아 운행토록 하여 시간을 이끌어 나감과 동시에 일월이 똑같이 동쪽에서 나왔다가 서쪽으로 들어가는 작용을 통해 각각 동쪽과 서쪽을 가늠해 주며, 북극성과 남극성이 움직이지 않는 항성으로 자리 잡아 각각 북쪽과 남쪽을 바르게 가늠해 주고 있다.

그러므로 하늘이야말로 시간과 공간을 모두 다 가늠해 주고 있는 가늠의 표상이며 땅 위에 벌려져 있는 모든 사물을 다 덮고 있는 만물의 지붕이다. 하늘 아래 만물이 진열될 수 있도록 공간을 제공하고 있는 땅에서의 공간 개념도 애초부터 하늘의 일월성신을 빌어 이뤄진 것이다.

그중 동녘이란 말은 해가 떠오르는 쪽을 말하기 때문에 나무줄기에 해가 올라 겹쳐지는 쪽이라는 뜻으로 "해가 나무줄기에 겹쳐 있음"(日在木中)을 그대로 본떠 '東'(동녘 동)이라 하였고, 동이 트면 만물이 잠에서 깨어 움직이기 시작하므로 '動'(움직일 동)의 소릿값을 고스란히 취해 '동녘'이라 하였다.

나무를 중심으로 해가 나무 위에 올라 있으면 '杲'(밝을 고; 높을 고)가 되고 해가 나무 밑으로 기울게 되면 '杳'(어두울 묘; 멀 묘)가 되는데 이때에도 '밝고 높은 것'과 '어둡고 먼 것'은 각각 해가 높기로 더욱 밝다는 뜻에서 '高'(높을 고)의 소릿값을 취하였고, 해가 멀리 들어가 버렸기로 어둡다는 뜻에서 '渺'(아득할 묘)의 소릿값을 취한 것이다.

한편 '東'을 해와 나무로 풀이하지 않고, 어떤 물건을 자루 속에 넣고 상하를 단단히 여미고 물건 자체를 꽁꽁 동여맨 모양을 그대로 본뜬 글자로 보아 '凍'(얼 동)과 '棟'(용마루 동)을 각각 '물건이 얼어 꽁꽁 동여맨 것 같은 상태'와 '지붕을 단단히 꽁꽁 묶어 둔 용마루 재목' 등으로 풀이하기도 하였다.

그러나 대부분이 따르는 정설은 해가 뜨면 움직이니 '東'은 '動'이며 해가 지면 새들이 깃들기 때문에 암수 한 쌍이 다소곳이 둥지 안에 깃든 모양을 그대로 본떠 '西'(서녘 서)는 '栖'(깃들 서)라 하였고, '南'(남녘 남)은 따뜻한 남쪽으로 출입문을 낸 움집의 모양으로 따뜻하기 때문에 생명이 쉽게 여물어 나온다는 뜻에서 '妊'(아이 밸 임; 나온다는 뜻의 남)이라 하였다.

그리고 북녘은 아무래도 남녘보다는 차갑기 때문에 자연히 등지는 쪽이라는 뜻에서 두 사람이 등진 모양을 그대로 본떠, '北'(북녘 북)은 나오기보다는 잠복하다는 '伏'(엎드릴 복)이라 하였다.

하늘은 일월로 하여금 동서를, 별들로 하여금 남북을 알려 주고 있다.

林 수풀 림
평평한 땅에 나무가 가지런히 난 모양

'나무'란 본디 뿌리와 줄기, 그리고 가지를 통틀어 일컫는 말이다. 땅속에 묻혀 있는 뿌리 부분이 있는가 하면 땅 위로 올라와 자라는 부분이 있기 때문에 '나온 부분'과 '묻힌 부분'을 합성시켜 '나무'라 하였다. 즉, 本(뿌리 본)과 末(가지 끝 말)이 엄연히 존재하고 있음을 뜻한 말이다.

그렇다면 '풀'이란 어떤 것을 말하는가? 풀을 본뜬 글자는 '艸'(풀 초)로 나무처럼 나온 부분과 묻힌 부분이 있기는 하나 풀의 줄기는 우선 빳빳하지 않을 뿐 아니라, 나무처럼 가지가 무성하지도 않고, 잎들도 별다르게 많지 않은 것이 특징이다.

따라서 같은 식물이라도 '풀'과 '나무'는 전혀 달라 누구나 쉽게 구별해 낼 수 있다. 그러나 막상 나무라고도 말하기 어렵고, 또한 풀이라고 쉽사리 말하기 어려운 것이 있으니 이것이 곧 '대나무'다.

이름은 엄연히 나무라고 붙였지만 실은 나무가 아니고 오히려 풀에 속하는 것이 '대나무'다. 그런데 워낙 쓰임새가 나무 이상으로 많기 때문에 풀에 속하기는 하나 크게 올려 나무 중에서도 '대나무'라 이름한 것이다.

그 비근한 예로 '소 엉덩이 뼈'(牛骨)나 '거북 배때기 뼈'(龜甲)에 칼로 글자를 새겼던 이른바 '甲骨文字'의 시대가 지난 다음에 거의 유일하게 사용되었던 것은 대나무를 조각 낸 '竹簡'(죽간)이었다는 사실만으로도 대나무는 본질이 풀에 속할지언정 '나무' 대접을 받을 만하기도 하다.

딴에 생육이 강하여 죽– 죽– 잘 자라기 때문에 '竹'(대 죽)이라는 소릿값을 지니게 되었고, 또 한편으로는 한번 땅에 뿌리를 내리기가 무섭게 죽– 죽– 뻗어 별다른 장애가 없는 한 번성하기 때문에 풀을 일컬어 '艸'라 하듯이 평지에 대나무가 잘 자라는 것을 '林'이라 하였다.

따라서 "대나무가 평평한 땅에서 잘 자라는 모양을 일러 '林'이라 한다."(竹木生平地曰林[죽목생평지왈림])〈단옥재의 말〉라 하였고, "산중에 나무들이 빽빽한 것을 일컬어 '삼'이라 한다."(山中叢木曰森[산중총목왈삼])〈석명〉라고 풀었다.

아마도 타고난 생리가 평지에 맞는 것을 '대나무'라 치자면 그 밖의 나무들은 아무래도 산에서 잘 자라는 것이 제격이라는 말인 듯도 싶다. 이처럼 나무나 풀들도 다 제 타고난 생리에 맞아야 잘 자란다.

아무튼 풀이 끊임없이 뻗어 나가듯 평지에 대나무가 잘 뻗어 나가 숲을 이루는 것을 본디 '林'이라 말했듯이 깊은 바다 속에서 영롱하게 잘 뻗어 나가는 옥을 일러 '琳'(산호 림)이라 이르고, 빈틈없이 장대 같은 비가 주룩주룩 쏟아지는 것을 '霖'(장마 림)이라 하였다.

평지가 되었든 산중이 되었든 간에 가시 돋친 가시나무는 그 어떤 나무들보다도 잘 자라기 마련이기 때문에 대추나무와 같은 가시나무가 꽉 차 자라고 있는 모양을 일러 '棘'(가시나무 극)이라 하고 막상 많이 쓰는 대추나무는 '棗'(대추나무 조)라 하였다.

꾹꾹 찔러 대는 가시나무는 마치 사람에게 형벌을 가하는 것과 다를 바 없기로 '荊'(가시나무 형)도 곧 '가시나무'를 말하며, 나무나 풀들이 빽빽이 웃자라 무릎 위까지 우북한 상태를 일러 '楚'(가시밭 초)라 하였다.

바닷속에 자리한 영롱한 산호 숲이 땅 위로 올라와 지상의 산호 밭이 된 듯한 '대나무 숲'은 그 어떤 숲속의 바람보다도 맑은 바람을 불러일으켜 주는 그지없이 신선한 곳이다. 그래서 지상의 琅琳(푸른 산호와 같은 대숲)을 찾아 일곱 현인들이 모였던 것이리라.

才 재주 재
나무의 줄기를 베어 낸 모양

수평선에서 해가 떠오르는 일과 땅속에 묻힌 씨앗이 땅 위로 솟아오르는 일과 또 산에서 자라나는 나무가 커 오르는 일들은 각각 시간의 차이가 다르다.

지상으로 해가 오르는 일은 하루의 반을 지나 다시 뜨는 것이기 때문에 〈주역〉에서는 이를 火地晉(땅 위로 해가 솟음)이라 하여 '晉'은 '밝다'는 뜻을 나타낸 것이요, '風'은 사계절 바람 따라 달라지는 '나무'를 뜻하기 때문에 地風昇(땅 위로 식물의 싹이 오름)은 새싹이 지면을 뚫고 올라온다는 뜻으로 며칠을 두고 오르는 일이다.

같은 '나무'(風)라 할지라도 일단 산에 심어진 나무는 종류에 따라 자라는 속도도 다르고 그 수명도 제각각 다르다. 그래서 風山漸(산에 자리를 잡고 크는 나무는 점차로 자란다)은 해가 오르는 일이나 싹이 트는 일과는 좀 다르게 점점 자란다는 뜻에서 이를 '漸'(점점 점)이라 하였다.

하루와 며칠과 나무가 점점 자라는 시간은 전혀 다르다. 똑같이 오르다는 뜻을 지닌 말 가운데 해가 오르다는 뜻을 지닌 '晉'(밝을 진)보다는 싹이 땅을 뚫고 오르다는 뜻을 지닌 '昇'(오를 승)이 더 긴 시간이 소요된다. 나아가 하루의 해가 밝아 오는 것이나 새싹이 올라 오는 것보다는 산에 자리 잡고 자라는 나무가 커 오르는 시간이 훨씬 길기 때문에 이를 '漸'(점점 점)이라 말한 것은 참으로 기가 막힌 표현이다.

이들 셋을 연결 지어 보면 땅속의 씨앗이 지면을 뚫고 올라야 나무들이 산에 자리를 잡고 점점 커 갈 수 있고, 점점 커 자라거나 싹이 땅 위로 오르는 이 두 가지 일들은 모두 다 매일 해가 땅 위로 솟아오른다는 전제 하에서 가능한 일이다.

재목을 쓰려면 나무의 윗부분을 잘라 쓰는 것이 마땅하므로 본디 '재목'을 뜻하는 글자는 큰 나무의 윗부분을 잘라 놓은 모양인 '才'로 썼던 것이다. 그러다가 '才'(재주 재)는 일을 성취해 낼 수 있는 기본 바탕이라는 뜻으로 쓰이게 되었다.

그리고 막상 나무에서 얻어진 '재목'이라는 말은 '材'(재목 재)를 썼던 것인데 이 말의 사용 범위가 더욱 넓어져 집을 짓는 재목이라는 뜻만이 아니라, '사람의 쓰임'까지를 나타내는 '人材'라는 말로도 쓰이게 되었다.

집을 짓는 데 필요한 재목의 '材'와 음식을 만드는 데 필요한 '料'(헤아릴 료)를 합성시켜 '材料'라 하였으니, 모든 것을 만드는 그 기본은 큰 나무의 줄기를 베어 '집을 짓는 일'과 '곡식을 헤아려 먹을 것을 만드는 일'로부터 비롯된다는 뜻이다.

한편 이 세상에 널려 있는 만물이 만물로 벌려져 있을 수밖에 없는 까닭도 또한 본디 종자로서의 '子'와 또한 그 종자를 심어 크게 길러 낼 수 있는 바탕으로서의 '土'가 있어야 하기 때문에 '才'에 '子'를 붙여 '存'(있을 존)과 같은 '才'에 '土'를 붙여 '在'(있을 재)라 하여 '存在'의 두 측면을 명확히 밝힌 것이다.

하늘이나 아비는 각각 원인과 종자로서의 '存'이라 치면, 땅과 어미는 결과와 바탕으로서의 '在'일 따름이라는 말이다. 양적 요소인 종자의 '子'와 음적 요소인 '土'가 아니면 만물이라는 '存在'가 있을 수 없다는 것이다. 그리고 수많은 존재 중에 가장 가치가 높은 존재는 바로 '財'(재물 재)라는 말이다.

叒 동방신목 약
떠오르는 해를 잡아매어 두는 신목

해가 떴다가 지고, 또 졌던 해가 다시 떠오르면 그만 하루해가 다시 찾아온다. 그래서 문득 지난 어제를 일러 '昨'(어제 작)이라 하고, 오늘을 일러 '今'(이제 금)이라 하며 다시 다음 날을 일러 '來'(올 래)라 하였다.

문득 해가 지났다는 뜻으로 '乍'(문득 사)에 '日'(날 일)을 붙여 '昨'이라 하였고, 바로 지금 해를 지니고 있다는 뜻에서 '含'(품을 함)에서 '口'를 생략한 '今'에 '日'을 붙여 오늘이라 하였으며 오늘의 해가 지고 다시 떠오르는 날이라는 뜻에서 '來'를 붙여 내일이라 하였다.

다시 내일에 돋아 오는 해는 반드시 서산으로 질 것이기 때문에 해가 풀밭 속으로 들어간 상태를 일러 '茻'(풀밭 망)에 해가 든 것을 '莫'(어둘 막)이라 하며, 날이 어두우면 하던 일손도 놓아야 하기 때문에 일을 하지 않는다는 뜻에서 '말 막'이라 훈하였다.

'莫'은 '暮'의 본디 글자였는데 다만 일을 하지 않는다는 부정적인 의미로 쓰이게 되자 저물다는 말은 해의 운행에 따른 시간에 관한 말이기 때문에 '莫'에 '日'을 덧붙여 '暮'(저물 모)라 하였다.

오늘 동쪽에서 떠올라 비추다가 저물어 버리는 해는 반드시 다시 떠오르기 마련이기 때문에 '내일'(來日)이라 하였듯이, 내일에 뜬 해도 또한 서녘으로 졌다가 다시 떠오른다는 뜻에서 내일 다음 날을 일컬어 '모레'(暮來)라 이른 것이다.

해가 서쪽 풀밭 속으로 져 버렸다가 다시 동쪽으로 돌아 떠올라오는 그쪽은 과연 어떤 곳일까? 일단 해는 하나가 아니라 모두 열 개가 있다고 여겨 이를 이른바 '十干'(본디에는 十幹으로 시간을 가늠하는 줄기가 열이라는 뜻)으로 날마다 그 해의 성질이 다르다고 여겼다.

맨 첫날에 뜬 해는 '甲'(껍질 갑)으로 씨앗의 껍질을 벗겨 뿌리를 내리도록 작용하는 해, 둘째 날에 뜬 해는 땅속을 벗어나 가까스로 땅 위로 올라오려는 것을 돕는 해 등등 그날그날에 따라 해의 성능은 각각이라 여겼다.

해가 뜨고 지는 일은 어김없이 동쪽에서 떠서 서쪽으로 지기 마련이므로 이처럼 '東出西入' 하는 양을 일러 '亘'(뻗칠 긍)이라 하였고, 이렇듯이 변함없는 마음의 상태를 일러 '恒'(항상 항)이라 일렀으니 항심은 곧 천심과도 같은 무심 그 자체를 말한다.

해가 동쪽 벽을 뚫고 새 날로 밝아오는 양을 보면 대개 잔뜩 구름 사이에 싸인 채 꿈틀대며 올라온다. 참으로 볼 만한 장관 중에 빼놓을 수 없는 장관이 바로 해돋이이기 때문에 '새벽'이라는 글자도 또한 '辰'(꿈틀거릴 진) 위에 '日'을 붙여 '晨'(새벽 신)이라 일렀다.

그렇다면 해가 떠오르는 바로 그 동쪽은 예사로운 곳이 아닌 곳일 것이다라는 갖가지 상상 끝에 기발한 이름이 붙여진 것이 바로 '부상'(扶桑)이요, '湯谷'(탕곡 또는 暘谷; 양곡)이다.

이글이글 타오르는 해가 떠오르기 전에 머물러 있던 곳이기 때문에 마치 물이 들끓고 해가 들끓듯 하는 골짜기라는 점에서 붙여진 이름이 곧 '湯谷'(끓는 골짜기) 또는 '暘谷'(해 돋는 골짜기)이라는 말이며, 나아가 저처럼 큰 둥근 해를 붙들어 매고 있는 나무는 곧 '桑'(뽕나무 상)이다. 해가 매어 있던 곳을 '扶桑'(부상)이라 일렀는데 뽕나무는 일일이 손(又)으로 잎을 따서 누에를 치는 유용한 나무로 날도 잡아 맬 수 있는 신목(神木)이라 여겼기 때문이다.

之 갈지
초목이 줄기와 가지를 뻗어 오르는 모양

땅속에 묻힌 씨앗이 싹을 틔워 땅 위로 오를 때에 줄기와 가지가 뻗어 오르는 모양은 크게 두 종류로 나눠 볼 수 있다. 그 하나는 곧게 자라면서 가지를 좌우로 뻗는 경우가 있고, 다른 하나는 줄기가 넝쿨이 되어 자라면서 넝쿨에서 다시 넝쿨로 뻗어 자라는 경우가 있다. 그래서 전자를 갑목(甲木)이라 이르는 데 비하여 후자를 을목(乙木)이라 한다.

굳은 땅속을 뚫고 뿌리가 곧게 뻗어 일단 자리를 잡은 초목이 그 모양 그대로 곧게 자라는 초목이 있는가 하면, 이와는 달리 가까스로 땅을 벗어나 태양을 향해 구불구불 오르는 모양 그대로 땅속을 벗어나서도 그대로 구불구불 넝쿨이 되어 오르는 초목이 있다.

그래서 주된 뿌리가 쭉 뻗어 자리를 잡는 그 속성대로 줄기가 곧게 뻗으며 가지를 내는 종류를 갑목(甲木)이라 이르고, 두꺼운 땅을 가까스로 뻗어 오르는 모양을 나타낸 '乙'처럼 구불거리며 자라는 종류를 을목(乙木)이라 하였다.

같은 생명체라도 큰 틀에서 보면 동물은 양에 속하고 식물은 음에 속하지만, 음에 속하는 식물을 다시 나온 부분과 묻힌 부분으로 나누면 나온 부분은 햇빛을 받아들이는 '양'이라 보면, 물을 빨아들이는 묻힌 부분은 '음'이다.

또 땅 위로 자라는 모양으로 나누어 보면 대부분 나무는 갑목으로 '양'

으로 보면, 넝쿨식물은 을목으로 '음'으로 보는 것이 정설이다. 그래서 갑목은 재목으로 쓰일 수 있으나 을목은 결코 재목으로 쓸 수 없다.

똑같은 풀이라 할지라도 맨드라미는 작아도 꼿꼿한 '갑'류에 속하고 칡은 비록 길어도 넝쿨로 뻗어 자라기 때문에 '을'류에 속한다. 갑목은 독립적으로 빳빳하게 자라지만 대부분의 을목은 갑목을 감고 자라는 것이 예사로운 일이다.

따라서 갑목은 차곡차곡 시간을 두고 강하게 자라지만, 을목은 부드럽게 뻗어 나가기 때문에 비교적 빠른 시일 안에 쭉– 쭉– 뻗어 자라기 마련이라 대들보나 기둥으로는 물론 연장 자루로도 쓸 수 없다. 을목은 웬만한 장애를 뚫고 잘 자라는데 그 까닭은 오직 부드럽기 때문이다.

해와 달이 가고 오며 시간이 가는 것, 역시 부드럽게 옮겨 가는 것이기 때문에 본디 시간을 나타내는 '時'(때 시)라는 글자도 '之'(갈 지) 밑에 '日'을 붙여 '旹'(때 시)라 하였던 것이다.

넝쿨이 생략된 채 좌우로 부드럽게 뻗어 자라는 난초나 지초를 나타낸 글자도 '芝'(지초 지)로 나타내었는데 특히 그중 향기가 더욱 뛰어난 난초는 '蘭'(난초 란)이라 하였다.

그 까닭은 이미 글자에 잘 나타나 있는 바와 같이 땅 위에 피어 오른 그 모습이 아래는 묶은 듯 '束'(묶을 속)하나 좌우로 흐드러지게 퍼져 '八'이 되어 향기가 뛰어나기로 '門'(문 문) 가에 심어 두고 즐기는 향기로운 풀이라는 뜻을 한 글자로 모은 것이다.

또 향초로 이름난 '芷'(지초 지)의 '止'도 '之'와 같은 글자이기 때문에 '芷'와 '芝'는 똑같이 난초에 버금가는 향기로운 풀이라는 뜻이다.

산을 푸르게 덮은 솔은 풍설(風雪)을 견디라 이르고, 저 벼랑에 핀 지란(芝蘭)은 뉘 알거나 모르거나 향기를 잃지 말라 하니 산중 초목 이름 하나 하나에도 다 깊은 뜻이 있다.

帀 두를 잡

넝쿨이 바닥으로 퍼지며 자라 나가는 모양

식물에도 크게 두 종류가 있다. 첫째는 뿌리에서 뻗어 나온 줄기가 반듯하게 뻗어 올라 크고 작은 가지들을 내고 그 가지들에 잎을 매달고 자라나는 이른바 '나무'가 있다. 둘째는 뿌리에서 뻗어 나온 줄기가 넝쿨이 되어 땅 위를 번어 자라거나 아니면 나무를 올라타고 자라 가는 '넝쿨'이 그것이다.

넝쿨은 땅에서 하늘을 바라며 자라는 넝쿨이 있는가 하면 이와는 정반대로 땅에서 솟아올라 다시 땅을 바라며 자라 나가는 넝쿨이 있다. 이처럼 넝쿨도 위로 자라는 '之'(갈 지)가 있는가 하면, 밑으로 퍼져 나가며 자라는 것도 있으니 이 같은 모양을 '帀'(두를 잡)이라 한다.

따라서 어느 한쪽에 자리 잡고 어느 한 구역을 돌고 돌면서 두루 뻗어 나가는 모양을 일러 '匝'(돌 잡)이라 하고, 바닥에 입을 들이대고 힘껏 빨아 대는 일을 '咂'(빨아 댈 잡)이라 하며, 바닥을 한 바퀴 뼁 도는 일을 일러 '迊'(돌 잡)이라 하였다.

무릇 어떤 물건이 순행하거나 역행하거나 간에 하나의 고리 모양을 그리며 왕복하는 것을 일러 한 바퀴 돈다는 뜻에서 '周徧'(한 바퀴 두루 돈다는 말)이라 하는데 이 같이 많은 지식을 갖춰 널리 통하거나 막힘없이 통하는 이를 일러 '帀人'이라 말하기도 한다.

따라서 '帀'이라는 소릿값은 '雜'(뒤섞일 잡)과도 같고, 또한 내용상 담겨 있는 뜻도 또한 서로 통하여 결국에는 '帀은 雜이다'(帀, 雜也)라고 정의 내릴 수 있다.

원리가 따로 있고 응용이 따로 있는 것은 아니다. 원리의 근원은 높은 하늘에서 따 온 것이고 응용은 땅바닥에 널려 있는 아래 것들을 향해 사용하는 것은 더더욱 아니다. 알고 보면 하늘이 땅이요 땅이 바로 하늘이니, 이상은 높고 현실은 낮은 것이 아니다.

저 하늘에서 미리 내어 주는 가락과 무늬를 그대로 본받아 땅을 딛고 살아가는 만물의 세계를 보다 풍요롭고 알차게 꾸려 나가자는 것이 바로 '禮'(예도 예)의 정신이요, 나아가 하늘이 제시하는 이치 그대로를 땅에서 본받아 바람직한 인간사회를 건설해 나가는 것이 '仁'(어질 인)의 소망이다.

그렇기 때문에 이성적인 자각만을 중시한 나머지 원리만을 천착하던 구시대의 행각에서 벗어나 민족의 새로운 자각을 중시하던 실학시대 이후로 우리 학문의 전통도 또한 성리학 일변도에서 벗어나 이용후생에 관한 응용학을 중시하게 되었다.

이런 흐름 속에서 일찍이 다산 정약용이나 추사 김정희와 같은 거인들이 종래 금과옥조로만 여겨온 문(文) 사(史) 철(哲)의 고정된 범위를 훌쩍 뛰어넘어 의(醫) 농(農) 예(藝) 잡(雜) 기(技) 등 다방면에 걸쳐 학문의 범위를 넓힐 수 있었던 것은 천만다행한 일이었다.

종래 별다른 관심을 두지 않았던 '과학'만 예로 들지라도 일부 학자들의 관심 속에서 겨우 숨 쉬고 있던 처지로 원리의 연구에만 그쳤을 뿐, 응용에 대한 일들은 아예 낮은 신분을 지닌 '쟁이'들의 몫이라 여겨 왔다.

그러던 것이 보다 밝은 세상을 맞아 봉건적인 신분사회가 무너지고 새로운 직업의식이 높아지자 과학기술이 접점을 이뤄 오늘날에 이르러는 이른바 '잡학'(雜學; 帀學)이 각광을 받게 되었으니 다행스런 일이다.

出 날 출
초목이 자라 땅 위로 자라 뻗어나는 모양

이미 말한 바와 같이 '나무'란 나온 부분과 묻힌 부분을 통틀어 나타낸 말이다. 그중 묻힌 부분이 계속해 뻗어 들어가는 모양을 본뜬 글자가 곧 '入'(들 입)이며, 뻗어 들어가는 원 뿌리를 '本'(근본 본)이라 하였다.

이에 비하여 땅 위로 나온 줄기에서 가지들이 계속해 뻗어 나가는 모양을 본뜬 글자가 곧 '出'(날 출)이며, 속에 든 뿌리에 비하여 줄기에서 뻗어난 가지를 뜻하는 글자는 곧 '末'(끝 말)이다. 그래서 땅속으로 든 뿌리만큼 줄기에서 뻗어 자라는 것이 이른바 '가지'인 것이다.

'나무'의 이중적 구조는 땅속에 묻힌 채 계속해 파고 들어가는 '入'과 땅 위로 나온 줄기에서 끊임없이 뻗어 자라는 '出'로 나타낼 수도 있으며, 한편으로는 묻힌 부분의 '本'과 나온 부분의 '末'로도 나타낼 수 있다.

따라서 '本'은 안속을 말하고 '末'은 드러난 밖을 말하며, '入'은 밖에서 안으로 들어감을 뜻하는 데 반하여 '出'은 안으로부터 밖으로 나와 드러났음을 뜻한다. 이와 마찬가지로 '内'(안 내)는 드러나지 않은 안속을 말하는 데 비하여 '丙'(드러날 병)은 밖으로 드러남을 뜻한다.

한편 일부 설문학자들은 '出'을 땅속에 묻힌 부분이 땅 위로 올라온 줄기에서 가지가 계속해 뻗어난 모양을 본뜬 글자로 보지 않고, 발자국이 밖으로 향해 나간 모양을 본뜬 글자로 보고 그 증거로 "들어온다는 말은 신발을 벗었음을 말하고 나간다는 말은 신발을 신는 것을 말한다."

(入則解履 出則納履)〈古禮〉라 하였다.

그렇다면 '入'은 땅속에 든 뿌리가 계속해 뻗어드는 모양을 본뜬 글자라 식물에서 본뜬 글자라 본다면, '出'은 발자국을 밖으로 향해 나가는 모양을 본뜬 글자라 동물의 움직임에서 취한 글자라 볼 수 있다. 그러면 '帀'(두루 잡)은 어떻게 풀어야 할 것인가?

실은 땅속을 벗어난 초목이 줄기를 중심으로 가지가 무성하게 뻗어 나가는 모양을 본뜬 글자가 '出'인데 초목 중 넝쿨식물이 나무를 타고 끊임없이 뻗어 올랐다가 다시 내리면서 무성한 모양을 본뜬 글자가 바로 '出'을 뒤집어 놓은 '帀'이라고 보면 '入'보다는 '出'이 훨씬 길다는 뜻을 지닌 글자인 듯하다.

그래서 이미 땅속에 뿌리를 박고 땅 위를 벗어난 풀이 다시 물 위로 무성하게 올라온 풀을 일러 '茁'(부들풀 줄)이라 하고, 손에서 나오는 솜씨가 너무나도 지나쳐 아름다움에서 크게 벗어난 것을 일러 '拙'(서투를 졸)이라 말한 것이다.

실력이 모자란 탓에 서투른 것을 '拙劣'하다고 하는데 반드시 '拙'한 것이 힘이 모자라서 그런 것만은 아닌 듯하다. 오히려 힘이 넘치기 때문에 언뜻 보기에 '拙'하게 보일 수 있는 경우도 많다.

노자는 일찍이 말하기를 "크게 이룸은 모자람이 있는 듯하지만 그 효용은 다함이 없고, 크게 찬 것은 텅 빈 듯하지만 그 효용은 한계가 없으며, 크게 곧은 것은 굽은 듯 보이고, 크게 교묘한 것은 졸렬한 듯 보인다."(大成若缺 其用不弊 大盈若沖 其用不窮 大直若屈 大巧若拙)〈도덕경 45장〉이라 하였다.

다소 졸한 듯하지만 굳이 약삭빠르거나 번지르르 꾸미지 않고, 다소 굽은 듯하지만 결코 야비하지 않고 마음 넉넉한 큰 어른이 절실히 필요한 시대이다.

生 날 생
초목이 땅 위로 올라온 모양

초목의 뿌리는 땅속에 묻혀 있다. 그러나 땅 위로 올라와 자라는 모양에 따라 주된 뿌리가 깊이 땅속으로 박혀 자라고, 그 나머지 뿌리들이 동서남북으로 뻗어 자라는 것이 대부분의 '나무'로 이를 독립되어 꿋꿋하게 자라는 갑목(甲木)이라 하였다.

이에 반하여 주된 뿌리로부터 모든 뿌리들이 그 성질상 바르게 땅속으로 파들어 가지 않고 옆으로 굽어 가며 뻗어 자라는 초목을 을목(乙木)이라 하였는데 이 같은 초목은 대부분 그 땅 위로 자라는 모양도 속과 같아 반듯한 줄기를 이루지 않고 넝쿨로 뻗어 가는 것이 예사로운 일이다.

초목은 크고 작고 간에 그 성질대로 자라기 마련인데 대부분의 모양 자체가 지면을 중심으로 지상과 지하가 거의 같은 모양으로 자란다. 땅속의 뿌리가 반듯하면 위로 자라나는 모양도 반듯하고 땅속에 든 뿌리가 구불구불하면 위로 올라와 자라는 모양 또한 반듯하게 자랄 수 없다.

지표면을 중심으로 지하의 속 뿌리가 그러면 지상으로 나온 줄기도 또한 그러한 법이라는 사실은 자연스런 이치일 뿐이다. 아무리 복잡하게 얽힌 인간사라 할지라도 크게 다를 바가 없다.

그래서 옛 말씀에 "아주 간단한 식물에도 뿌리와 가지가 있듯이, 아무리 복잡한 인간의 일이라 할지라도 그 일들은 마침과 시작이 있는 법이다."(物有本末[물유본말], 事有終始[사유종시])〈대학〉라고 하였다.

땅속에 묻혀 있는 뿌리와 땅 위로 자라나는 줄기나 가지들은 크게 보면 대칭을 이루기 마련이듯, 어떤 일의 마무리는 애당초 시작을 선불리 벗어날 수 없는 것이 사람들의 일이라는 말이다.

속에 묻혔던 뿌리가 두꺼운 땅속을 벗어나 비로소 땅 위로 올라온 모양, 그 자체를 본뜬 글자가 곧 '生'(날 생)이니 이 글자는 바로 '土'(흙 토)에 '屮'(풀 돋을 철)을 붙인 글자다. 기본적으로 '낳다'는 뜻을 지닌 '生'은 식물이 밖으로 나오다는 말이며 '出'은 동물이 어미의 배 속을 벗어나다는 말이다.

따라서 출생이라는 말은 동물이건 식물이건 간에 음에서 양으로 나오다는 말이며, 이는 음 속에 양(씨앗)이 들었던 것을 음이 이 양을 잘 키워 내놓다는 말이다. 그래서 음 중에 양이 포함된 상태를 '음중포양'(陰中包陽)이라 하고, 다시 음이 양을 길러 내는 일을 두고 '포태양생'(胞胎養生)이라 한다.

모든 생명은 제각기 이 포태양생의 방법을 통해 이 땅 위에 번식해 나가기 때문에 생명의 원인으로서의 양이 음 속에 같은 종류의 것을 생성해 낸다.

그래서 하나가 여럿으로 불어나는 이 원리를, 즉 '낳고 낳아 끊임없이 이어져 가는 것'(生生之謂)을 일러 '역'(易)이라 하였는데 이 '역'의 두 축은 곧 천지음양(天地陰陽)일 따름이다.

만약 '낳음'이 일회성으로 그쳐 버리고 말았다면 오늘날 만물이 천지 사이에 널리 전개되어 있을 수 없고, 또 오늘날 만물 중 음양이 서로 교합하여 '포태양생'의 일로 이어지지 않는다면 오늘은 단지 오늘로서 그치고야 말 뿐이다. 이것이 곧 생의 원리이다.

乇 붙을 탁
풀에 꽃이 피어 늘어진 모양

땅속에 든 풀씨가 비로소 땅 위로 올라와 잎과 꽃이 피어 반듯한 줄기에서 약간 고개를 숙인 모양을 그대로 본뜬 글자가 곧 '乇'(붙을 탁)이다. 그런데 이때에 땅속에 묻혀 있는 뿌리는 당연히 옆으로 굽어질 수밖에 없는 모양을 그대로 그린 것이다.

따라서 중간의 '一'은 지면을 나타낸 것이며, 그 위는 잎과 꽃이 다소 늘어진 것을 나타낸 것이며, 아래는 지상의 잎과 꽃이 늘어진 만큼 그를 뒷받침하고 있는 뿌리가 상하의 균형을 유지하기 위해 약간 구부러진 모양을 나타낸 것이다.

이런 뜻에서 '乇'의 가운데 획은 곧 상하를 연결하고 이는 줄기를 뜻한 것이다. 그래서 마치 부모의 보호 아래 곱게 자라다가 친정을 벗어나 시집간 여인을 두고 '宅'(집 택)이라 부르는 것은 당연한 일이다. 즉, 안성에서 서울로 시집 온 여인은 그 뿌리가 안성이기 때문에 일반적으로 '안성댁'이라 부른다.

다만 모든 이들은 삶을 영위하는 처소를 '집'이라 여기기 때문에 남녀 누구나 자신의 몸을 의탁하는 '宅'(집 택)을 '택'이라 말하지만 특히 여인의 시댁을 '택'이라 발음하지 않고 '댁'이라 읽는 까닭은 시집과 친가의 이중적 구조를 지닌 여인의 입장을 남정네들과 분별해 놓았기 때문이다.

이런 면에서 어떤 물건을 집에까지 배달해 주는 일을 일컬어 '宅配'(택

배)라 하고, 누구나 막론하고 '집'은 그 위치나 규모도 또한 자신들이 선택하여 자리 잡고 짓는 것이기 때문에 그 소릿값 역시도 '택'으로 읽을 수밖에 없어 '宅은 擇也'라 말할 수 있다.

또 '乇'에 손을 붙이면 손써 달라고 의탁한다는 말로 '托'(부탁할 탁)이라 하고, 같은 부탁일지라도 말로 안부를 전해 달라고 부탁하는 일은 '言'(말씀 언)을 붙여 '託'(부탁할 탁)이라 한다.

그러니 손써 자신의 어려움을 풀어 달라고 부탁하는 일과 자신을 대신하여 다른 이에게 안부를 전해 달라고 말로 부탁하는 일은 '乇'에 어떤 글자를 붙이는가에 따라 그 뜻이나 형식이 달라 '托'은 적극적인 부탁이라면 '託'은 소극적인 부탁이라 할 수 있다.

우리네 몸이야 물론 '집'에 의탁해 살아갈 수밖에 없지만 서로가 좋고 옳게 살아가는 마음은 어떤 집에 머물러 두고 살아가야 할 것인가. 비록 백년을 살아가는 몸이라 할지라도 유한한 몸은 울안의 집에 의탁하여 살아갈 수밖에 없을지라도 무한한 마음은 울을 트고 너른 집을 지니고 살아감이 옳다.

일찍이 맹자는 "너른 집이 있어도 머물지 않고 바른 길이 열려 있어도 말미암지 않으니 이것이 큰 문제로다."(曠安宅而不居[광안택이불거], 捨正路而不由[사정로이불유])라 하였다. 그렇다면 너른 집은 어떤 집이며, 바른 길은 어떤 길인가?

너른 집이란 나만을 고집하는 마음에서 벗어나 나와 남이 함께 살아갈 수 있는 '어짊'(仁)을 뜻하고, 바른 길이란 일차선의 일방통행로가 아니라 내 이익만을 따지지 않고 더불어 갈 수 있는 '의로움'(義)의 길이다.

내 입장만을 고집하지 않고 나를 미루어 남의 입장도 헤아릴 줄 아는 마음을 가져야 너른 집에 머물 수 있고, 좁다란 아집(我執)을 과감히 벗어 던지고 나와 남이 더불어 가는 길을 끊임없이 찾아가야 비로소 바른 길을 걸을 수 있다는 평범한 진리를 말하고 있다.

垂 늘어질 수
초목의 꽃이나 잎이 늘어진 모양

식물이 애당초 땅속에 자리 잡고 밖으로 드러나는 일은 참으로 묘한 일이다. 처음으로 땅속에 든 씨앗은 껍질을 벗고 아래로 뿌리를 내리기 마련이다. 그래서 이런 과정을 '甲'(움틀 갑)이라 하였다. 반드시 뿌리를 아래로 내려 자리부터 잡는 것이 원칙이다.

그런 뒤 땅 위로 오르니 이런 과정을 일러 '乙'(굽을 을)이라 하고, 가까스로 두터운 땅을 젖히고 안에서 밖으로 드러나는 과정을 '丙'(밝을 병)이라 하니 엄밀히 말하자면 '甲'에서 '丙'까지를 뿌리를 내리고 줄기는 올리는 과정으로 보아 이를 '착근'(着根)이라 한다.

'착근'을 마친 뒤, 일단 땅속을 벗어난 줄기는 아무래도 앞에서와는 달리 부쩍부쩍 자라는 '丁'(성할 정)의 과정을 거쳐 다시 가지를 뻗고 잎을 내는 '戊'(무성할 무)의 과정을 거치면서 급기야 꽃을 피우기 마련이다.

즉, '착근'에서 '개화'(開花)로 발전하는데 특히나 푸른색을 띈 녹색식물에서 붉은 꽃, 노랑 꽃, 하얀 꽃들이 곱게 피어나는 것은 실로 엄청난 변화일 수밖에 없다. 그래서 꽃이란 초목에서의 엄청난 변화라는 뜻에서 '艸'(풀 초)에 변화를 뜻하는 '化'(될 화)를 붙여 '花'(꽃 화)라 하였다.

꽃이 활짝 피어 화려함을 자랑할 때를 일러 영화(榮華)롭다거나 번영(繁榮)한 상태라 말하는데 이때의 '榮'(영화로울 영)이란 온 나무의 가지마다 꽃(火)들이 필 대로 피어 화려함을 자랑하는 상태라는 말이다. 그렇지만 속담에 “꽃은 열흘 이상 붉을 수는 없다.”(花無十日紅 화무십일홍)는 말처럼 한없이 화려할 수만은 없다. 비단 나무에 핀 꽃만이 아니라 훨훨 타오르는 불길도 한없이 탈 수만은 없다. 화려한 것이나 불타는 일은 반드시 한계가 주어져 있을 따름이다.

따라서 일시적으로 눈을 즐겁게 하던 꽃들은 봉우리 지어 늘어졌다가 떨어지기 마련이며, 꽃이 져 버린 그 자리에는 싱그러운 열매를 맺어 이 또한 늘어져 있을 따름인데 이같이 꽃이나 열매가 늘어져 있는 모양을 본뜬 글자가 곧 ‘垂’(늘어질 수)이다.

그러므로 땅속으로 뿌리를 내리는 ‘착근’의 과정에서 시작된 초목은 ‘개화’를 거쳐 ‘결실’로 이어지는 것이 어김없는 과정이며 모든 일들의 과정 또한 아무리 복잡하다 할지라도 이런 세 과정을 밟기 마련이다.

마치 활짝 떴던 눈을 살며시 감은 채 축 늘어진 지는 꽃의 모양을 일러 꽃이 오므라진다는 뜻으로 ‘睡’(꽃이 오므라지는 모양 수)라 하였다. 피곤한 나머지 눈 뚜껑이 살며시 내려 쳐져 졸음으로 옮겨지는 상태를 ‘睡’(졸 수)라 하는 것과도 같다.

아무튼 ‘垂’는 ‘늘어지다’는 뜻이기 때문에 ‘口’(입 구)를 붙이면 ‘唾’(침뱉을 타)가 되고, ‘手’(손 수)를 붙이면 자식을 가르치기 위해 매를 때린다는 뜻으로 ‘捶’(종아리 칠 추)가 되며, ‘竹’(대 죽)을 붙이면 매로 쓰는 채찍을 뜻하여 ‘箠’(채찍 추)가 된다.

나아가 ‘金’(쇠 금)을 붙이면 무게를 가늠하기 위해 만든 저울에 붙는 쇳덩어리를 뜻하여 ‘錘’(저울 추)가 되고야 마니 저울대에 매달린 쇳덩어리나 기둥시계 속에 달려 밤낮으로 움직이는 쇳덩어리는 한결같이 늘어져 있다는 말인 것이다.

華 꽃화
초목의 꽃망울이나 잎이 늘어진 모양

식물에서의 땅속뿌리는 물과 영양분을 빨아들이고 줄기와 가지들은 이를 유통시키며, 가지마다 피어 있는 수많은 잎들은 햇빛을 받아들여 광합성작용을 원활하게 촉진할 수 있도록 그 맡은 바 역할을 충실히 한다.

이런 각자의 맡은 일이 제대로 이뤄지면 꽃을 피워 일시 화려한 자태를 뽐내다가 낙화하고 급기야 꽃이 떨어진 자리에 단단한 열매가 맺어져 새로운 종자를 형성한다.

식물들이 종자를 맺어 끊임없이 개체적 생명을 이어 가는 방법은 대강 뿌리에서 줄기나 가지로, 줄기나 가지에서 잎으로, 수많은 잎에서 꽃으로, 꽃에서 열매로, 열매가 다시 땅속에 묻혀 뿌리를 내려 급기야 하나의 개체가 자리를 잡는 일로 비롯된다.

그래서 단단한 열매가 묻혀 물을 빨아들이는 뿌리가 자리를 잡는 일을 金生水라 하고, 뿌리에서 줄기와 가지가 자라는 일을 水生木이라 하고, 가지에 잎과 꽃망울이 피는 일을 木生火라 하고, 꽃망울이 땅으로 떨어지는 일을 火生土라 하고, 꽃이 진 그 자리에 열매가 맺는 일을 두고 土生金이라 하였다.

그렇기 때문에 이른바 금목수화토 오행 상생론이란 바로 이 땅에 가장 기초가 되는 생명체인 식물이 끊임없이 변화를 거듭하며 생장수장(生長收藏)을 반복하는 모습을 그대로 표현한 생명 순환의 원리를 말한 것인데 이

중에서 가장 큰 변화는 푸른 초목에서 전혀 색다른 꽃이 핀다는 일이다.

그래서 꽃을 두고 '초목에서의 가장 신기한 변화'라는 뜻으로 '花'(꽃 화)라 하지만 이는 '華'의 속자이며, 정작 꽃을 뜻하는 본디 글자는 어디까지나 '華'(꽃 화)로 꽃망울이나 잎이 제 무게를 이기지 못하여 늘어진 모양을 말한 것이다.

흔히 '富貴榮華'라는 말을 쓰는데 이때의 '富'(부자 부)는 집안에 항상 큰 술독을 지닌 상태를 나타내어 튼튼한 경제적인 여유를 뜻하며, '貴'(귀할 귀)는 금은보화나 진주와도 같은 귀한 물건을 지닐 수 있는 높은 신분을 뜻하는 말이다.

이에 비하여 '榮'(영화 영)은 멀쩡하던 나무에서 온 가지마다 꽃들이 불꽃처럼 피어나 대수롭지 않던 집안의 형편이 활짝 화려하게 피어난 상태를 뜻하며, '華'(꽃 화)는 고개를 빳빳하게 세우고 망울지었던 꽃봉오리가 활짝 핀 나머지 땅을 향해 늘어진 모양 그 자체를 본뜬 글자다.

묻힌 것은 언젠가는 드러나기 마련이요, 드러난 것은 언젠가는 묻히기 마련이라, 한때의 부귀를 자랑하는 일도 철모르는 일이며, 자신이 묻혀 있는 것을 원망하거나 좌절하는 것 또한 부질없는 일이다.

"낙화는 뜻이 있어 유수를 따르는데 유수는 무심히 낙화를 보낸다."(落花有意隨流水, 流水無心送落花)라는 어느 숨은 이의 글귀는 단순히 늦봄의 경치를 읊은 것만은 아닐 것이다.

그렇다고 이미 떨어진 꽃 자체에서 단단한 열매를 기대할 수 없는 노릇이며, 꽃마다 다 성한 열매를 맺으라는 법 또한 없는 법이라, 더러는 흐르는 물 따라 흘러가 버려야 할 꽃들도 있을 법하다.

노자의 "천도는 그 어떤 것과도 친하지 않으나 언제나 착한 이와 더불어 준다."(天道無親 常與善人)는 말씀을 깊이 새길 필요가 있다. 꽃이라고 다 열매를 맺는 것은 아니다.

巢 새집 소
나뭇가지 끝에 새들이 둥지를 지은 모양

이 세상 모든 물건들은 제각기 적당한 곳에 자리를 잡고 살아가기 마련이다.

나무나 풀들은 땅에 뿌리를 박고 살아가지만 그들도 제각기 자신들의 생리에 맞는 곳을 택하여 번성해 간다. 특히 동물들은 식물과는 자리 잡고 살아가는 형태가 좀 더 다르다. 물고기들은 물을 떠나 살 수 없고, 새들은 하늘을 떠나 살아갈 수 없으며, 네 발 지닌 짐승들은 땅을 누비며 살아가고, 등에 두겁이나 허물을 쓴 것들은 땅속을 파고 들어가 산다.

오직 사람만이 버젓이 땅 위에 집을 짓고 살아가고 있는 것이 지금의 현실이다. 그러나 곰곰 생각을 돌이켜 보면 땅 위에 집을 짓고 살아온 세월과 그렇지 않았던 세월은 분간하기 어려울 만큼이나 서로가 다 멀다.

사냥을 생활수단으로 하여 살았던 아주 먼 옛날에는 산속의 동굴을 삶의 근거지로 삼기도 하였고, 강가에서 물고기를 잡아먹고 살았던 인류의 먼 조상들은 생활 편의상 물가의 물 위에 집을 짓고 살아왔을 것이며 그도 저도 할 수 없는 사람들은 나무 위에 지붕을 얹고 살았을 것이다. 이처럼 주거 형태는 삶의 터전과 깊은 관계를 지니며 다양했던 것인데 유독 나무 위에 지붕을 얹고 살았던 형태는 마치 새들이 나무 위에 둥지를 틀고 살았던 모양과 전혀 다를 바 없다.

사람들은 나무 밑에서 오르고 내리기 적당한 부분을 택하여 가지와 가지 사이를 연결시키고, 그 위에 지붕을 만들어 살았을 것이다. 그렇지만 새들은 나무의 윗부분에 둥지를 틀고 살아갈 수밖에 없으므로 열매가 달리는 그 위에 튼 둥지라는 뜻에서 '果'(열매 과)의 위에 '巛'(둥지의 모양)을 붙여 '巢'(새집 소)라 하였다.

왜 하필 '둥지'라는 말을 붙였을까?

땅을 벗어난 나무의 가지 위에 둥둥둥 떠 있는 집이라는 뜻에서 '둥지'라 하였다. 그렇다고 반드시 나무 위에 지은 집만이 둥지는 아니다. 갈매기와 같은 무리들은 절벽에 뚫린 구멍을 '둥지'로 삼아 살아가는데 이럴 경우의 둥지는 '窩'(둥지 와)라 한다. 바다 곁에 있는 절벽에 난 구멍이라는 뜻에서 '穴'을 기본으로 삼고, 거기에 살을 발라낸 뼈와 같이 앙상하게 구부러져 있다는 뜻을 붙여 '窩'라 하였다. 그러니 '巢'와 '窩'는 근본적으로 새들의 둥지를 일컫는 말이다.

따라서 남들이 다 좋아하는 부귀나 공명도 버리고, 나아가 죽은 뒤라도 신선이 된다거나 극락왕생도 특별히 바라지 않고 얻어진 인연대로 조촐하게 삶을 살아갈 뿐이라는 뜻을 써서 '敬窩'라거니 '謙窩'라거니 자호를 짓고 살았던 우리 선조들도 많다.

고대광실을 부러워하지 않고 새들의 둥지처럼 조촐한 작은 집 속에서 나보다 더 큰 집을 지니고 살아가는 이들을 공경하며 살아가는 것을 생활신조로 삼거나, 같은 맥락에서 사사물물을 겸양으로 대하며 담백하게 살아간다는 뜻을 잘 드러낸 호라 여기지 않을 수 없다.

공중을 부지런히 날던 새들은 날이 저물면 '둥지'로 찾아들고, 날다 지치면 나무 위에 모여서 노래한다. 그래서 '集'(모일 집)은 나무 위에 새들이 모인 것을 뜻한다. 마찬가지로 하루 일과를 마치고 가족이 찾아들어 쉬는 곳이 바로 '집'이다. 그렇기로 집은 가족 수와 비례하여 크기도 작기도 해야 한다.

桼 옻칠 칠

옻나무에서 얻어진 즙을 뜻함

하늘은 언뜻 보기에는 파란색을 띄고 있어도 더욱 자세히 상상해 보면 그저 파랗다고 말할 수는 없다. 그 예로는 푸른 물결을 잘 살펴보자. 손바닥으로 물을 쥐어 보면 그 어떤 색이라 꼭 집어 말할 수 없다.

그러나 아무런 색깔이라 말할 수 없는 물과 물이 겹쳐 제법 깊으면 그 색깔은 여지없이 파랗고, 그 파란 물이 더욱 깊고 깊으면 파랗다 못해 검게 보이는 법이다. 그래서 본디 형체도 없고 색깔도 없는 하늘을 가물가물하다 말하고 그 가물가물한 색을 상상하여 '검다'고 말한 것이다.

하늘에 걸맞은 땅도 마찬가지다. 억만년 비쳐 온 햇빛에 단련된 땅이기 때문에 자연히 땅이 지니는 본디의 색깔은 햇빛에 끄달린 바로 그 색깔 곧 '日光'과도 같은 누런 색깔이라 하였다. 그런 뜻에서 "天地는 玄黃하다"고 말한 것이다.

나아가 무형무색한 하늘의 색을 일단 '파랗다'고 설정해 놓고, 땅의 색을 '누렇다'고 규정하였으나 좀 더 살펴보면 누렇게 익어 가는 색깔의 본디 색은 실은 대부분 '붉은 색'(꽃)의 결실일 따름이다. 그래서 하늘의 순양을 '청'이라 하고 땅의 순음을 '홍'이라 이른 것이다.

따라서 순양으로 상징되는 파랑색과 순음으로 표현되는 붉은색이 끊임없는 조화를 일으켜 만물은 누렇게 익어 가는 것이라 여겼기로 '靑紅黃', 이 세 가지 색을 이른바 '三原色'이라 하여 '天地人三才'를 상징하는 것으로 나타낸 것이다.

그중에서 '흰색'은 빛을 합친 '빛의 총화'로 사실 모든 색을 덧칠할 수 있는 바탕으로 보고, '검은색'은 이 세상에 드러난 모든 색을 모조리 합하면 비로소 드러나는 '색의 총합'인 것이다. 지상의 모든 형형색색은 결국 다 저 높은 하늘의 무형이 근본이며 하늘은 높다고도 감히 말할 수 없이 높은 가물가물한 '검은색'일 따름이다.

그래서 땅 위에 벌려진 유형유색의 만물이 변질변색하는 것을 그나마 막을 수 있는 색은 무형무색에서 얻어진 '검은색'이라 일렀던 것이며 이런 '검은색'을 얻어 낼 수 있는 유일한 매개물을 일컬어 '옻나무'라 여겨 왔던 것이다.

같은 '옻나무'에서 얻는 '옻칠'도 크게 두 종류가 있다. 첫째는 오래된 묵은 나무에서 얻는 '漆'(옻칠 칠)이요, 그다음으로는 묵은 나무가 되었든 애송이 나무가 되었든 가느다란 가지에서 얻는 '桼'(옻칠 칠)이다.

원래 좋은 칠은 나무의 원 줄기의 적당한 부분을 좌우로 갈라 흠집을 내고 그 속에서 흘러나오는 즙을 받아서 쓰는 것이기 때문에 '木'에 줄기의 좌우를 가른 모양인 '八'을 붙이고 그 속에서 새어 나오는 수액의 '水'를 붙여 '漆'이라 쓴 것이다.

이에 비하여 원 칠이 아닌 애 칠은 나뭇가지를 꺾거나 어린 나무 자체를 싹둑 잘라 잘 익지도 않은 수액을 얻어 쓰는 것이기 때문에 자른다는 뜻을 지닌 '七'에 '木'을 붙여 얻은 수액이라는 뜻에서 '桼'이라 하였다.

물론 가지에서 얻어진 애 칠보다는 원 줄기에서 얻은 원 칠이 훨씬 좋다. 이 좋은 원 칠은 하늘이 낸 천연의 방부제로서 그 어떤 화학물질로 만들어 낸 방부제보다도 월등하게 그 효능이 우수하다.

그래서 고급승용차의 도장에도 쓰일 뿐 아니라 무한한 창공을 탐사하는 인공위성의 도장제로도 쓰인다. 자연스런 일이 아닐 수 없다.

束 묶을 속

나무를 묶어 다발 지은 모양

모든 물건을 헤아릴 때 개수 하나하나를 들어 헤아리는 수도 있지만 그보다는 그 낱낱을 한데 묶어 헤아리는 경우가 많다. 과일은 한 상자, 음식은 한 그릇, 달걀은 한 묶음 등으로 일정한 그릇이나 상자 속에 담아 헤아리는 수도 있고, 또는 한 아름 정도로 묶어 셈하는 경우도 있다.

그중 두드러진 것으로 옛날 쇠붙이로 만들어 사용하던 돈은 주로 동전 가운데에 구멍을 내고, 그 구멍과 구멍을 끈으로 연결하여 일정한 개수를 한 묶음으로 지어 유통하였다. 이런 경우 엽전 한 묶음을 곧 一貫이라 하였으니 '貫'이란 돈을 뜻하는 '貝'(조개 패)에 엽전 구멍에 끈을 꿰어 한 묶음을 지은 그 자체의 무게를 나타낸 말이기도 하다.

이와 마찬가지로 아주 먼 사냥시대로부터 공동 몰이를 통해 얻어진 사냥물을 나눔에 있어서는 그저 소박하게 도끼로 찍어 나눈 고기 한 토막을 일컬어 一斤이라 하였으니 오늘날에도 쓰는 고기의 무게를 몇 근이라 하는 '斤'(도끼 근) 또한 본디 뜻은 한 토막의 고기 무게에서 유래된 말이다.

이렇듯이 모든 단위의 기본은 수로는 십진법을 벗어날 수 없는 것이며 또 헤아림의 근거 자체는 길이는 손, 거리는 발을 벗어나 이뤄질 수 없었던 것이다. 우선 그 적절한 예로 한 자니 한 치니 한 푼이니 하는 길이는 손을 표준 삼아 붙여진 것이며, 거리를 가늠하는 최소의 기본 단위는 발과 발 사이를 뜻하는 한 걸음일 따름이다.

이처럼 의식주 세 요소 중에 특히 땔감이나 집을 짓는 데 없어서는 안 될 나무를 헤아리는 기본 또한 길이는 손으로 헤아리는 한 자, 또는 한 아름이었던 것이며, 작은 나뭇가지들은 한 아름으로 비견되는 한 묶음이 기본 단위가 될 수밖에 없었다. 따라서 묶음을 나타내는 '束'(묶을 속)이라는 글자 자체도 나무를 끈으로 동여 묶은 모양 자체를 그대로 나타낸 글자다.

흔히 約束이라는 말을 많이 쓴다. 이때 쓰는 '約'(모을 약)은 낱낱을 모아 다발 짓는다는 말이다. 그러니 '約束'이란 결국 너와 나, 둘 사이 시간과 공간을 함께하여 서로 만나자는 일이거나, 아니면 어떤 일을 언제 어디에서 어떻게 하자는 구체적 사실을 명확히 하자는 인간과 인간 상호간의 '지킴'을 뜻하는 말이다.

공자께서도 일찍이 말씀하시기를 "스스로 마른 고기 한 묶음 이상을 행하면 내 그를 가르치지 않을 수 없다."고 하셨다. 인간관계 중 가장 바람직한 인간관계의 하나는 가르침을 주는 스승과 가르침을 받는 제자의 관계다.

그런데 이런 관계가 설정되는 계기도 아무런 의식 없이 이뤄지는 것이 아니라 '마른 고기 한 묶음'(束脩一束) 이상을 바치는 소박한 성의가 있어야 한다는 말이다. 간절히 구함에 따르는 열정의 표시가 곧 마른고기 한 묶음이었다.

만약 한 묶음도 없이 무조건 일방적으로 가르침을 청하기만 하는 태도는 최소한 약속의 형식을 어기는 일이며, 모든 인간관계 중에서 만약 최소한의 약속도 전혀 지켜 내지 못했다면 언제나 그런 사람의 마음 한 구석에는 두려움을 떨쳐 내지 못할 것이다.

돌아가신 조상을 제사 모심에 있어서는 반드시 '悚懼恐惶' 하는 마음을 놓아서는 안 된다고 하였다. 그 까닭은 어디에 있는가? 바로 조상의 은혜를 다 갚지 못한 두려움이 남아 있을 수밖에 없기 때문이다.

口

圍 에울 위
사방을 뺑 둘러 에운 모양

큰 네모꼴을 짓고 있는 글자는 동서남북 사방을 다 막아 놓은 모양을 나타내어 사방을 다 감싸 포위하다는 뜻을 나타낸 글자임과 동시에 어떤 장소의 안과 밖을 사방으로 분리해 놓은 경계를 나타낸 글자라 여길 수도 있다.

한 나라를 뜻하는 '國'(나라 국)은 나라를 구성하는 주인으로서의 백성을 뜻하는 '口'(人口의 口)가 있어야 하고, 백성이 자리 잡고 사는 터전을 뜻하는 '_'(삶의 바탕)이 있어야 하며, 백성들이 꾸려 나가는 문화의 지킴을 뜻하는 '戈'(창 과; 영토와 문화를 지킴)가 있어야 한다.

나아가 남의 나라와 내 나라 사이를 가르는 나라의 경계가 있어야 하는데 이때 경계를 '큰 네모꼴'로 나타낸 것이다. 따라서 근대 이후 나라의 세 가지 요소를 1) 백성, 2) 영토, 3) 문화라 정의한 '나라'의 개념은 이미 수천 년 전에 만들어진 '國'이라는 글자에 이미 그 주요 골자가 내포되어 있었던 것이다.

나라와 나라 사이의 경계는 언제나 남의 침략을 끊임없이 지켜 내야 한다는 뜻이 들어 있기에 무기를 나타내는 '戈'(창 과)가 등장하지만 내 집과 남의 집 사이의 울타리를 뜻하는 말로는 '圍籬'라 하여 굳이 무기를 사용해 지킨다는 뜻을 나타내지는 않았다.

'圍'(에울 위)는 집을 나타낸 '口'(큰 네모 속의 작은 口)에 위아래로 발자국을 뜻하는 글자를 붙여 '韋'(違의 본자; 어길 위)를 사방의 경계를 나타낸 큰 네모의 울 속에 넣었다. 또 '籬'(울타리 리)란 대나무나 나무를 심어 안과 밖을 분리시켰다는 뜻에서 '竹'(대 죽)에다가 '離'(가를 리)를 붙인 것이다.

따라서 집안의 울타리나 나라의 경계는 수시로 살피고 잘 단속하여 흩어지거나 빼앗김이 없어야 한다. 다만 '우리' 속에 항상 갇혀 있을 수는 없기 때문에 '문'이라는 통로를 통해 안과 밖이 알맞게 소통되어야 한다.

그러니 '우리'가 항상 열려 있을 수는 없다. 만약 우리가 언제나 열려 있다고 한다면 그 '우리'는 우리로서의 역할을 감당할 수 없는 것이다. '우리'라는 말과 '열리다'는 말은 서로 모순되는 말임에는 틀림이 없다. 항상 열린 우리는 처음에는 기웃거리고 모여도 대부분 모인 자들은 언제나 달아나 버릴 수 있는 기회가 주어져 있기 때문이다.

'人'에 큰 네모를 두르면 '囚'(갇힐 수)가 되고, '木'을 두르면 '困'(괴로울 곤)이 되니 기본적으로 경계 속에만 갇혀 있는 일은 누구나 싫어한다는 뜻이 분명하다.

사람은 하나로만 살아갈 수는 없다. 경제만으로 살아갈 수 없고, 사랑만으로 살아갈 수도 없다. 안에 박힌 뿌리는 경제에 힘을 쓰고, 밖으로 나온 줄기나 가지나 잎들은 햇빛을 받아야 산다.

경계는 분명히 잘 지키되 안과 밖이 적당히 소통해 가면서 지나친 내부적 단결이 배타적으로 흘러도 안 되고, 지나친 개방이 자신의 정체성을 모호하게 하여서도 안 된다.

세상에서 가장 위험한 일 중의 하나가 '오직'이라는 구호만을 들어 스스로 답답함을 불러들이는 일이다. 그 '오직'만을 고집하여 우리 속을 좁힐 필요도 없고, 우리를 허술하게 만들 필요도 없다.

員 인원 원
발이 달린 이동용 솥의 모양

불을 발견하여 불을 이용하기 시작한 이래 음식을 익히는 생활 도구로서 등장하게 된 '솥'은 오랜 세월을 두고 여러 모양으로 발전에 발전을 거듭해 왔다.

그중 가장 간단한 취사 용구로서 장소를 가리지 않고 언제나 옮겨 쓸 수 있는 '솥'으로는 '員'(솥 원)을 들 수 있으니 이는 곧 솥에 발이 달린 모양 자체를 '貝'라 본뜨고 그 위에 덮는 뚜껑을 '口'라 하여 본디 솥을 상형한 글자이다.

그런데 솥이 지니는 용량은 음식을 나눠 먹을 수 있는 사람의 숫자와 불가분의 관계가 있기 때문에 본디 '솥'을 상형한 '員'은 본디의 뜻으로 쓰이는 경우보다는 사람의 수를 말하는 '員'(인원 원)으로 많이 쓰이고 있다.

솥다운 솥은 돌을 깎아 만든 석기나, 흙으로 빚어 낸 토기가 아니라, 단단한 무쇠로 만든 것이 가장 합리적인 것이며, 그 모양 또한 둥근 것이어야 하기 때문에 '員'에 손을 말하는 '扌'를 붙이면 아무리 단단한 무쇠라도 만지작거리면 덜어진다는 '損'(덜어질 손)이 된다.

또 솥의 둘레나 바닥은 둥글다는 뜻에서 '員'에 큰 네모를 그려 붙이면 '圓'(둥글 원)이 되고, 소리를 뜻하는 '音'(소리 음)을 붙이면 소리는 곧 어떤 장애가 없는 한 둥글게 퍼져 나간다는 뜻에서 '韻'(메아리 운)이라 하였다.

그뿐인가? 간단한 이동용 솥과는 달리 많은 식구를 거느리던 대가족 시대에 집집마다 걸어 두고 쓰는 솥은 그 규모도 달라야 하며 솥을 걸어 두는 발 자체도 세 개가 받쳐 주어야 하기로 세 발 솥의 모양에 덮는 뚜껑을 얹어 둔 '鬲'(솥 격)이 있다.

그래서 집집마다 집과 집을 가르는 울타리가 있고 내 집과 남의 집의 솥이 각각 다르다는 뜻에서 '阝'와 '鬲'을 붙여 '隔'(이웃 격)이라 하였으며 전쟁의 승리에 감사를 올릴 때에는 '호랑이 무늬가 있는 솥'에 개고기를 삶아 하늘에 바친다는 뜻에서 '獻'(바칠 헌)이라 하였다.

솥은 음식을 익히는 취사 용구로서 기본적으로는 나무에 불을 붙여 음식을 끓이거나 삶는 데 쓰인다. 그 모양을 나무를 조각 낸 장작과 연결 지어 솥을 나타낸 글자로 '鼎'이 있다. 그런데 솥은 반드시 흔들림이 없이 안정되게 잘 걸려 있어야 한다.

그런 뜻에서 흔들림이 없이 바르게 걸려 있음을 나타내는 '鼎立'은 전쟁이 없는 태평세월을 뜻하기 때문에 세 나라가 서로 다투다가 드디어 안정을 찾아가는 시대를 일러 '三國鼎立時代'라 하고, 솥이 엎어지는 꿈은 곧 분쟁의 징조로 여겼다.

인류가 생식하던 시기에서 벗어나 화식을 하기 시작한 이래로 솥은 그 어떤 생활 도구보다도 필요한 그릇이기 때문에 일단 전쟁이 벌어져 난리를 피해 살던 곳을 버리고 달아나야 할 지경에 이르면 우선 솥을 짊어지고 정처 없는 길을 떠나야 했다.

중국 대륙은 치수의 달인 우임금 이래로 아홉 고을로 나눈 바 있다. 중국의 천자는 이 아홉 고을의 영토를 아무런 차별 없이 고루 사랑한다는 뜻으로 九鼎에 九州의 흙을 담아 첫 새벽에 일어나 이를 고루 어루만지는 일로 첫 일과를 삼았다고 한다.

貝 조개 패
물에 있는 조개의 모양

바닷가에 가장 흔한 것으로 쉽게 얻을 수 있는 것이 바로 '조개'다. 이 물건은 크거나 작거나 다 같이 나름대로 단단한 두 껍질 속에 살이 들어 있기로 살을 뜻하는 '虫'(벌레 충)에 두 껍질을 나타낸 '合'(모일 합)을 붙여 '蛤'(조개 합)이라 하였다.

蛤은 엄밀히 말해서 '큰 조개'를 말한다. 이에 비하여 크고 작은 모든 조개를 통칭하는 글자로는 '貝'(조개 패)가 있는데 이 글자는 조개의 모양 그 자체를 본뜬 글자다.

사냥을 삶의 수단으로 여겼던 그 시대 이후로 가장 쉽게 얻을 수 있는 먹이로는 바닷가에서는 '조개'를 들 수 있고, 들에서는 그물로 잡을 수 있는 '물고기'나 활로 쏘아 잡을 수 있는 '꿩'을 들 수 있다.

꿩은 '雉'라 하여 '矢'(화살 시)에 '隹'(새 추)를 붙인 것이요, '그물'을 뜻하는 '網'(그물 망)은 실로 엮은 그물의 모양에 그 쓰임새는 새, 짐승이나 물고기를 잡는 데 사용하는 도구라는 뜻을 분명히 나타낸 글자다.

그물이나 활과 같은 무기로 사냥하여 먹이를 해결해 간다는 일은 그리 쉽지 않은 일일 뿐 아니라 쉽다 할지라도 힘을 쓸 수 있는 이들만이 할 수 있다는 한계를 지닌 일이었다. 그러나 바닷가에 이르러 조개를 줍는 일은 아무런 도구나 장치 없이도 쉽사리 할 수 있는 일이었다.

그래서 소박한 인심을 지녔던 저 원시 사냥시대로부터 주나라 이전까지 오랫동안 '돈'의 역할을 하였던 물건은 '조개껍질'이었고, 그 이전으로 거슬러 올라간 아주 옛날에는 '거북껍질'(寶龜)이었다.

다만 주나라 이후에는 한동안 돈을 '泉'(돈 천)이라 이름하여 돈이란 마치 샘물이 끊임없이 샘에서 솟아나 보다 낮은 곳을 향해 밤낮없이 흐르듯 유통되는 것이라는 뜻을 부여하기도 하였다.

그 후 진시황 대에 이르러 종래 사용해 오던 '貨泉'을 완전히 폐지시켜 버리고 쇠붙이로 만든 이른바 '동전'을 사용토록 하기에 이르렀는데 이때로부터 사용하게 된 '錢'(돈 전)이란 '작은 쇠붙이'라는 뜻으로 '金'에 작다는 뜻을 붙여 만든 글자다.

그러다가 한나라 이후에 종이의 발명으로 인해 훨씬 뒤에 종이로 만든 돈이 등장하여 오늘날까지 '돈'은 '종이 돈'(紙錢)과 '쇠붙이 돈'(銅錢)이 통용되고 있는 것이다.

그러나 애당초 '돈'의 원조는 '貝'이기 때문에 금은보화와 같은 화폐가치가 높은 물건을 통틀어 일러 '貝物'이라 하고, 싸움에서 지거나 어떤 일을 경영하다가 중도에 돈을 잃게 되면 '敗'했다고 하는데 그 정확한 뜻은 돈을 말하는 '貝'에 '攵'(칠 복)을 붙여 돈을 쳐 버렸다는 말이다.

재화적인 가치를 창출해 내는 재료를 '財'라 하고, 바로 돈으로 바꿀 수 있는 귀중한 물건을 두고 '貨'(재화 화)라 하며, 남의 훌륭한 일을 기리기 위해 문서와 더불어 값진 물건을 얹어 주는 일을 '賞'(기릴 상)이라 하며, 기릴 만한 일을 보고 또 물건을 더해 주는 일을 '賀'(하례할 하)라 하니 이 모두가 '돈'과 결부된 글자다.

아무튼 재화로서의 가치가 훌륭한 금은보배는 상자 속에 잘 넣어 집안 깊숙한 곳에 잘 간수해야 한다는 뜻에서 '寶'라는 글자를 만들어 썼으나 이는 곧 어디까지나 물질적인 보배에 불과한 것이다. 인생에서 참다운 보배는 한번 가면 다시 오지 않는 '시간'이다.

邑 고을 읍
고대에 있어서의 작은 나라의 도읍

지도를 잘 살펴보면 육지와 바다로 이루어져 있고, 육지는 산과 강으로 나누어져 있다. 그런데 산과 강은 서로 상관되는 관계가 크다. 예로부터 지금에 이르기까지 산과 산은 물의 흐름을 가두어 흘러내리는 강의 울타리이기 때문에 산이나 강이 이곳과 저곳을 갈라놓는 경계가 될 수밖에 없다.

따라서 씨족사회가 부족사회로 커지고 부족사회가 다시 부족연맹으로 성장하여 그마나도 초기의 국가적 형태를 이루는 그 사회의 지리적인 중심축은 아무래도 산이 아늑하게 막아 주고, 그 산 아래에 제법 큰 물줄기가 흐르는 곳이 적당한 자리였다.

그래서 생긴 글자가 곧 '邑'(고을 읍)이니 작은 나라의 도읍이 될 법한 필요충분조건은 인구가 모이되 다만 산이 감싸 돌면서 제법 많은 물이 흘러야 한다고 여겨 '口'는 '인구'를 말하고 '巴'는 산과 물이 감싸 도는 것을 나타낸 글자다.

먼 옛날 작은 나라 정도는 오늘날로 말하자면 '郡'(고을 군)에 해당되는 정도로 이해할 수 있다. 그래서 지금도 거의 군소재지를 '읍'이라 부르는 것도 예사로운 일이 아니다. 그러다가 정작 나라다운 나라로 규모가 커진 형태를 비로소 '邦'(나라 방)이라 하였다.

그러니 '邦'이란 '邑'이 커졌다는 뜻에서 '邑'에 '크다'는 뜻을 붙인 것이다. 즉, '邑'을 소재지로 한 작은 나라와 작은 나라가 백성들이 서로 출입하는 더 큰 '邑'이 생기자 이를 중심으로 뭉쳐진 나라를 곧 '邦'이라 하고 '邦'의 소재지를 일러 '都邑'이라 이름 붙인 것이다.

따라서 '都邑'이란 '읍 중의 읍'이라는 뜻으로 모든 읍 사람들이 뭉치는 구심점을 말한 것이며, 이 같은 구심점에는 반드시 '邦'을 이끄는 임금의 선조들을 모시는 '宗廟'(종묘)와 '社稷'(사직)을 두어 작은 나라의 연합적 성격을 굳게 하였다.

중국 고대의 주나라도 실은 "주나라는 비록 오래된 나라이기는 하나 그 명맥은 오직 새롭다."(周雖舊邦 其命維新)〈대학〉는 글귀를 볼지라도 주나라는 인근의 작은 나라들로부터 조공을 받는 작은 나라들의 구심점이 되는 선진 나라였다.

그런데 다만 그 선진적으로 이끌어 가는 구심체는 '도읍'으로서의 체모를 갖추지 않으면 안 되었기 때문에 임금의 역대 선조들의 위패를 모시는 宗廟도 있어야 했고, 또한 씨앗의 원조인 '稷'(곡식귀신 직)과 더불어 강토를 지키는 신으로서의 '社'(토지귀신 사)를 모시는 社稷도 있어서 명분상 종묘사직을 지켜야 했다.

조상의 거룩한 뜻을 물려받는 일이 곧 '효에 바탕을 둔 충'이요 나라의 백성들에게 가장 큰 현실적인 권위의 상징은 씨앗과 영토를 지켜 주는 곡식귀신과 토지귀신을 섬기는 우두머리가 곧 왕이라는 뜻에서 종묘사직은 매우 중요한 나라의 상징물이었다.

따라서 예로부터 종묘와 사직을 지니지 않으면 도읍이 될 수 없고, 또한 도읍이 없는 나라는 있을 수 없었다. 설사 흥망이 엇갈려 어느 나라가 딴 나라로 쳐들어가 도읍을 점령했을 경우에도 점령지의 위신을 고려하여 종묘를 함부로 훼손하지는 않았다.

𨛜 시골 항
두 고을이 서로 접해 있는 상태를 말함

고대 부족국가 시절에는 나라의 중심 되는 고을을 일러 '邑'(고을 읍)이라 하였다. 그중에서 또 중심 되는 큰 고을을 '都'(도읍 도)라 하였고, 그렇지 아니한 나머지 고을들을 일러 '邑'이라 하였다.

다만 선왕의 제도에 높고 낮은 차등과 크고 작은 구분이 있어 똑같은 읍일지라도 높고 낮은 신분의 차등에 따라 공, 후, 백, 자, 남 등의 구별이 있고, 천자가 계신 곳을 제외한 제후국들의 크고 작은 구별은 사방으로 따져 크게는 사방 오백 리에서부터 사백 리, 삼백 리, 이백 리, 또는 작게는 백 리까지를 차지하여 다스리는 나라들이 있었다.

그중 도읍이라 하면 반드시 선군을 모시는 종묘가 있어야 할 것과 아울러 제 나라의 도읍을 에우고 있는 성이 있어야 했다.

예나 지금이나 왕이 머무르며 다스리는 도읍은 그 나름대로의 찬란한 문화가 깃들어 있을 수밖에 없고, 또한 생활의 기반 시설이나 경제적인 면에서도 비교적 풍요로운 것이 당연하다.

그렇다면 읍을 제외한 나머지 땅들은 어떠했던가? 읍의 가장 두드러진 상징은 '길'이기 때문에 읍과 읍 사이에 끼어 있는 땅들은 후미진 곳으로 집과 집 사이를 가르는 골목을 일러 '巷'(골목 항)이라 말하듯 '鄉'(시골 향; 읍과 읍 사이를 나타낸 말)이라 하였다.

따라서 왕을 모신 도읍이나 또는 읍내에 사는 사람들과 읍을 벗어난 밖의 시골에 사는 사람들과는 삶의 형태가 다를 수밖에 없으니 환경적인 차이에서 비롯된 어쩔 수 없는 사정이다.

'鄕'이라는 글자가 잘 말해 주듯 읍과 읍 사이에 끼어 있는 '皀'(고소할 흡) 자는 본디 잘 익은 곡식을 삶아 익힐 때에 나는 구수한 냄새를 뜻하는 말로 음식을 말하는데, 이 글자가 하필 시골을 뜻하는 글자 속에 든 까닭은 번화한 도시보다는 오붓한 시골의 순박한 생활은 음식을 차려 놓고 노소가 나눠 앉아 정을 나눈다는 향음례(鄕飮禮)를 나타낸 글자다.

번화한 공간에 빽빽이 살면서 바쁘게 살아가는 도시 속에서 맛볼 수 없는 시골의 정서는 더욱 정다울 수밖에 없고, 같은 공동체 안에서 살아가는 이들의 정은 음식을 나누며 서로의 낯을 익혀 나갈 수밖에 없는 협동의 두레정신이 싹틀 수밖에 없었을 것이다.

이런 뜻에서 이미 '鄕'이라는 글자 속에는 나와 남이 서로 주고받고 정을 나눈다는 뜻이 깂아 있을 수밖에 없다. 그래서 나온 글자들이 鄕에 '食'(밥 식)을 붙이면 '饗'(잔치 향)이 되고, '音'(소리 음)을 붙이면 '響'(메아리 향)이 된 것이다.

도시 속에서 낳고 그대로 도시 속에서 자란 이들은 시골의 정서를 잘 이해할 수 없을지 몰라도 대부분 도시 속으로 몰려든 사람들은 본시 시골에서 낳고 자랐으나 자신의 고향을 떠나 도시 속으로 찾아든 사람들이 많다. 이들 대부분은 시골의 깊은 정을 잊지 못하는 경우가 많다.

그래서 나온 말이 본디 고향을 그리는 마음까지도 근심으로 표현하여 이른바 '鄕愁'(향수)라는 감상 어린 말을 쓴다. 분명 고향을 그리는 마음은 근심 중의 하나다. 사람만이 아니다. 북방에서 온 말도 북풍을 향해 서 있고, 남녘의 새도 남쪽 가지에 깃든다 하였다.

日 날 일
둥근 해의 모양

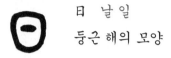

하루는 낮과 밤을 말하며, '낮'이란 해가 동쪽에서 떠올라 서쪽으로 기울기 직전까지를 말한다. 해가 동쪽 지평선이나 수평선 위로 떠오는 모양을 그대로 본떠 '旦'(아침 단)이라 하고, 나아가 솟아오른 해가 마치 붓이 반듯하게 서 있듯이 머리 위에 떠 있는 동안을 '晝'(낮 주)라 하였다.

그리고 멀쩡히 떠 있던 해가 만물을 비추다가 마치 어미의 다리 밑에서 자식이 흘러나오듯 서쪽으로 돌아 빠질 만한 때를 일러 '晩'(늦을 만)이라 하고, 씨앗이 묻힌 저 땅 밑으로 빠져들어 땅속에 든 해가 마지막으로 서녘 하늘을 곱게 물들이는 때를 두고 '昏'(저물 혼)이라 하였다.

그러하니 실질적으로 하루를 셈하는 기본은 곧 '해'일 따름이라, '달'은 밤을 가늠하는 기본이라면 해는 '낮'을 가늠하는 기본일 뿐 아니라 나아가 밤낮을 아울러 하루 날을 가늠하는 기본이기 때문에 둥근 해의 모양 자체를 '날'이라 말하는 것이다.

그렇기 때문에 날과 날이 끊임없이 이어져 하루하루가 이어져 가는 것임과 동시에 이어져 오는 것이기 때문에 '오늘'이란 이제 저 해가 있는 날을 두고 말하기로 '今日'이라 하고, 문득 지나간 날을 두고 이르기를 '乍'(문득 사)를 붙여 '昨日'이라 하였다.

오늘에 뜬 저 해가 '旦' '晝' '晩' '昏'을 거쳐 밤이 지나면 반드시 다시 뜨니 '오늘' 다음으로 오는 날은 곧 '來日'이며, 다시 내일의 해가 또 지고 나면 다시 또 해가 떠오르니 다시 돌아오는 날을 일러 '暮'(저물 모)에 '來'(올래)를 붙여 '모레'라 말한 것이다.

흔히 옛 어른들은 "시간은 쏜 살과 같이 간다." 하여 무정한 세월의 빠름을 실감나게 표현하고 있다. 한번 활에서 벗어난 살을 누가 감히 잡을 수 있는가. 그러나 꼭 간다고만 볼 수 있는가? 때는 그때그때 있다고도 볼 수 있고, 달리 살피면 때는 오는 것이라 봄직도 하다.

그렇다면 해의 정체는 과연 무엇인가? "해는 실다운 것이다. 태양의 정으로 이지러짐이 없다. 둥근 해의 모양에 '一'을 붙여 해의 모양을 본뜬 것이다."(日, 實也. 太陽之精不虧. 從口一, 象形)〈설문해자〉라고 풀이하였는데 이를 좀 더 자세히 나눠 살펴보면 다음과 같다.

첫째, 해는 달과는 달리 이지러지는 일이 없이 그 모양이 언제나 한결같다는 뜻에서 '실답다'(實)라 풀었음과 동시에 '實'과 '日'은 소릿값이 같기로 '일'이라 읽는다고 나타낸 것이다. 해에 대한 뜻과 더불어 소리까지를 겸하여 풀이한 것이다.

둘째, 해를 다시 '太陽의 精'이라 말한 것은 달이 '太陰의 精'이듯 純陽純陰(천지)을 제외한 만물 중에 가장 양기와 음기가 강하게 뭉친 두 천체라는 뜻이다. 별들은 본디 만물의 정령이 뭉쳐진 것인데 그중 양기 덩어리 자체가 '해'요, 음기 덩어리 자체가 '달'이라는 말이다.

셋째, '從口一'이란 본디 둥근 해의 중심에 자리한 흑점을 '一'로 간략하게 나타낸 것이며, 갑골이나 죽간 내지 목간에 새기다 보니 본디 둥근 모양이 네모로 바뀌진 것이며, '一' 역시도 원래에는 '乙'(새 을)로 까마귀(흑점의 모양)를 말한 것이다.

아무튼 첫째는 주로 '소리', 둘째는 '뜻', 셋째는 '모양'을 들어 풀어 낸 것이라, 해를 두고 설명한 이 기본적인 설명이 한자에 있어서의 삼대요소인 '形音義'를 들어 고루 설명한 모범적인 풀이가 된다.

旦 아침 단
지평선이나 수평선에 해가 오른 모양

동이 트면 해가 뜨는데 지평선이나 수평선 위에 해가 뜬 모양을 그대로 본떠 '旦'(아침 단)이라 하였다. 위의 '日'은 해를, 밑의 '一'은 지평선이나 수평선을 뜻하니 이미 해가 떠올라 밝아진 때를 말한 것이다.

이에 비하여 '朝'(아침 조)는 풀 속에 해가 잠긴 채 그대로 있고, 아직 달이 서쪽으로 완전히 기울어 버린 상태가 아닌 때를 나타낸 글자로서 훤히 밝지 아니한 어둠의 상태를 뜻하는 '꼭두새벽'을 뜻한다.

그렇기에 날이 밝아 오는 순서를 살펴보면 어둠과 밝음이 뒤엉켜 있는 이른바 '黎明'(검을 여와 밝을 명이 뒤섞인 때)이 되면 칠흑처럼 사방이 어두웠던 밤이 걷히고 동녘의 벽이 터져 마치 벽이 갈라지듯 벽이 새어 나면 둥근 해가 솟아 훤한 '아침'이 된다.

그래서 '동이 트는 새벽'이라는 말이 나왔으니 반드시 하루의 시작은 동녘의 벽이 벌어져 햇빛이 새어 나와야 하루가 훤히 열리게 되는 것이다. 따라서 동이 튼다는 말은 동녘이 벌어진다는 말이요, 새벽이란 동쪽의 벽이 틈새가 난다는 뜻이다.

즉, 해를 매어 둔 '扶桑'(해를 뽕나무에 매어 둔 곳)에서 미처 해가 그 얼굴을 내밀지 못한 때를 '朝'라 하였다면, 동녘의 벽을 뚫고서 얼굴을 내밀어 온 대지를 훤히 비치기 시작하는 때를 '旦'이라 하였으니 분명코 꼭두새벽과 아침은 좀 다르다.

어둠을 물리치고 밝음을 내놓는 그 과정의 하나를 '黎明'이라 하는데 이는 어둠과 밝음이 뒤섞인 '朝'와 같은 때를 말하고, 풀 위에 해가 솟아 어둠이 가시고 밝음이 온 때를 나타낸 '早'(이를 조)는 '旦'과 통하는 글자다.

이 세상 많은 동물 중 바람을 미리 잘 아는 것은 '까마귀'나 '까치'요 하루의 변화를 귀신처럼 일러내는 것은 '닭'인데 같은 닭 중에서도 수탉이다. 닭들이 횃대 위에 올라 잠을 자다가도 동틀 무렵이 되면 미리 수탉이 벌떡 일어나 날갯짓을 한바탕 흐드러지게 한 후에 "꼬끼요-" 하고 운다.

그렇게 되면 영락없이 해가 밝아 오니 이를 글자로 말하면 '立'(설 립) 위에 '羽'(날개 우)를 붙인 '翌'(다음 날 익)이다. 수탉이 오그리고 잠을 자다가 벌떡 일어나 날갯짓을 흐드러지게 한 뒤 "꼬끼요-"를 여러 번 반복하면 다음 날이 되었음을 알리는 신호이다.

까치가 이른 봄에 높은 가지 위에 집을 지으면 그해에는 센 바람이 없음을 암시하고 반대로 나지막한 가지를 택해 집을 지으면 그해는 바람이 거세다는 것을 미리 알리는 것이라 한다.

특히 수탉은 인시(寅時) 중 후반에 울어 새벽을 알리기 때문에 예로부터 닭을 일러 '때를 아는 지혜로운 동물'이라 하여 '知時'라는 별명을 붙여 주었고, 닭들이 잠자는 장대인 홰를 '土'(장소라는 뜻)에 '時'를 붙여 '지'(塒; 닭의 홰 지)라 읽었다.

한편 '旦'에 '人'을 붙이면 '但'(다만 단)이 되어 '최소한'이라는 뜻이 된다. 그 까닭은 잠자리에서 막 깨어난 아침 사람은 아직 복장을 제대로 갖추지 못한 상태로 잠자리에 들 때와 마찬가지로 최소한의 차림을 하였다는 뜻에서 비롯된 것이다.

'아침'이라는 말 또한 '亞'(버금 아)와 '寢'(잠잘 침)을 붙여 만든 말이다. 침상에서의 복장 그대로인 상태에 놓여 있는 때라는 말이 곧 '아침'(亞寢)이라는 말의 어원이다.

倝 빛날 알
해가 떠올라 비치는 모양

어둠을 깨고 해가 뜨는 모양은 지평선이나 수평선 저 너머 단단히 들어 있던 둥근 알이 솟아오르는 모양과도 같다. 그래서 해가 비로소 처음으로 덩그렇게 떠올라 비추는 모양을 일러 마치 풀밭 속에 들었던 알이 솟는 것과 다를 바 없다고 여겨 '빛날 알'이라 훈(訓)을 붙였다.

즉, 해가 이미 풀밭 속에 든 모양을 나타낸 글자에 '入'(들 입)을 뒤집어 놓은 글자를 붙여 나오다는 뜻으로 써서 "해가 처음으로 나와 비치는 빛을 이름"이라 하였다. 그 비치는 해는 급기야 하늘 아래 자리한 만물의 물기를 말려 가기 때문에 '乙'(증발해 오르는 모양)을 붙여 이를 '乾'(하늘 건)이라 하였다.

만약 하늘에 떠 있는 해가 물기를 말려 가지 않거나 일단 말려 올린 물기를 구름으로 지녔다가 다시 비로 내리지 않는다면 과연 어떻게 될 것인가? 상상하기조차 대단히 어려운 일이다. 햇볕이 말려 가지 않거나 햇빛이 전혀 비치지 않는다면 과연 어떻게 살 수 있었을까?

밤낮으로 끊임없이 흐르는 한강 물로 범람하여 살 수 없었을 뿐만 아니라, 온통 암흑세계 속에서 모든 생명체들이 도저히 살아 나갈 수 없었을 것은 불을 보듯 뻔한 일이다. 그래서 어둠을 청산하고 새벽이 되는 일은 곧 '처음'(處陰; 어둠의 상태에 처했음)을 벗어나 온 생명을 살리는 그 거룩한 자연현상이 아닌가 싶다.

하늘 위에 두둥실 떠도는 '구름'은 본디 '굴러다님'이라는 말로 '굴음'이며, 이 구름 또한 본디 정체는 작은 물방울이지만 바람이 불어 닥침에 따라 그 작은 물방울들이 크게 뭉쳐 비도 되고, 서리도 되고, 눈도 되어 온 대지를 적셔 가는 것이다.

그래서 "구름은 올라 비로 내리고, 이슬은 맺혀 서리가 된다."(雲騰致雨, 露結爲霜)이라 하였고, 하늘이 행한 천변만화의 작용을 고스란히 받아들여 "찬 기운이 오면 더운 기운이 가고, 가을에는 거두고 겨울에는 갊는다."(寒來暑往, 秋收冬藏)고 하지 않았던가?

온 생명을 촉촉이 적셔 주는 것은 '물'이며, 이 물을 상하로 순환시켜 주는 실다운 객체는 '불'이다. 물은 언제나 아래로 흐르려 들고 불은 언제나 위로 오르려 들기 때문에 불의 고향은 하늘이요, 물의 원주소는 땅이다.

해가 뜨는 '내일'(來日)은 어둠을 청산하고 밝음을 찾아주는 밝음의 때라면 '내일'에서 다시 '모레'(暮來; 떠있던 해가 졌다가 다시 떠 온다는 뜻)로 이어지는 동안의 밤은 밝음을 갊아 주는 어둠의 때이다. 이처럼 밝음과 어둠이 되풀이 되는 동안 일하다가 쉬고, 쉬다가 다시 일하는 것이다.

〈주역〉에서는 어둠이 닥쳐와 밝음이 땅 밑으로 드는 것을 일러 '지화명이'(地火明夷)라 하고, 밝음이 어둠을 젖히고 해가 솟는 것을 일러 '화지진'(火地晉)이라 하였는데 밝음에는 스스로 밝은 덕을 밝힐 것이요, 어둠에는 백성들을 대함에 어둠을 써서 밝힐 것이라 하였다. 자나 깨나 밝음에는 밝음으로 더욱 밝게 밝히고 어둠에는 어두움 그 자체를 빌어다가 더욱 어둡지 않도록 잘 밝혀 나가야 한다는 말이다.

해도 달도 돌지만 별도 또한 어김없이 돈다. 다만 해와 달은 날로 돌고 달로 돌지만 별은 더욱 더 시시각각(時時刻刻)으로 돈다. 해와 달은 동에서 떠서 서로 지며 밤낮으로 돌지만 별들은 북극성을 중심으로 때때로 북두칠성이 돈다. 따라서 '軌'에 '斗'를 붙여 '斡'(돌 알)이라 말한 것이다.

㫃 깃발 언
사방 사람들이 모이도록 한 깃발 모양

인간의 모듬은 가족을 기본으로 한 가정에서부터 시작되어 씨족이 모이고, 씨족과 씨족들이 주로 지연을 중심으로 한 부족으로 발전되고, 다시 부족과 부족이 연맹을 이루어 근대 이전의 작은 나라를 이루게 되었다.

이미 씨족 내지는 부족을 이루면서 그 집단을 상징하는 깃발이 있었으며 그 깃발에 대부분 짐승이나 새들을 그려 넣어 자신들의 소속을 분명히 나타내었다. 예를 들면 용이나 호랑이나 곰을 상징하는 것들이 있었는가 하면 봉황이나 독수리 등을 표방하는 것들이 있었다.

애당초 깃발은 사방으로 흩어져 사는 족속들의 단결을 결집하기 위해 만들어진 것이기 때문에 사방을 뜻하는 '方'(모서리 방)에 사람을 말하는 '人'(사람 인)을 붙여 '깃발'이라는 뜻을 나타내었고, 그 깃발 속에 그려진 상징물로 집단의 성격을 짐작케 함과 동시에 집단과 집단을 엄격히 구별토록 하였다.

따라서 깃발로 어떤 집단의 성격을 나타내고 다른 집단과 엄격한 구별을 하였다는 것은 집단 내부적으로는 단결을 뜻하고, 외부적으로는 서로의 다툼이 생길 때 이를 앞세우고 전쟁을 수행하는 의물(儀物)이 될 수밖에 없었던 것이다.

속담에 '피는 물보다 진하다'고 하였고, 또는 '먼 곳에 나가 사는 형제보다는 가까운 이웃사촌'이란 말이 있듯이 막상 집단과 집단끼리 다툼이 벌어지면 같은 깃발 아래 화살을 가지고 나타나 승패를 겨룬다는 뜻에서 '깃발'에 '矢'(화살 시)를 붙여 '族'(겨레 족)이라 하였다.

혈연으로 뭉치고 지연으로 뭉친 집단이 같은 깃발 아래 모여 자기 집단의 공통적인 이익을 위해 싸우는 것은 당연한 일인데 이에 앞서서 단결을 다짐하는 일종의 몸동작도 이 깃발을 중심으로 빙빙 돌기 때문에 '旋'(돌 선)은 본디 깃발을 에워싸고 빙빙 돈다는 뜻이다.

한 해의 일들을 두고 잘한 일과 못한 일을 구분하여 봄에는 주로 작년 한 해 동안 잘한 이에게 상을 내리고, 또 한 해 동안 잘못한 이에게는 벌을 주었으니 상벌도 깃발 아래에서 베풀었기로 '施'(베풀 시)라 하였다.

오늘날도 마찬가지지만 집단을 이끌고 여행을 떠날 때에는 거의 다 일정한 깃발을 앞세워 그곳에 모이도록 하고, 또 그 깃발을 따라가며 관광할 수 있도록 하는 것이 상례이기 때문에 이처럼 깃발을 따라 여럿이 뭉쳐 다니는 '여행'의 뜻도 '旅'(다닐 려)로 썼다.

평화로운 때에는 삼삼오오 다정하게 뭉쳐 여행을 다닐 수도 있지만 막상 전쟁이 일어나면 무기를 지니고 한데 뭉쳐 자신이 소속된 집단을 지키기 위해 뭉쳐 다녀야 하기 때문에 '旅'는 한편 '군사'라는 뜻으로도 쓰이고 있다.

싸움이란 줄여 말하면 '쌈'이요, '쌈'을 풀어 보면 상대를 에워싸 꼼짝없이 움직일 수 없도록 한다는 말이다. 말하자면 '기를 죽인다'는 말이다. 그렇기로 싸움에 가장 먼저 앞세우는 '旗'(깃발 기)는 이것, 저것은 물론 그것까지 모두 모이도록 하는 표상으로서의 깃발이라는 말이다.

'깃발의 기'란 그 소릿값 역시도 '기'이니 旗는 곧 氣이다. 그래서 기가 발랄하게 발발거리면 이길 수 있고, 발발하던 기가 땅바닥으로 쓰러지면 지는 것이요 패하는 것이다. 즉, 쓰러지니 '지는 것'이요, 지고 보면 배상해 주어야 하니 '敗'(질 패)는 재물을 버리는 일이다.

冥 어두울 명
열엿새가 되면 달이 어두워짐

예로부터 시간을 가늠함에 있어서 가장 먼저 쉽게 가늠할 수 있었던 것은 낮과 밤이었을 것이다. 해가 뜨면 낮이요 해가 지고 달이 뜨면 밤이라 여겼을 것이 분명하기 때문이다. 그렇기로 지금까지도 오늘이 몇 월에 며칠이라 말하고 있는 것이다.

그다음으로 오늘은 항상 온 날로 지금의 날을 말하기 때문에 '今日'(含에서 口를 생략한 자가 곧 今)이라 하고, 온 날 다음에는 다시 해가 떠 오는 날이기 때문에 '來日'이라 말하고, 내일 다음에는 내일의 해가 졌다가 다시 떠오는 날이기 때문에 '暮來'(저물었다가 다시 오는 날)라 하였다.

이처럼 하루하루가 쌓여 한 달이 되고 한 달 한 달이 쌓여 한 해가 되고, 그 한 해를 두고 살펴보니 겨우내 안 보였던 것들이 보이기 시작한 때를 두고 '春'(봄)이라 하였으니 봄이란 卉(풀 훼)가 屯(머물 둔)하고 '日'(양기를 뜻함)이 길어졌다는 뜻이다.

따라서 다시 돋는 새싹에 꽃이 피고 핀 꽃이 떨어지면 그 자리에 열매가 열어 부쩍부쩍 자라기에 봄 다음으로는 '여름'(열음)이며, 그다음은 '가을'(갈무리의 갈)이며 한 해의 끝은 겨울(겨를이 있음)일 따름이다. 이처럼 해를 두고 날을 셈하였으니 해와 날은 같은 뜻이다.

그렇다면 '달'을 두고 밤을 셈하는 수는 없었던가. 그믐에는 달이 전혀 없고 해만 많이 있기로 '晦'(그믐 회)라 하여 '어둡다'는 뜻이요, 그다음 초하루는 비로소 없던 달이 거슬러 오르기 시작하기 때문에 '月'에 '逆'(거스를 역을 생략한 것)을 붙여 '朔'(초하루 삭)이라 하였다.

"아침에 돋은 버섯은 그믐인지 초하루인지도 모르고, 매미나 쓰르라미 같은 벌레는 봄가을을 알 수 없다."(朝菌不知晦朔 蟪蛄不知春秋)〈장자〉라 하여 한 날 한 때를 살다가 가 버리는 미물 곤충들은 긴 세월의 흐름을 알 리(理)도 없거니와 또한 알 수(數)도 없다고 하였다.

그러나 우리 인간들은 거슬러 오른 달이 초사흘이 되어서야 그 모습을 드러내기 시작한다는 사실을 이미 알고 "아! 비로소 달이 제 몸을 드러내 보였다." 싶어 '哉生魄'(재생백)이라 하여 '哉'(처음 재)에 '生'(날 생)에 '魄'(넋 백으로 몸이라는 뜻)을 붙였다.

다음으로 이레가 되고 보면 어느덧 반달이 되어 초승달의 분위기가 보름을 향해 바뀌어 나가기 때문에 '덮다'는 뜻의 밑에 '革'(바꿀 혁)과 달을 붙여 '覇'(반달 패로 霸와도 같음)를 써서 이럴 수도 저럴 수도 있다는 절대적 권력을 나타내는 말로도 쓴다.

그러다가 휘영청 밝은 보름달이 되니 '望'(보름달 망)은 '壬'(오뚝할 임)자 위에 '亡'(망할 망)과 달을 붙인 글자다. 지금 당장에는 오뚝하여 밝아 좋기는 하나 그 좋은 것이 하루만 지날지라도 줄기 마련이라는 속 깊은 뜻이 들어 있다.

보름에서 하루를 지나게 되면 바로 열엿새 날이니 열엿새 날이란 열흘에 엿 새를 더한 날이라 '旬'(열흘 순)자 밑에 '六'(여섯 육)을 딱 붙여 어둡기 시작한다는 뜻에서 '冥'(어둘 명)이라 하였다.

하필 밖이 어두워서만 어두운 것이 아니라 눈을 감아 버리면 온통 어둡다는 뜻에서 '瞑'(눈감을 명)이라 하였고, "남의 눈에 띄지 말고 아무도 모르는 사이 음덕을 쌓으라."(積陰德於冥冥之中)고 하였을 때에는 冥을 중복시켜 쓰기도 하였다.

晶 빛날 정

하늘로 오른 정기가 뭉쳐 빛나는 별들

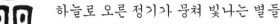

흔히 봄을 일러 삼라만상(森羅萬象)이 약동하는 계절이라 하는데 이때에 일컫는 '삼라'란 하늘 위에 빽빽이 나열되어 빛나는 천체들을 말하며, '만상'이란 땅 위에 자리하고 있는 모든 것들을 통틀어 뜻하는 말이다.

그렇기 때문에 하늘에 있는 해 달 별 등을 포함한 모든 천체 등과 하늘까지를 '삼라'라 일컫는 한편, 땅에 자리 잡고 있는 동물과 식물 나아가 광물 등을 포함한 땅 자체까지를 '만상'이라 여겼다.

이렇게 보면 땅의 '만상'이 곧 하늘의 '삼라'요, 하늘의 '삼라'가 곧 땅의 '만상'이라는 말이니 삼라만상이 약동하는 계절이라는 봄은 하늘과 땅 전체가 새롭게 뛰고 움직인다는 뜻이다.

하늘이 지니고 있는 무한한 양기 그 자체를 본뜬 글자가 곧 '晶'(빛날 정)이니 '晶'을 온전히 다 합치면 '日'이요, '日'에서 나눠진 것이 '晶'이다. 그래서 하늘에 떠 있는 수많은 별들도 '晶'에 '生'(날 생)을 붙여 별 중에서도 가장 큰 별인 해가 사방으로 흩어진 '해의 조각'들이라 여겼다.

따라서 양기 덩어리인 이 해와 달과 별들을 면밀히 관찰하여 인간의 길흉을 살폈기 때문에 사실 '별'이라는 말도 실은 '길흉'을 구별해 주는 주체라는 '別'(나눌 별)이라 하여 별 다른 일이 없으면 별 볼 일이 없다 하고 별 다른 일이 있으면 반드시 '별'을 보아야 한다고 여겼다.

그렇다면 별 중에서도 가장 큰 별인 해와 시간의 변화와 인간의 삶은 어떤 불가분의 관계가 있는가? 밤과 낮의 변화가 곧 하루의 변화요, 달과 해를 직접적으로 동원하여 일월로 하여금 몇 월 며칠을 나타내고 있다. 그뿐만이 아니다.

겨우내 짧았던 해가 봄이 되면 길어지기 시작하여 이 양기가 결국 만물을 약동시키니 분명코 봄의 하늘은 한 해 중에서 가장 하늘의 본바탕 색깔이 잘 드러남이라 이를 '푸른 하늘'(蒼天)이라 하고 이 푸른 하늘 밑의 만물은 길어진 해(日)와 새싹(卉)과 머묾(屯)을 붙여 '春'이라 했다.

여름의 해는 양기가 하늘의 맨 위 높은 곳에서 쨍쨍 비치기 때문에 '天'(하늘) 위에 '日'을 붙여 '昊'(여름하늘 호)라 하며, 만물을 부쩍부쩍 자라도록 하여 봄 꽃이 떨어진 그 자리에 열매를 맺어 성장시키는 '여름'이란 열매가 '열음'이라는 말이다.

그러다가 가을이 되면 하늘의 해는 오곡백화를 더욱 여물게 하여 모양과 색깔을 확실하게 만들어 주니 해(=하늘) 밑에 '文'을 붙여 '旻'(가을하늘 민)이라 하였고, 땅에 자리 잡고 사는 총생(叢生)들은 하나라도 부지런히 날라다가 잘 갊아 두어야 하므로 '갊음'이 곧 '가을'이다.

나아가 겨울은 해가 짧은 음의 계절이라 춥고도 어설퍼 활동의 제약이 있으니 집안에 들어 칩거해 살기로 '겨를이 있음'이 곧 '겨울'이라, 하늘도 자연히 나직하게 가라앉은 듯 대부분 음기로 덮어져 머리 위가 바로 하늘인 듯하여 '上天'이라 일렀다.

그런데 저 하늘에 빛나는 수많은 별들은 어떻게 이뤄진 것들인가? 다름 아니라 지상에 나열된 모든 것들의 정령들이 하늘로 치솟아 올라 뭉쳐 빛나는 것들이 곧 반짝이는 별들이라 하였다.

아무튼 하늘에서 빛나는 별들은 내 가슴속에 조용히 자리 잡고 꿈틀대는 고운 마음으로서의 양심과 같고, 또 땅의 좋은 기운만을 뽑아 들인 아름다운 꽃과도 같다고 여겼다.

月 달월
태음의 정으로 달이 이지러진 모양

해가 하루를 가늠하는 표준적 존재임에는 틀림없다. 그러나 낮에 걸맞은 밤이 있는 것은 오직 해에 버금가는 달이 있기 때문이다. 해와 달리 달의 모양은 일정하지 않고 그믐이나 초하루에는 안 보이다가 초사흘이 되어서야 겨우 얼굴을 내민다.

달의 얼굴은 항상 똑같지는 않다. 초승달이 반달로 변하고, 다시 반달이 보름달로 커졌다가 보름을 지난 그 이튿날로부터 이지러지기 시작하다가 마침내는 반달이 되었다가 그믐이 되면 얼굴을 감춰 버리고야 만다. 그래서 그믐에는 달이 없고 해만 볼 수 있기로 '日'에 많다는 뜻을 지닌 '每'(매양 매)를 붙여 '晦'(그믐 회)라 하였다.

초하루는, 밤에는 눈에 보이지는 않지만 달이 거슬러 오른다는 뜻에서 '逆'(거스를 역)에서 받침을 뺀 글자에 '月'을 붙여 '朔'(초하루 삭)이라 하였고, 칠일이 되면 초하루와 보름 사이를 다 덮고 있으나 반달이 변화된다는 뜻에서 '罔'(그물 망; '덮다'는 뜻)에서 '亡'을 뺀 글자 밑에 '革'(바꿀 혁)과 '月'을 붙여 '霸'(칠일 패)라 하였다.

역사는 언제나 흥망과 득실이 반복되며 없던 것이 커지고, 커졌던 것이 줄어들기 시작하여 끝내는 없어지기 마련이다. 그래서 안 보였던 달이 자라 반달이 되고 반달이 커서 보름달이 되는 이 중간의 칠일이 가장 중요한 시기라 여러 작은 나라들을 거느리는 큰 나라의 권력을 두고 '霸權'이라고도 한다.

따라서 예로부터 일러 오기를 "법을 심히 엄격히 하여 많은 목숨을 해하는 일은 패왕이 할 일이 아니요, 너무나 번다스런 기획으로 실행을 복잡하게 하는 일은 먼 장래를 꾸려 가는 일이 아니다."(夫峭法刻誅者 非霸王之業也 籌策繁用者 非致遠之御也)〈회남자〉라고 하였다.

굳이 휘영청 밝은 보름달이 좋기만 한 것인가? 꼭 그렇지만은 않다. 보름 밤 자체는 오뚝한 달이지만 그다음 날부터는 덜어질 것이기 때문에 '壬'(오뚝할 임)에 '亡'(망할 망)을 '月'에 붙여 '望'(보름 망)이라 일렀다. 보름달이 지나는 전후를 감안하여 만든 글자다.

그런 뒤 십오야 밝은 달은 십육일로 접어들면서부터 점점 어두워지기 시작하기 때문에 열흘을 뜻하는 '旬'(열흘 순)에 '六'을 그대로 붙인 글자로 '冥'(어둘 명)을 '어둡다'는 뜻으로 썼다. 삶을 밝은 것이라 치면 '죽음'은 어두운 곳으로 들어가는 일이라, 사람이 일단 죽으면 이른바 명부전(冥府殿)에 들어 시왕(十王)의 심판을 받는다는 말에서 명부는 죽음을 관장하는 부서라는 뜻이다.

우리가 눈에 나타난 것을 보려면 반드시 눈을 뜨고 똑바로 보아야 한다. 그러나 눈에 보이지도, 귀에 들리지도, 손에 만져지지도 않는 형상 없는 '도'를 통하려면 눈을 떠서는 도저히 볼 수 없고 오히려 눈을 지그시 감고 생각해야만 되는 법이니, 이 같은 방법을 '瞑想'(눈 감을 명; 생각 상)이라 한다.

어두운 가운데에서 밝은 도를 찾아낸다는 말은 그 어둠 속에서 갑자기 맑은 바람이 일어나 한 점의 티끌도 없는 그 자리에 휘영청 밝은 달이 떠오르는 듯 지혜광명이 떠오른다는 말이니 이를 "맑은 바람 달 떠오를 때 만상이 자연히 밝더라."(淸風月上時 萬像自然明)라고 옛 어른은 활연도통의 경지를 읊었다. 밝음은 어둠 속에서 찾는 법이다.

有 있을 유

손으로 고기를 잡았음

오늘날 '있다'는 말은 '없다'는 말과 상대되는 말로 여겨지는 것이 보통이다. 그러나 사냥시대에는 '있다'는 말은 사냥감을 잡아 내 손안에 있다는 말로 사냥감을 놓쳐 '잃었다'는 말과 상대가 되는 말이었다.

그래서 '있다'는 말은 내 손으로 사냥한 먹이를 가졌다는 말로서 '소유했음'을 뜻하기 때문에 '손'에 고기를 지녔다는 뜻에서 '又'(또 우; 또한 오른손을 나타냄)에 '肉'(고기 육)을 덧붙여 '有'(있을 유)라 했다. 즉, 有는 '所有의 有'였다.

이와는 달리 '잃었다'는 뜻은 손에서 일단 벗어났다는 뜻이기 때문에 '手'(손 수)에서 벗어났음을 뜻하는 '삐침'을 두어 '失'(잃을 실)이라 하였다. 손에서 벗어난다는 뜻은 손아귀 안에 들지 않고 손목 밖으로 벗어난 것이므로 삐침을 제외한 나머지 표현은 '手'가 변형된 것이다.

따라서 본디 '有'와 상대되는 글자는 '無'가 아닌 '失'이었는데 오늘날에 이르러서는 '失'과 상대되는 글자는 '得'이요, '有'와 상대되는 글자는 '無'로 쓰이게 되었다. 그 까닭은 '有'에 대한 해석이 달라지기 시작한 때로부터 비롯된 것이다.

소박한 원시 사냥시대를 지나 나라의 형태가 갖추어지게 되고 자연과학적인 관심이 높아지게 되자 '有'에서의 '月'은 '고기'라는 뜻이 아니라 '달'을 뜻한 것이라고 풀어 '有'는 달을 손으로 가리듯, 월식 그 자체를 뜻한 글자로 쓰임이 바뀌기도 하였다.

이렇게 '有'에 대한 풀이가 달라지자 '有'는 '失'과 상대되는 글자가 아니라 '無'와 상대되는 글자로 쓰이게 되었다. 그렇다고 하여 본디 뜻인 소유의 유를 크게 벗어난 것은 아니었다. 有는 곧 만유의 유로 만유의 근원이 되는 무와 상대되는 개념으로 파악된 것은 글자 운용에 한층 철학적 의미가 깊어진 것이다.

눈으로 볼 수 있는 것들은 결국 형형색색으로 모양과 색깔을 지닌 것들이기 때문에 유형유색한 것을 '有'라 규정짓자면, '無'는 무형무색한 것으로 형색 이전의 보다 근원적인 것을 말하기 때문이다.

〈주역〉에서는 上火下天을 일러 '大有'라 하였는데 이때의 '大有'란 소박한 뜻에서 '큰 소유'를 말하며 '큰 소유'란 곧 풍년을 뜻하는 말이다. 하늘 높이 태양이 솟아 일조량이 많다 보면 그 해는 반드시 풍년일 수밖에 없다는 역사적 경험에서 얻어진 개념인 것이다.

따라서 '大有年'이란 풍년 자체를 두고 이름인데 풍년의 가장 큰 필수조건은 일조량이 많아야 된다는 것이다. 바꿔 말하면 일조량이 적은 해는 자연히 흉년일 수밖에 없다는 말인데, 흉년도 작물의 종류에 따라 그 명칭이 다르다.

곡식이 제대로 익지 않고 쭉정이가 많은 해는 '饑'(주릴 기)라 하여 기년이라 하고, 채소가 잘못된 해는 '饉'(흉년 근)이라 하여 근년이라 하고, 과일의 결실이 좋지 못한 해는 '荒'(거칠 황)이라 하여 황년이라 하였다.

아무래도 주식은 곡식이기 때문에 흉년이 들어도 곡식이 잘 익지 않은 해는 더욱 어렵고, 채소가 잘못된 해는 그다음이며, 과일의 경우는 곡식과 채소 다음이기 때문에 흉년 중 가장 어려운 해는 '饑年'이며 곡식과 채소가 다 같이 흉년인 경우를 '饑饉'이라 한다.

明 밝을 명

창문에 달이 비치니 밝다는 뜻

하루 동안은 밤과 낮으로 구분되어 있다. 낮은 해가 떠서 훤하고, 밤이 되면 달이 떠서 밝은 것이 일반적이다. 그러나 달은 밤마다 뜨는 것이 아니라, 때에 따라 달이 떠 밝기도 하고 달이 아예 그 모양을 보이지 않는 때도 있다.

해가 중천에 떠올라 만물을 다 비칠 때가 실은 가장 밝은 때이지만 상대적으로 해가 밝게 보이는 때는 대낮보다는 어둠을 뚫고 처음으로 비춰오는 아침 해가 가장 밝게 느껴진다. 이때의 햇빛을 두고 해가 그지없이 밝다는 뜻에서 '日'(날 일)에 '九'(아홉 구)를 붙여 '旭'(밝을 욱)이라 하였다.

아무리 어둠을 뚫고 햇살을 비추며 떠오르는 아침 해라 할지라도 지상의 모든 물건을 투시하지는 못하고, 비추는 쪽은 밝지만 가려진 쪽에는 그늘을 지을 수밖에 없기 때문에 완성을 뜻하는 '十'을 쓰지 않고 완성에 가까운 '九'를 붙여 아침 해를 '旭日'이라 말한 것이다.

이와 마찬가지로 해가 중천에 올라 형형색색으로 이뤄진 만물을 그대로 구분할 수 있게 된 그 밝음은 곧 하늘과 땅 사이에 어김없이 든 해가 고스란히 비치기 때문이라는 뜻에서 '亘'(뻗칠 긍)에 '日'을 덧붙여 '晅'(밝을 훤)이라 하였다.

대낮에 해가 밝다는 말을 '훤하다'고 말하는 데 대하여 한밤에 달이 그지없이 밝다는 말은 '良'(좋을 량)에 '月'을 붙여 '朗'(밝을 랑)이라 하였고,

어두운 방 안일지라도 창문을 통해 달빛이 들어 밝다는 말은 창문을 뜻하는 ‘日’(본디에는 囧임)에 ‘月’을 붙여 ‘明’(밝을 명)이라 하였다.

그렇기에 햇빛이 훤하다는 말과 달빛이 밝다는 말을 대조해 보면 밝음의 차원이 서로 다르다. 예를 들면 성인은 근본적인 이치에 ‘훤하다’라고 말하면 현인은 다만 현명할 뿐이라는 뜻이다. 그래서 훤한 성인과 밝은 현인은 차원이 다르다고 여겨야 한다.

따라서 같은 달이 밝다는 뜻을 두고도 ‘보름달’처럼 달 자체가 좋아서 밝다는 말을 ‘朗’이라 한다면, 높이 뜬 밝은 달의 덕택으로 사람들의 기분이 아주 상쾌하여 좋다는 말은 ‘亮’(밝을 량)이라 하고, 어두운 방 안에 달빛이 들어 밝다는 뜻은 ‘明’인 것이다.

그렇다고 반드시 ‘明’의 뜻이 창문과 달빛을 뜻하는 글자만은 아닐 경우가 있다. 예를 들어 ‘盟’이라는 글자에 있어서의 ‘明’은 해와 달을 뜻한 것이며, 아래의 ‘皿’은 ‘血’(피 혈)이 변한 것이다. 따라서 ‘盟’(맹서할 맹)은 하늘에 피를 바치고 변함없는 일월처럼 불변하기를 틀림없이 다짐한다는 말이다.

천지간에 일월처럼 변함없는 것이 없기 때문에 천지간에 일단 피를 바치고 그 천지를 끊임없이 밤낮으로 비추는 해와 달을 두고 한번 먹은 마음을 굽히지 않겠다는 것이 곧 ‘盟’이라면, 좌우지간 이러쿵저러쿵 말할 것 없이 딱 부러지게 한번 뱉은 말을 그대로 지키겠다는 결의가 곧 ‘誓’(맹서할 서)인 것이다.

일찍이 충무공 이순신 장군은 “바다에 다짐하니 어룡도 감동하고, 산에 맹서하니 초목도 알리라.”(誓海魚龍動(서해어룡동), 盟山草木知(맹산초목지))고 했다. 벌떼처럼 몰려드는 왜적들 앞에 역사상 가장 귀한 맹서였지 않을까?

囧 빛날 경

빛이 비치는 창문의 모양

빛은 온 누리를 두루 비친다. 그러나 일단 벽에 부딪치면 벽을 뚫고 그 속을 비칠 수는 없다. 그래서 밖에서 안으로 통하는 통로로 빛이 비추는 문을 만들어 이를 '창문'이라 말하게 된 것이다. 즉, 문을 뚫어 창을 내었음을 일컬어 '창문'이라 하였다.

따라서 밖의 밝음을 안으로까지 끌어들이려는 노력의 일환으로 안과 밖을 온통 뚫어 놓은 구멍새가 바로 창문이다. 그렇기 때문에 만약 안과 밖이 통하는 창문이 하나도 없다면 안속은 안속대로 마치 칠통과 같이 어둑할 수밖에 없을 것은 말할 필요조차 없다.

이처럼 안팎을 서로 통하는 창문의 모양은 여러 가지가 있을 수 있다. 일단 제법 큰 문으로서의 격자창(格子窓)이 있고, 비스듬히 짜인 빗살창이 있는가 하면, 나아가 단순히 구멍만 뻔히 나 있는 채 유리나 벽지로만 가려져 있는 창이 있을 수 있다.

그런데 그 대표적인 '창문'의 기장 기본적인 모양을 그려 보자면 바로 '囧'(창문 경; 冏; 밝을 경)과 다를 바 없다. 물론 밖에서 비치는 빛도 받아들일 필요가 있지만 실은 방 안에 든 사람도 자유롭게 호흡할 수 있도록 만들어 놓은 것이 곧 '창문'이다.

그래서 만들어진 글자가 '窗'(굴뚝 창) 또는 '窓'(창문 창) 같은 글자이나 이런 글자들이 필요한 까닭은 '囟'(정수리 신)이 바로 끊임없는 호흡을 통해 목숨의 한 가닥을 이어 가야 하기 때문이다.

즉, 입으로는 끊임없이 몸에 필요한 섭생(攝生)을 찾아 부지런히 먹고 마셔야 하며, 코로는 거침없이 호흡을 통해 양생(養生)을 찾아 목숨을 영위해 나가며, 심신을 단련하되 결코 피로하지 않는 범위 내에서 알맞게 닦고 연마하는 보생(保生)을 성취시켜 나가는 길이 우선 장수의 길일 따름이다.

게다가 이 세 가지 생의 원리에 내 심신을 결코 비위생적인 경지에 매몰시키는 일 없이 철저히 위생을 지켜 내가 나를 언제나 보호할 수 있다면 아마도 보다 완벽한 장수의 길을 걸을 수 있을 것이다.

'코'는 정말 중요한 기관 중의 하나다. 얼굴 속에서 그 몫이 가장 큰 것을 손꼽으라면 아무래도 코를 제일로 꼽아야 한다. 그래서 동물의 코는 얼굴의 가장 가운데 자리하고 있는 것이다. 생김으로 보면 오뚝하고, 작용으로 보면 가장 큰 것이 바로 '크고도 오뚝한 코'일 따름이다.

만약 코로 숨을 쉴 수도 없고, 입으로 음식을 먹을 수 없다고 상상해 보자. 코에서 뻗어난 숨구멍과 입에서 안으로 들어간 목구멍은 아무래도 쓸 수 없을 것이니 더 이상 '목숨'이 끊어질 수밖에 없는 것이 아니겠는가?

명재경각(命在頃刻)의 상황에는 코에는 산소 호흡기를 꼽고, 입으로 못 먹기 때문에 일단 임시 조치로 '링거' 바늘을 꽂고 있게 되는 것이다.

'窓'이란 본디 '囟'(뇌 신)과 '心'(마음 심)을 상하로 붙인 글자 위에 다시 '穴'(구멍 혈)을 덧붙여 만든 글자다. 즉, '囟'(理性)과 '心'(感情)을 안에서 밖으로 소통시켜 골똘한 생각을 잠시 그치고, 치솟는 분노를 잠재우는 데 필요한 구멍새가 곧 '窓'일 따름이다.

"분노가 심하면 문득 기운을 잃기 마련이며, 생각이 잡다하게 갈리다 보면 크게 정신을 잃는다."(怒甚偏傷氣(노심편상기), 思多太損神(사다태손신))이라 하였다. 가끔 창을 열고 밖을 내다보는 것이 좋다.

夕 저녁 석
달이 반쯤 떠오른 모양

해가 지평선 너머로 저물면 풀밭 속으로 해가 들어 어둡다는 뜻에서 위아래 '艸'(풀 초) 속에 '日'을 넣어 '莫'(저물 모의 본디 글자)라 하였는데, 날이 저물어 어두워지면 더 이상 일을 할 수 없다는 뜻에서 '말다'라는 뜻으로 쓰게 되었다.

그러자 막상 저물다는 뜻은 '莫'에 '日'을 덧붙여 '暮'(저물 모)라 하였으니 이때에 '日'은 해가 사라져 보이지 않는다는 시간의 흐름 자체를 극명하게 밝힌 것이다. 따라서 같은 어둠을 뜻하는 '冥'(어둘 명)과는 약간 다르다.

'暮'는 해가 기울어 날이 어둡다는 뜻인데 반하여 '冥'은 보름이 지난 열엿새 밤부터 달빛은 줄어들기 시작하여 어두워지기 시작한다는 뜻으로 열흘을 뜻하는 '旬'(열흘 순)에 '六'(여섯 육)을 붙여 만들어진 글자다.

해가 저물면 달이 보이지 않는 그믐에서 초사흘 사이를 제외한 날에는 달이 떠오르기 마련이다. 그래서 해가 지고 달이 반쯤 떠오르는 때를 '夕'(저녁 석)이라 하고, 그 어둠이 사람의 양 옆구리에 가득 찬 때를 '夜'(밤 야)라 하였으니 분명코 저녁과 밤은 그 어둠에 있어서도 다르고 일컫는 때도 서로 다르다고 보아야 한다.

아주 먼 옛날 활쏘기의 명수 후예(后羿)가 곤륜산까지 가서 가까스로 간청한 끝에 겨우 얻어 낸 불사약을 미처 먹지 않고 잘 간수해 두었는데 그의 아내인 항아(姮娥)가 남편의 뜻을 어기고 혼자 이를 먹고 달나라까지 올라가 그 속에 숨어 버렸다.

그런데 항아가 달에 도착하자마자 그녀는 월신(月神)의 노여움을 받아 두꺼비로 탈바꿈되어 종신토록 노역에 종사하는 형벌을 받았는데, 그 내용인즉 절구통에 든 불사약을 쉬지 않고 끊임없이 찧는 일을 하라는 것이었다.

이런 일로 지금까지도 저 달 속에는 두 마리의 두꺼비(혹은 토끼)가 불사약을 찧고 있는 모양이 역연하다 하는데, 해가 저물고 달이 반쯤 떠서 그 두 마리 중 한 마리만 보이는 무렵은 저녁이고, 중천에 올라 두 마리가 완연히 보이는 때를 밤이라 일렀다.

본디 열 개의 해가 있었는데 그때에는 너무 뜨거워 만물이 제대로 살아갈 수 없어 이를 활로 쏘아 아홉 개를 떨어뜨려 오늘날과 같이 한 개의 해가 뜨고 지도록 한 공을 세운 후예는 태양과 불가분의 관계가 깊은 남성이다. 그러나 달 속에서 저녁마다 불사약을 찧는 두 두꺼비는 항아의 화신으로 분명 여성이다.

한편 해 속에는 까마귀 한 마리가 금 옷을 입고 있기 때문에 해를 '金烏'(금까마귀)라 하고, 달 속에는 두 마리 토끼(두꺼비)가 끊임없이 불사약을 찧고 있기 때문에 '玉兎'(옥토끼)라 하는 별명을 각각 붙여 밤과 낮을 가늠하고 있다.

옛 어른께서 읊으시기를 "옥토끼 오르고 내려 늙는 꼴을 재촉하고, 금까마귀 나오고 들어 한 해 두 해를 몰아가네."(玉兎昇沈催老像, 金烏出沒促年光)라고 하였다.

까마귀 한 마리와 토끼 두 마리가 낮과 밤을 지켜 나가니 낮의 하나는 곧 밝음을 뜻하는 양이요 밤의 둘은 정녕 어둠을 말하는 음일 것이라, 음양의 변화 속에 만물은 그 수명을 다할 따름이다.

多 많을 다

어둠에서 어둠으로 이어지는 긴 시간

달이 반쯤 올라온 모양을 '夕'(저녁 석)이라 하였는데 '저녁'은 해가 진 뒤에 달이 뜨는 때이므로 '어둠'을 의미한다. 그리고 이 어둠이 밀려오기 시작하면 하던 일을 마칠 수밖에 없는 때이기 때문에 아무래도 훤한 낮보다는 지루하게 느껴지기 마련이다.

이런 뜻에서 '多'(많을 다)는 본디 어둠에서 어둠으로 이어지는 긴 시간을 뜻한 것이었으며, 이와는 달리 밝은 낮에서 낮으로 이어지는 긴 시간은 본디 '疊'(거듭할 첩)이라 하였다. 그렇기 때문에 '多'라는 글자나 '疊'이라는 글자 속에는 '重'(거듭할 중)이라는 뜻이 있다.

'多'는 숫자로 '많다'는 뜻 이외에 많은 것들은 적은 것들을 이길 수밖에 없다는 뜻에서 '勝'(이길 승)이라는 뜻으로도 쓰이며, 또한 어둠에서 어둠으로 이어지는 긴 시간이라는 점에서 '길다'거나 '지루하다'는 뜻으로도 쓰인다.

"성내는 감정을 심히 일으키다 보면 자못 기운을 상하기 마련이며 잡다한 생각을 끊임없이 내면 몸의 보배로 주인인 정신을 크게 덜 수 있는 것이다."(怒甚偏傷氣(노심편상기), 思多太損神(사다태손신))〈孫眞人의 養生銘〉라는 경우에 '多'는 '잡다하다' 또는 '끊임없이'라는 정도로 풀이해 두는 것이 좋을 듯하다.

단순한 생각으로 접근해 보면 많은 것은 적은 것을 이길 수 있다고 말하나, 너무 많은 것이 오히려 적은 것보다 못할 경우가 더러 있을 수 있다. 그 한 예가 "말이 많으면 자주 막히기 마련이라, 차라리 중간을 지키는 것만 못하다."(多言數窮, 不如守中)(다언수궁 불여수중)라는 노자의 말씀이다.

그뿐만이 아니다. 지나치게 너절한 것들을 몸에 지니고 뽐내는 일은 남들로부터 고운 인상을 받을 수 없으니 바람직한 인간의 태도는 아니다. 그래서 '侈'(사치할 치)는 분수에 맞지 않는 낭비일 경우가 많고, 또 자신의 모자람을 외형적인 물질로 꾸며 상대를 현혹시키려는 의도가 내재되어 있는 경우가 많다.

어떤 사람이 다른 이에게 되도록 크게 보이려는 심리적인 의도가 다분히 감지될 수밖에 없기 때문에 이런 뜻을 담고 있는 글자가 바로 '奢'(사치할 사)이니 이때의 '者'(놈 자)는 불특정한 어떤 사람이라는 뜻이며 '大'(큰 대)는 크게 보이려 한다는 뜻이다.

이런 면에서 사실 '奢侈'는 속 깊은 자가 할 수 없는 일이요, 매와 같은 새(隹)가 날개를 쫙 펴 몸을 크게 보인 뒤 약한 상대를 몸으로 제압하여 발(寸)로 어미 닭이 거느린 병아리를 빼앗아 먹어 치우는 '奪'(빼앗을 탈)과 다름없는 일이라 보아도 크게 틀림이 없다.

말이 많으면 자주 궁할 수 있지만, 상대방의 말을 귀 기울여 듣다 보면 상대를 읽을 수 있고, 비록 직접적으로 만나 그의 말을 음성을 통해 들을 수 없을지라도 그가 쓴 책을 잘 읽고 나면 저자의 뜻을 이해할 수 있다.

그래서 많이 듣고 많이 읽고 거기에다가 자신의 많은 생각을 덧붙여야 좋은 글을 써 내려갈 수 있다고 하여 '多聞'과 '多讀'과 '多商量'을 이른바 '三多'라 하였다.

곡식을 너무 많이 쌓아 놓고 보면 자주 위와 아래를 뒤적여 옮겨야 밑의 것이 썩지 않는 법이다. 그래서 '移'(옮길 이)라 하는 글자를 만들었다. 마찬가지로 잔뜩 좁은 공간에 뜻만 쌓아 놓고 내버려 두면 그 뜻도 썩어 들어가기 마련이다. 눌러 놓지 말고 통할 것이다.

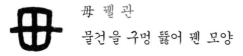

毌 꿸 관
물건을 구멍 뚫어 꿴 모양

꿰뚫어 내다는 말은 어떤 물건의 중심을 관통하여 하나로 쭉 잇대어 내다는 말이다. 예를 들어 어느 방면을 꿰뚫고 있다고 하는 말은 그 어느 방면의 겉을 그저 수박 겉핥기로 안다는 말이 아니라 그 방면의 핵심(중심)을 꿰어 뚫어 안다는 말이다.

참으로 안다는 말은 겉을 안다는 말이 아니라 겉을 벗기고 그 겉 속에 든 핵심을 안다는 말이다. '알다'는 그 자체가 겉을 벗기고 그 알속에까지 닿아 속을 알다는 뜻이기 때문이다. 그런 뜻에서 참으로 알다는 뜻은 덮여 있는 겉을 젖히고 속까지 관통하다는 말이다.

따라서 어떤 이를 제대로 안다는 것은 그의 겉모습만을 안다는 말이 아니라, 그의 속에 든 가치관이 무엇인가를 알아야 비로소 그를 알았다고 말할 수 있다. 이런 뜻에서 '慣'(익힐 관)이란 '忄'(마음 심) 가운데 깊이 자리하여 '毌'(꿸 관)의 '貝'(조개 패; 가치)를 뜻하는 글자다. 그렇다면 마음속에 깊이 자리하고 있는 가치는 어떻게 형성되는 것인가? 그것은 하루아침에 이뤄진 것이 아니다. 끊임없이 익혀 온 자신의 행동양식이 굳어져 점차 의식 속에 자리 잡고 있는 하나의 가치가 곧 '慣'일 따름이다.

속담에 "세 살 버릇이 여든까지 간다."고 하여 '習慣'을 중시하라고 말하지만 익혀지는 습관을 굳이 분석해 말하자면 '習'(익힐 습)이란 본디 '羽'(깃 우)와 '自'(스스로 자)를 합성시킨 글자로 새가 스스로 깃질을 반복하여 비로소 날듯 스스로 행동하여 익힌다는 말이다.

스스로 행동으로 익힌 '習'이 반복되는 중에 이것이 마음 한가운데 깊이 박혀진 의식이 곧 '慣'이기 때문에 '習慣'이란 행동으로 익혀진 '習'이 의식으로 굳어진 '慣'이 된다는 뜻을 내포하고 있는 말인 것이다.

모든 개개인의 '習慣'이란 이처럼 "세 살 적부터 익혀 온 행동이 여든까지 이어 오는 동안 마음 속 가치로 자리 잡기 마련이다." 그래서 행동이 의식을 꾸미고, 의식에서 다시 익혀진 행동으로 나타나는 것이기 때문에 행동과 의식은 마치 어떤 물건의 겉과 속 같은 관계인 것이다.

같은 말이라도 '習慣'이라는 말은 주로 개인에 국한해 쓰이는 말이지만 이에 비하여 '慣習'이란 개인에 국한해 쓰이기보다는 개개인이 모여 사는 사회에 적용되는 집단성을 지닌 말이다. 그렇다면 '習慣'과 '慣習'은 어떤 차이가 있는 말인가?

개인에 있어서는 다 각자 익혀 온 행동양식에 따라 의식이 천차만별로 다를 수 있지만, 개개인이 모여 이뤄진 집단은 개인보다는 훨씬 깊게 익혀 온 나름대로의 역사성이 알게 모르게 두텁고, 그 집단 속에 깔려 있다.

개인은 습에 따라 관이 이뤄지지만 집단적 사회나 국가는 끊임없이 길들여져 온 역사성 속에 개인적인 행동도 자연히 규제되기 마련이다. 그래서 하나는 '習'이 '慣'을 이루나, 다른 하나는 '慣'이 앞서서 개인의 '習'도 이뤄진다 보아야 할 것이다.

"바람은 그쳤으나 물결은 더욱 높고, 깨달음은 이뤘으나 깊이 박힌 생각은 그대로 잠겨 있네."(風停波尙高(풍정파상고), 理現念猶沈(리현념유침))〈수심결〉라고 고려의 보조국사는 말씀하셨다.

내 마음은 마치 물과 같은 것이라, 이성적으로는 꿰뚫은 깨달음을 얻었으나 바람이 그쳤다고 곧바로 물결이 그치지는 않는다.

齊 가지런할 제
곡식의 이삭이 가지런히 자란 모양

곡식들이 자라는 바탕으로서의 땅은 높고 낮은 차이가 있기 마련이지만 땅을 바탕삼아 자라나는 모든 곡식들은 거의 다 나름대로의 타고난 천성대로 비슷한 키를 지니며 가지런히 자라 오른다.

그래서 '齊'(가지런할 제)의 밑 부분은 땅의 높고 낮음을 나타낸 것이며, 그 윗부분은 그 높고 낮은 땅 위에 벼나 보리와 같은 곡식들이 타고난 천성대로 가지런히 자라 오르는 모양을 그린 것으로 '가지런하다'는 뜻을 드러낸 것이다.

따라서 '齊'에 '氵'(물 수)를 붙이면 물을 건널 경우에는 반드시 물의 깊이가 가지런한 쪽을 택해 건너야 한다는 뜻에서 '濟'(건널 제)는 '건너다'라는 뜻으로 썼고, '刂'(칼 도)를 붙이면 약초는 일정한 길이를 가늠하여 가지런히 썰어야 한다는 뜻에서 '劑'(벨 제)라 하였다.

곡식들은 높고 낮은 그 바탕에서 나름대로 아래에서 위로 가지런히 자라지만 어미의 태중에서 어미와 같이 영양과 호흡을 같이한 탯줄도 또한 몸의 가장 가지런한 부분에 연결되어 있다.

그래서 어미의 배 속에 들어 있다가 출산된 뒤에 탯줄이 끊긴 일종의 태생적 상처 자국인 배꼽이라는 글자도 몸을 뜻하는 '月'(肉과 동일한 뜻)에 '齊'를 붙여 '臍'(배꼽 제)라 하였고, 식물도 마찬가지로 꽃 떨어진 그 자리에 맺어진 열매의 배꼽을 '薺'(배꼽 제)라고도 하였다.

비온 뒤 맑아진 상태를 두고 '霽'(비 개일 제)라 말한 것은 비오기 전의 먼지를 말끔히 씻어 버린 참으로 맑은 상태를 말한 것이다. 그래서 비 개인 뒤에는 으레 달빛이 유난히 맑고 서늘한 바람이 가슴을 시원스럽게 식혀 주기 때문에 예부터 '霽月光風'이라 하였다.

그러나 굳이 티 없이 맑은 자연의 풍광을 일컬은 말로 쓰이기보다는, 씻은 듯 쇄락한 맑은 모습이 한 없이 맑은 나머지 대하는 이로 하여금 불현듯 가슴 속 삿된 마음이 녹아 흐르는 대인의 인격을 형용한 문자로 사용되어 온 것이 통상적인 용례다.

"몸을 닦은 연후에 집안을 가지런히 하고, 집안을 가지런히 한 연후에 나라를 다스리고, 그런 연후에 천하를 다스린다."(身修而后家齊, 家齊而后國治, 國治而后天下平)〈대학〉라고 하여 집안을 가지런히 잘 다스릴 것을 치국평천하의 기초적 단계라 규정하고 있으나 실은 가지런히 할 수 있고 없는 소이도 또한 '수신'에 있다.

그런 뜻에서 "천자로부터 서인에 이르기까지 하나같이 다 수신하기를 근본으로 여겨야 한다."(自天子以至於庶人, 壹是皆以修身爲本)는 증자의 말은 매우 뜻하는 바가 크다. 비록 천자는 하늘처럼 높고 서인들은 가장 낮은 밑바닥에 있다 할지라도 자라는 곡식들은 가지런히 자라야 한다.

집안을 가지런히 다스리려면 어른은 아랫사람들에게 어른으로서의 어른거리는 마음이 심어져 있어야 한다. '齊'라는 글자가 말해 주는 것처럼 높고 낮은 타고난 바탕의 차이는 있을지언정 마음껏 역량대로 자랄 수 있는 여건에는 차별이 없어야 한다.

높이 나는 학은 소나무로 받쳐 주어야 하고, 곱고도 고운 노오란 꾀꼬리는 능수버들에 묻혀 지저귈 수 있도록 배려해 주어야 함이 마땅하다. 높은 것은 높은 그대로, 낮은 것은 낮은 그대로 高處高平하고 低處低平하는 것이 가장 옳은 방법이다.

朿 가시 자
초목에 나 있는 가시의 모양

초목에 가시가 돋은 모양을 나타낸 것을 일러 朿(가시 자)라 한다. 가시 돋친 나무는 생명력이 끈질기어 쉽사리 죽지 아니한다.

대추나무에 연 걸리듯 하다는 말처럼 마음껏 하늘을 자유롭게 날던 연이 잘 걸리는 곳은 울타리 가에 심어 놓은 대추나무 가지이다.

따라서 대추나무는 朿(가시 자)를 상하로 거듭 붙여 놓은 것이다. 그리고 대추나무가 잘 자라는 곳은 불광동 계곡에 자리한 대조동(大棗洞)을 비롯하여 상주 보은의 대추가 유명하며 요즈음에는 경산의 대추, 완주의 운주 등이 유명하다.

찌른다는 말은 칼로 찌른다거나 창으로 찌른다거나 간에 가시 자에 칼을 붙여 刺(찌를 자)를 만들어 놓았다. 따라서 같은 맛에도 자극이 더욱 심한 맛이 있기 마련인 것이다. 예로부터 오방(五方)에는 오미(五味)를 연결시켜 놓았으니 다음과 같다.

동방은 무어라 해도 신맛이다. 시다는 맛은 일단 술이 다 나갔다는 말로 술을 뜻하는 酎(술 주)에 더 나아갈 준(踆)을 맞붙여(酸; 실 산) 도가 지나친 듯 시어 버린 술을 말한다. 따라서 모든 음식 중에 일단 맛이 넘쳐 버린 것들을 말하는데 이는 맛들이 뭉쳐 버리는 것을 흩어 버리는 작용을 한다.

서방은 매운 맛이다. 맵다는 맛은 일단 적당히 넣는다면 달콤한 맛도 가질 수 있으나 과도하게 넣으면 감각을 마비시켜 얼얼하게 만들어 놓는다. 지독하게 매운 맛을 얻게 되면 눈으로는 얼얼하고 귀로도 얼얼하여 도저히 제 맛을 잃을 수 있는 것이다.

남방은 쓴맛이다. 쓴맛은 전혀 잘 받아들이지 않는 맛이다. 대부분의 사람들은 달콤한 맛을 즐겨 먹지 쓴맛은 뱉고 단것은 삼킨다고 하였다. 인류가 음식을 먹어 온 이래 언제나 단것을 주로 먹어 왔기 때문에 인간에게 젖어진 맛은 거의가 단것이다.

북방은 짠맛이다. 본디 짠맛이란 맛으로는 빼놓을 수 없는 맛이다. 이미 짠맛은 간을 절여 먹는 데 쓰는 맛으로 없어서는 안 되는 맛인 것이다. 부패를 방지하는 유일한 방법은 햇빛에 바짝 말려 두거나 아니면 염장에 절여 두는 방법 밖에는 없는 것이다.

중앙은 단맛이다. 신농씨가 본초와 약초를 구분 지어 인간들이 먹고살 것을 개발해 나갈 때에 이미 몸에서 달콤하게 거둬들이는 오곡의 씨앗을 주장삼아 농사의 근본으로 삼았듯이 단맛은 우리의 주식으로 자리 잡게 되었다.

이처럼 다섯 가지 맛이 우리의 입맛을 좌우하여 서로가 섞여 전체의 맛을 가늠해 오는 것은 분명한 사실이다. 그중에서도 가장 뛰어난 맛은 아무래도 단맛에 짠맛이 아닌가 싶다. 단것을 오래 두고 먹는 일은 햇빛에 바짝 말려 두는 일이 아니면 소금에 절여 두는 일이 있기 때문이다.

그래서 항상 우리는 세상을 잘 다스리는 데 필요한 빛과 소금이 되리라고 말하고 있지 아니한가? 그리고 이 다섯 가지 맛이 제대로 한데 어우러지려면 무엇보다도 간이 잘 들어맞아야 할 것이다.

그러자면 임금님이 잡수시는 수라상부터 바닷물에 젖어진 간이 배인 수라(水剌;水喇)여야 한다.

片 조각 편
재목을 좌우로 조각 낸 모양

나무란 '木'의 위로 자란 부분을 잘라 재목으로 쓰면 '材'(재목 재)요, 재목을 좌우로 조각 낸 모양을 본뜨면 '片'(조각 편)이다.

집을 지을 때 재목은 대들보나 기둥, 서까래로 쓰지만 조각 낸 판자는 지붕 밑 기와를 받치는 보조적 재료로 쓰거나 벽을 막거나 또는 울타리를 치는 데 쓴다.

그래서 이런 판자는 '木'에 '反'(뒤집을 반)을 붙여 '板'(판자 판)이라 하는데 그 까닭은 아무리 좌우로 여러 번 뒤집어도 결국 똑같기 때문에 그렇다. 그러나 좌우로 뒤집지 않고 한 면에 글자를 새겨 책을 박아 내는 '木版'을 말할 때에는 '版'이라 하여 '板'과는 다르게 썼다.

이와는 달리 사람이 누워 잠자는 침상이나 걸터앉는 걸상의 경우에는 '爿'(조각널 장)에 '木'을 붙여 '牀'(마루 상)으로 '片'과는 달리 '爿'을 붙여 썼으니, 굳이 '片'과 '爿'을 구분 지었다.

'片'은 재목을 좌우로 조각 낸 그 자체의 하나의 조각이라는 뜻으로 썼다면 '爿'은 나무를 조각 낸 그 자체의 뜻에서 더 나아가 '큰 널판'의 뜻으로 썼으니, '片'은 '작음'을 뜻하고 '爿'은 '큼'을 뜻하는 글자로 구분 지어 볼 수 있다.

예를 들면 "푸른 버들 숲에서 노오란 꾀꼬리는 연거푸 날고 복사꽃이 가득 핀 동산에서는 붉은 꽃이 하나 둘씩 떨어진다."(柳上鶯飛片片金(류상앵비편편금),

도화만발점점홍
桃花滿發點點紅)〈유산가〉라고 할 때의 한 마리 한 마리는 ‘片片’이라 하였다.

그러나 ‘爿’에 ‘士’를 붙이면 아주 튼튼한 무사라는 뜻에서 ‘壯’(장사 장)이라 하고, 다시 ‘犬’을 붙이면 ‘狀’(모양 상)이라 하여 본디 ‘모양이 좋은 큰 개’라는 뜻인데 모양이 좋은 것에 대하여는 문서(상)를 내려 기려 주기 때문에 ‘狀’(문서 장)이라고도 한다.

또 같은 문서라는 뜻을 지녔어도 ‘牌’(패찰 패)라 말할 때에는 신분의 높고 낮은 것을 증명해 주는 패찰은 큰 조각이 아니라 지니고 다닐 수 있는 작은 조각이었기 때문에 ‘片’에 ‘卑’(낮을 비)를 붙이고 ‘爿’에 붙이지는 않았다.

‘牆’(담장 장)도 제법 너른 널빤지로 울을 막아 집안을 담아 두는 역할을 하기 때문에 ‘담장’이라 이른 것이요, 더구나 많은 군사를 거느리는 ‘將’(장수 장)은 제물(肉)을 이럭저럭 손(寸)쓰는 큰 어른이라는 뜻이기 때문에 ‘爿’을 썼다. 하나의 나무를 조각 낸 판자라 할지라도 크고 작은 것을 구분지어 쓴 일은 참으로 주도면밀한 일이다.

한 장수의 지도력이 전쟁의 성패를 좌우하듯 음식 맛의 성패를 좌우하는 가장 큰 원인은 장맛에 있기 때문에 ‘醬’(간장 장)이라 하였다.

이런 뜻에서 곰곰 생각을 거듭해 보면 결국 큰 것이 큰일을 돌볼 수 있는 것은 물론이지만 또한 큰 것이어야만 작은 조각들도 제대로 돌볼 수 있는 법이라 ‘片’과 ‘爿’은 언제나 ‘爿’이 다 아울러 돌보아 나가야 한다.

어차피 썩든지 불타든지 둘 중 하나일 바에야 부디 스스로만을 아껴 썩지 말고 네 편이니 내 편이니 따지지 말고 여럿을 위해 불태우는 정열이 있어야 한다. “어차피 탈 운명을 타고 태어난 땔나무들은 공동의 불을 위해 계속 타야 한다.”고 장자도 말했다.

鼎 솥 정

나무 조각 위에 솥이 있는 모양

인류의 식생활 변화는 크게 생식을 위주로 할 수밖에 없었던 원시 사냥 시대와 화식을 주로 하여 불로 익혀 먹기 시작한 화식 시대로 구별 지을 수 있다. 물론 생식과 화식의 구분은 불의 이용 유무에 따라 구분지어진 것이다.

진정한 문명과 문화는 물과 불의 이용 정도에 따라 그 양상이 달라졌으며 특히 인류가 불을 이용하여 생식에서 화식을 시작하거나 또는 불로써 땅속에서 얻어진 광석을 제련해 쓸 수 있었던 때로부터 참다운 문명 문화가 시작되었다.

불만 이용하여 사냥에서 얻어진 고기를 구워 먹을 수 있었던 시대를 초기 문명시대라 말한다면 사냥시대를 거쳐 비로소 청동기나 철기를 쓰기 시작하여 구워도 먹고 볶아도 먹고 쪄도 삶아도 끓여도 먹을 수 있었던 때로부터 본격적인 문명시대가 된 것이다.

물론 생식과 화식은 각각 장점과 단점이 있다. 생식의 장점은 음식물에 들어 있는 갖가지 영양소를 전부 다 빼거나 보탤 수 없이 섭취할 수 있어 좋지만 한편 위생적인 섭생이 될 수 없다는 사실이다. 화식은 익혀 먹기 때문에 위생적으로 크게 염려할 필요가 없고 다양한 방법으로 요리를 할 수 있는 장점도 크다. 그러나 불로 익히는 동안 음식 재료 안에 들어 있는 귀중한 각종 영양소가 파괴되는 단점이 있다.

아무튼 사람이 살아간다는 말을 하나의 단어로 줄인 말이 '삶'인데 이 삶을 꾸려 나가자면 아무래도 코로는 숨을 쉬고 입으로는 끊임없이 먹어야 산다. 그런데 숨 쉬는 일은 별 문제가 없지만 먹는 일은 돈이 들어가기 때문에 속담에도 "뭐니 뭐니 해도 코밑 진상이 제일이다."라고 하였다.

따라서 익혀 먹어야 위생적으로 먹을 수 있기 때문에 '솥'이라는 도구를 발명하여 화식을 한 일은 천만 다행스런 일이라, 바꿔 말하면 '솥'은 곧 인류를 문명으로 이끌어 온 견인차 역할을 단단히 수행해 오고 있는 것이라 해도 지나친 말이 아니다.

그렇다고 해도 덜렁 '솥'만 가지고 음식을 만들어 낼 수는 없다. 일단 솥 안에 음식 재료를 넣고 용도에 따라 적당한 물을 넣고 그 솥 아래 나무를 태워 불로 익혀 내는 것이 가장 옳은 조리 방법이기 때문에 솥에는 반드시 물과 불이 있어야 한다.

한편 이런 뜻에서 '鼎'(솥)의 아래에 땔나무 조각을 붙인 것인데 다만 솥 밑에 땔나무만 있으면 음식이 익을 수 있는 것이 아니라 그 나무에 불이 붙어 타 들어가야 하고, 그렇게 되려면 나무를 태울 수 있도록 바람이 있어야 한다.

그렇기 때문에 삶에 없어서는 안 될 '솥'을 나타낼 때에는 '솥 밑에 나뭇조각을 받친 모양'을 본뜬 글자로 나타내기도 하고, 〈주역〉 64괘에서의 '鼎' 괘는 '불'과 '바람'을 상하로 짝지어 '火風鼎'이라 하고, 그 뜻을 "솥은 크게 길하여 형통하다."(鼎(정), 元吉(원길) 亨(형))고 하였다.

묵은 것을 버리는 일을 '革'(바꿀 혁)이라 하여 '물'과 '불'을 상하로 짝지어 솥 안의 음식이 익는 그 자체를 상징한 것이라 보면, 나무와 바람을 짝지은 것은 밑에서 바람이 들어 나무가 타야 솥 속의 음식이 비로소 먹음직스럽게 나온다는 보다 근원적인 뜻을 취한 것이다.

솥이 엎어지면 안 된다. 항상 솥을 받치는 세 발이 성해야 한다.

克 이길 극
집을 받치고 있는 기둥의 모양

이긴다는 말은 다른 말로 나타내면 견디어 내다는 말이 된다. 모든 것의 무게를 이겨 낸다는 말이다. 그중 가장 대표적인 것이 지붕의 무게를 온통 한가지로 지고 이를 꾸준히 이겨 내는 것이라 이를 수 있다.

삶에 있어서 어떤 고난도 이겨 내고, 또는 어떤 위험도 이겨 내고, 모든 어려움을 이겨 내기는 말처럼 쉽지는 않다. 저 눈 속에 자라는 보리가 끝내는 더위를 이겨 내는 해열제가 되고 뜨거운 햇살에 묵묵히 자라나는 쌀이 급기야 발열제가 되고야 말듯 이겨 내는 힘은 참으로 거룩한 결과를 가져 온다.

이긴다는 말은 한편 생각해 보면 상대를 짓이긴다는 말일 수도 있다. 한편 이긴다는 말을 자신에게 쓴다면 자신을 이긴다는 말이 되어 이른바 '克己'라고도 쓰인다. 자신을 이긴다는 것이 모든 것을 이길 수 있는 가장 큰 요소인 것이다.

저 성경 말씀에 "수많은 군사가 이겨 내 성 하나를 쳐부수는 것보다는 자신의 게으름을 쳐부수는 것이 가장 큰 급선무다."라는 의미도 또한 이 같은 의미에서 나온 말이다. 누구나 제일 먼저 일을 가로막는 것은 크나큰 공을 세우기 전에 게으름이 먼저이기 때문이다.

남들이 겉으로 보기에 그럴싸하게 굴기는 그리 어렵지 않으나 마음 가운데에 잡다한 생각을 모조리 청산할 수 있기는 대단히 어려운 것이다. 그래서 “겉으로 올바른 일을 행해 나가면 현인이나, 마음속에 잡다한 생각을 다 이겨야 비로소 성인이 된다.”(景行維賢, 剋念作聖)이라 하였다.

한편 克이라는 글자는 두꺼운 갑옷을 입은 모양의 글자로 자신이 그 옷의 무게를 이겨 내야 이길 수 있다는 뜻으로 풀이하는 쪽도 있다. 남을 이기려면 우선 자신을 이길 수 있어야 된다는 말이라고 보는 것이다.

‘이긴다’는 뜻을 가진 다른 글자로는 이길 승(勝) 자를 들 수 있다. 본디 이 글자는 ‘舟’(배 주) 곁에 ‘大’(큰 대)를 붙이고 그 밑에 ‘力’(힘 력)을 붙인 뒤 다시 ‘手’(손 수)를 여러 개 붙여서 만든 글자로서 바다 위에 뜬 배가 목적지까지 가려면 파도를 이겨야 한다는 뜻에서 만들어진 글자라고 풀이하기도 하였다.

마찬가지로 공중을 나는 새가 바람의 저항을 무서워해서는 앞으로 날 수 없다는 말과 다를 바 없는 것이다. 똑같이 인간이 세상을 살아 나가고자 함에 닥쳐오는 풍파를 두려워해서는 앞으로 나아갈 수 없는 것이다. 오히려 그 밀려오는 풍파를 뒤로 젖혀야 나아갈 수 있다.

더 나아가 크게 이기려면 남보다 더 많은 것들을 갖춰 효과 있게 운용해 가지 않으면 안 된다. 그래서 나온 글자가 곧 ‘발’(足; 허벅지는 생략함)도 쓰고 ‘손’(手; 彐)도 쓰고 게다가 ‘막대기’(竹; 한 글자만 씀)를 최대한 활용한다면 크게 이긴다는 ‘捷’(이길 첩)이 되는 것이다.

이긴다는 말은 억제하는 것을 넘어서 이겨 내야 비로소 이긴다는 뜻이 되고 또 다른 한편으로는 남보다 되도록 빨라야 이길 수 있는 것은 분명한 일이다. 다만 그 밑바닥에 우선 자신부터 이겨야 이길 수 있다.

서로가 서로를 이겨 내는 원리가 있기 때문에 세상은 이겨 내는 일을 반복해 나감으로써 발전해 나가는 것이다. 수는 화를 이겨 내고, 화는 금을 녹여 내고, 금은 다시 목을 이겨 내고, 목은 토를 이겨 내고, 토는 또한 수를 막아 내니 서로가 서로를 이겨야 세상은 이겨 나간다.

彔 벗길 록

어금니 같은 칼로 새기거나 벗기는 모양

동식물을 막론하고 생명을 지닌 모든 것들은 다 껍데기가 있기 마련이다. 특히 개체를 늘리기 위한 종자들은 그것들이 귀중한 만큼 단단한 껍질로 싸여 있다.

나무의 줄기나 가지들은 다 껍질로 감싸여 있고, 꽃이 떨어진 자리에서 맺어진 열매는 열매 자체가 껍질로 감싸여 있으며, 또 열매 속에 든 씨 역시도 제법 단단한 껍질로 포장되어 있는 것이 보통이다.

그렇기 때문에 나무를 재목으로 사용하려 할 때에는 반드시 껍질을 제거한 뒤에야 사용할 수 있으며, 열매들이 지닌 고유한 맛을 보려면 대강의 경우 껍질을 벗기고 난 뒤에 알속을 맛보는 것이다.

동물도 마찬가지다. 날짐승이나 길짐승들은 털을 벗기고 가죽을 벗긴 뒤 속살의 뼈를 분리시켜 살코기를 먹을 수밖에 없고, 어패류와 같은 생선들도 일단 비늘이나 갑각을 벗긴 뒤에야 요리를 할 수 있는 것이다.

이처럼 동식물을 막론하고 식재료를 만들 때에는 거의 껍질을 벗겨야 하는데 특히 소나 돼지와 같은 동물을 잡아 다룰 때에는 반드시 벗겨야 할 부분과 벗기지 않아도 되는 부분이 있다. 소나 돼지와 같은 것들은 모든 부분은 다 벗기지만 머리는 그대로 두고 벗기지 않는다. 특히나 가죽을 유용하게 쓰는 소의 경우에는 일단 머리는 먼저 잘라 버리고 나머지를 다 벗겨 가죽은 우선 저쪽으로 던져 놓고 살코기만을 주로 요리에 쓴다.

머리 부분은 이미 눈 귀 코 입 등과 같은 구멍이 집중적으로 일곱 개나 다닥다닥 붙어 있기 때문에 벗겨 보았자 가죽으로서의 효용가치가 없을 뿐 아니라 또 무척이나 단단한 해골이 받쳐 있기 때문에 벗겨 보았자 머리 가죽 자체는 쓸모도 없다.

이런 때문에 벗겨야 할 부분과 벗기지 않아도 될 부분을 가려 어떤 물건의 껍데기를 좌우로 나누어 벗기는 모양을 '彔'(벗길 록)이라 하였다. 그러하니 '彔'은 곧 윗부분과 아랫부분을 '一'로 나누고, 아래는 좌우로 손써 벗긴다는 뜻을 나타낸 것이다.

따라서 간단한 것은 손으로 벗길 수도 있으나 웬만한 것들은 칼로 벗길 수밖에 없기로 '剝'(벗길 박)이라 하였고, 붓이나 종이가 발명되기 이전에는 짐승의 뼈나 나무 또는 쇠나 돌을 벗겨 뜻을 전달할 수밖에 없었기로 '錄'(새길 록)이라 하였다.

흔히 오늘날에 있어서까지 '記錄'을 어떤 내용을 '적다'라는 뜻으로 쓴다. 그런데 엄밀히 말해서 '記'(기록할 기)는 자신의 신변을 적다는 말이며, 이에 비해 '錄'(기록할 록)은 단순히 신변에 관한 내용을 적다는 말을 벗어나 단단한 물건에 '새기다'는 뜻이 있다.

이런 관점에서 보면 먼저 짐승의 뼈나 죽간, 목간이나 금석에 단단히 새겼던 '錄'의 역사가 앞선 역사였고, 적어도 붓과 종이가 발명된 이후로 문자생활이 다변화되고 대중화 되었던 때에 '記'의 역사가 뒤따른다.

그래서 하늘이 내린 특별한 신분을 일컬어 '祿'(벼슬 록)이라 하였고, 나무의 껍질을 벗겨 얻어진 실과 같은 섬유질의 색깔을 '綠'(푸를 록)이라 하였으며, 상대를 얕잡아보아 슬그머니 벗겨도 별 탈이 없을 만한 상태를 두고 '彔彔한 存在'라고 말한 것이다.

그러나 오늘날 벗기고 벗겨도 나 몰라라 한다거나 슬그머니 빼앗을지라도 그냥 가만히 있을 '彔彔한 存在'는 없다.

禾 벼 화
익을수록 이삭이 늘어지는 곡식의 모양

우리의 주식이 되는 쌀은 벼를 찧어 얻어 낸 알곡을 말한다. 그 벼는 어디까지나 초목 중에서 풀에 속하는 것이지 나무에 속하는 것은 아니다. 그런데도 '木'(나무 목)에 '垂'(내릴 수)를 생략한 '丿'(삐침 별)을 붙여 '禾'(벼 화)라 하였는가?

사냥하며 살았던 시대가 청산되고 농업으로 삶을 영위하기 시작했을 때에 가장 먼저 주식으로 등장되게 된 것은 다름 아닌 '稷'(피 직)이었다. 그런데 같은 '피'(기장)라 할지라도 '稷'은 '메기장'으로 밥을 짓는 데 썼고, '黍'(기장 서)는 '찰기장'으로 술을 담는 데 썼다.

마시고 먹는 이른바 음식의 원재료는 '벼'에서 얻어진 쌀이 아니라 '기장'이었다. 같은 기장이라도 찰기장은 물에 담가 술을 빚는 데 적당하기로 '禾'에 '入'을 붙이고 그 밑에 '水'를 덧붙여 '黍'라 하였고, 메기장은 '禾'에 밭을 갈고 종자를 뿌려 가꿔 낸다는 뜻에서 '稷'이라 하였다.

"비로소 남쪽 밭이랑으로 나아가 내 몸소 찰기장과 메기장을 심으리라."(俶載南畝(숙재남무), 我藝黍稷(아예서직))〈천자문〉는 말은 봄이 되어 양지 바른 남쪽 밭으로 나가서 기장을 심어 조상님들께 술과 밥을 지어 바치고자 한다는 말로 사냥에서 농사로 옮겨지는 그 당시의 모습을 드러낸 말이다.

따라서 '禾'는 본디 벼를 나타낸 글자가 아니라, 봄에 심었다가 가을이 되어서야 거두어들이는 곡식을 통틀어 뜻한 글자였는데 뒷날 우리의 주식이 쌀로 정착되기에 이르자 곡식 전체를 아우르는 말이 유독 벼를 뜻하는 글자로 단단히 자리 매김한 것이다.

그렇다면 왜 하필 초목에 '丿'을 붙여 '禾'라 썼는가? 봄에 심어 가을에 거두는 대부분의 곡식은 봄의 돋아나는 양기를 타고 싹트기 시작하여 한참 뜨거운 여름 볕에 무럭무럭 자라고, 입추를 훨씬 지난 뒤에 거두게 되므로 양기 따라 고개를 숙이기 때문에 그렇게 썼다.

사실 같은 곡식이라도 늦가을에 심어 한참 추운 겨울을 지나 늦봄이 되어서야 거둬들이는 '보리'는 '벼'와는 달리 전혀 고개를 숙이지 않고 그대로 빳빳하다. 한참 양기가 뻗어 오르는 때에 익기 때문이다.

보리는 빳빳하지만 벼는 고개를 숙였다는 겉모양 하나를 보고서도 그 까닭을 밝혀내고, 그 쓰임새를 찾아내는 일, 그것만으로도 '철'을 아는 일이라 이를 수 있다. 그래서 사람은 누구나 철을 알아서 철이 들어야 비로소 일을 옳게 찾아 나갈 수 있다.

말이 쉽지 제대로 철을 알기도 어렵고 나아가 제대로 철이 들기도 어려운 법이다. 어찌 벼 한 가마니가 반드시 쌀 다섯 말이 된다는 보장이 있는가? 벼는 겉모양만으로 그 속을 정확히 알 수 없다. 오직 벼는 직접 까놓고 보아야 알 수 있다.

그래서 헤아린다는 뜻을 지닌 '斗'(말 두)에 '禾'를 붙이면 '科'(나눌 과)가 되지만, '米'(쌀 미)를 붙여야 '料'(헤아릴 료)가 된다. 벼는 쭉정이도 있고 알찬 것도 있다. 그러나 쌀은 이미 벗겨 버린 것이기 때문에 그냥 곧바로 헤아려도 된다는 말이다.

그래서 '科'는 곧 벼를 두고 헤아릴 때에는 소출이 많이 나올 것과 적게 나올 것을 구분지어 등급을 가린다는 뜻에서 '나누다'는 뜻이 된다. 속을 모르니 아예 겉을 보고서라도 나눠야 한다.

秝 고를 력
벼 포기 사이가 고른 모양

벼를 심는 데는 두 가지 방법이 있다. 볍씨를 직접 흩어 뿌리는 것과, 모판을 만들어 모종을 기른 뒤 그 모종을 하나하나 정성스럽게 알맞은 간격으로 심는 방법이 있다.

이 두 가지 방법 중 흩어 뿌리는 직파(直播)보다는 모판에서 기른 모종을 옮겨 심는 법이 제대로 된 농사법이다. 벼는 다른 농사와는 달리 주식으로 사용되는 농작물이므로 흩어 뿌리는 것보다는 처음부터 모판에서 어느 정도 기른 것을 옮겨 심는 법을 택해야만 골고루 된 수확을 얻을 수 있기 때문이다.

모판을 만들어 놓고, 모판에 뿌릴 종자를 고를 때에도 신중을 기하여 알찬 것을 골라 뿌려야 하기 때문에 물에 볍씨를 담가서 뜨는 것은 거두고, 잘 가라앉은 무거운 것을 종자로 써야 되기 때문에 '種'(종자 종)은 '무거운 볍씨'를 뜻하는 글자다.

그 많은 모들을 하나하나 논에 옮겨야 한다는 뜻에서 '移'(옮길 이)는 '禾'에 '多'(많을 다)를 붙인 것이며, 한 포기 한 포기를 옮김에 있어서도 전후좌우를 잘 살펴 벼가 익을 때까지 알맞은 한가운데에 심어야 한다는 뜻에서 '秧'(모 심을 앙)도 '禾'에 '央'(가운데 앙)을 붙인 것이다.

한편 '厤'(지낼 력)이라는 글자는 바로 모판에서 기른 모종을 논으로 옮겨 심을 때에 전후좌우를 골고루 골라 맞게 심어 한 해의 농사를 잘 지내야 한다는 뜻을 나타낸 글자이며, 동시에 논에서 벼를 수확할 때에도 전후좌우의 벼 포기를 아울러 잡아 베어 거두어들여야 한다는 뜻이기도 하다.

이런 뜻에서 '厤'에 '止'(그칠 지; 가다는 뜻으로도 씀)를 붙여 '歷'(지낼 력)은 한 해의 농사를 표준으로 한 시간의 흐름을 말하는 글자가 되었고, '厤'에 '日'을 붙인 '曆'(책력 력)은 한 해 농사짓는 과정으로서의 절후를 적어 놓은, 오늘날 달력을 뜻하는 글자로 썼다.

아무리 시대가 바뀌고 문명 문화의 현상이 달라질지라도 속담에 이르듯 "뭐니 뭐니 해도 코밑 진상이 최고."라 먹는 것을 생산해 내는 농사가 가장 귀한 일이고, 농사의 흉풍이 곧 삶의 질을 높이거나 낮추는 역할을 한다는 것은 어김없는 사실이다.

똑같은 농사라 할지라도 흩어 뿌리는 직파는 크게 귀중한 작물이 아닐 경우에 그렇게 하지만 벼농사처럼 아주 귀중한 작물은 모판에서 얻어진 모종을 하나하나 알맞게 자리매김하면서 정성스럽게 심고 가꾸어야 한다.

이와 마찬가지로 더불어 살아가는 인간사회에서도 아무렇게나 흩어져 살 일이 아니라 너와 내가 참으로 더불어 잘 살아가려면 너와 내가 알맞은 간격을 두고 자리매김을 똑바로 하여 서로 도우며 살아가야 한다.

'秉'(잡을 병)은 다만 벼 한 포기를 잡은 모양이다. 그러나 '兼'(겸할 겸)은 벼 두 포기를 아울러 잡은 모양이다. 그러하니 앞의 글자는 저만 잘났다고 추스리고 살아가는 모습이라 치면, 뒤의 글자는 너와 내가 적당한 간격을 두고 서로 협력하며 살아가는 모습 그 자체라 해도 과언이 아니다.

사람을 모아 가르치고 배우는 배움의 장소를 모판이라 치면, 길러진 모종을 하나하나 자리매김해 주는 일이 곧 인간 농사, 교육이다.

黍 기장 서

농사의 원조로 술을 담가 먹었던 기장

삶의 형태가 사냥을 청산하고 본격적으로 농업으로 바뀌게 된 때는 대략 은나라로 접어들면서부터라고 짐작되고 있다. 그 증거가 바로 농사에 필요한 농기구들이 등장하고 한 해를 가늠하는 단위가 하나라의 '歲'(햇 세)에서 은나라의 '祀'(햇 사)로 바뀌었기 때문이다.

또한 갑을병정(甲乙丙丁) 등으로 엮어져 나가는 이른바 십간(十干)이 이때부터 사용되기에 이르렀다는 점을 들 수 있다. '甲'이란 본디 씨앗이 땅속에 들어 싹을 틔운 모양에서부터 한 해의 시작이 된다는 것을 나타낸 것이기 때문이다.

말하자면 한 해의 시작은 바로 농사의 시작인 것이며, 또한 농사의 시작은 곧 땅속의 씨앗이 움트는 것을 기점으로 삼아서 계산될 수밖에 없기 때문이다. 땅에서 자라나는 곡식 중 가장 생육이 강하고 잘 자라는 것 중에 대표적인 것에는 찰기장(黍)과 메기장(稷)이 있다.

그래서 사냥을 청산하고 곧장 농사로 접어들기 시작했을 때에 이 찰기장과 메기장을 농사의 으뜸으로 삼고, 음식의 원조로 여길 때에 찰기장은 술로 담가 썼던 것이고, 메기장은 밥으로 먹었던 것이다.

따라서 오늘날까지 곡식의 원조로 모시는 것은 '稷'이요, 이에 상응하는 토지의 귀신을 나타낸 '社'(땅귀신 사)를 덧붙여 '社稷'을 종묘와 더불어 궁궐의 좌우에 각각 모시게 되었다. 임금의 조상과 곡식의 원조와 다스리는 땅의 귀신을 같이 모신 것이다.

그도 그럴 것이 만약 임금의 조상이 아니면 어떻게 나라가 유지될 수 있었으며 또한 서직(黍稷)이라는 곡식의 원조와 이 곡식의 씨앗을 심어 농사로 불려서 음식을 장만할 수 없다면 과연 수많은 백성들이 생명을 유지하며 살아갈 수 있겠는가?

이에 대한 감사의 표시로 궁궐의 좌우에 종묘와 사직을 베풀고 무한한 감사를 느끼며 춘추로 언제나 향사를 받들어 왔다. 따라서 '黍'라는 글자는 곡식을 나타낸 '禾'에 침전시킨다는 '入'을 쓰고 그 아래에 물을 뜻하는 '氺'를 써서 음료를 장만해 바친다는 뜻으로 썼다.

찰기장과 메기장 중에 매일 먹는 밥은 아무래도 메기장을 써서 밥을 짓는 것이 옳지만 그중 술을 담아 바치는 데는 찰기장이 적당하기 때문에 그렇게 쓴 것이라 여겨진다.

또한 같은 찰기장이라 할지라도 검정색을 띤 찰기장이 있다. 그것은 본디 '黍'에 '利'를 붙여 만든 글자로 '풀'이라는 뜻으로 썼으나 〈통훈정성(通訓定聲)〉에서는 "黎, 假借爲鱸, 孟康曰; 黎 黔皆黑也."(여는 가차하여 농어라 한다. 맹강이 이르기를; 여는 검어 다 검다는 말이다)라고 하여 '여는 검다는 뜻이다'고 하였다.

따라서 黎民이라 하면 '머리 검은 백성' 또는 黎首 하면 '머리에 장식을 할 수 없는 일반 백성'을 뜻하여 천자문에 이르기를 "관을 쓰지 않은 서민들, 즉 검은 머리들을 사랑으로 기른다면, 변방 오랑캐들까지도 신하로 복종해 온다."(愛育黎首, 臣伏戎羌)고 하였다.

농사란 천하의 큰 뿌리라는 말은 예나 지금이나 부정할 수 없는 진리와도 같은 것이다. 만약 마시고 먹을 수 있는 음식의 재료를 만들어 내는 농사가 없었다면 한시라도 살아갈 수가 있겠는가? 애당초 밭에 심을 씨앗도 없고 밭도 없다면 우리는 '存在'가 없는 것이다.

香 향기 향
곡식이 익을 때 나는 구수한 단맛

세상에서 아름다운 것들은 몸에서 받아들이는 것에 따라 여러 종류가 있다. 눈을 통해 들어오는 형색의 아름다움이 있고, 귀를 통해 들려오는 소리의 아름다움과 입을 통해 느끼는 맛의 아름다움, 그리고 코를 통해 스며드는 냄새의 아름다움 등이 그것이다.

그러나 그 아름다운 것들은 서로 통하기 마련이다. 속담에 "보기 좋은 떡이 먹기도 좋다."고 이른 것을 미뤄 볼지라도 이목구비를 통해 아름답게 느끼는 것들은 서로 상통하기 마련이다. 냄새가 좋은 것은 먹기에도 좋고, 먹기 좋은 것은 일단 냄새도 좋다.

곡식에서 우러나는 달콤한 맛은 우선 구수한 냄새가 나는 것이기 때문에, 이미 구수한 냄새 자체가 달콤하다는 것을 미리 알려 주는 셈이 된다. 그래서 '禾'(곡식 화) 밑에 '甘'(달 감)을 붙여 '香'(향기 향)이라 하였다.

그렇기 때문에 '香'이라는 글자는 좋은 냄새를 뜻하는 글자이기는 하나 반드시 냄새뿐만 아니라, 동시에 맛 또한 좋다는 뜻을 지니는 글자이기 때문에 자연히 '香'은 단순히 코를 통해 얻어지는 아름다움뿐만이 아니라 맛의 아름다움까지를 포함하는 말일 수도 있다.

어찌 곡식만이 향기로움을 가질 것인가? 같은 식물 중에서도 알곡에서 우러나오는 향기는 주로 열을 가하여 익혀질 때에 나는 것이 보통의 예이지만 산과 들에 널리 퍼져 있는 풀들은 굳이 익히지 않더라도 사방으로 향기를 풍긴다.

그래서 같은 향기를 나타내는 글자라 할지라도 "풀에서 자연적으로 풍겨 나오는 좋은 냄새를 일러 '芳'(향기 방)이라 하고, 알곡이 무르익거나 익힐 때에 나는 단맛을 일러 '香'(향기 향)이라 한다."(艸臭之美者曰芳, 穀臭之美者曰香)라고 구분 짓기도 했다.

일찍이 송대의 학자 주렴계는 수중에 핀 연의 아름다움을 표현한 글 중에 "연꽃의 줄기는 텅 비어 있으면서 밝은 곧고, 그 향기는 멀리 만 리까지 널리 퍼진다."(中通外直 香遠萬里)〈愛蓮說〉라고 하였다. 마치 외마디 소리가 사방으로 거침없이 널리 퍼지듯 짙은 연꽃 향기도 소리처럼 사방으로 멀리 퍼진다고 하였다.

그래서 연못 안에서 일어난 파문이 둥글게 퍼져 나가고, 산골짜기에 들어 무심코 지른 외마디 소리가 메아리로 퍼져 울리듯 짙은 향기가 소리처럼 멀리 퍼진다는 뜻을 지닌 글자가 '聲'(소리 성) 밑에 '香'을 덧붙인 '馨'(멀리 향기 퍼질 형)이다.

매화나 난초나 국화 등속이 군자의 상징으로 일컬어지는 까닭은 오직 향기가 있기 때문이다. 우선 "매화는 그 일생이 차가운 초봄에 피지만 그 향기를 결코 팔지 않는다."(梅一生寒不賣香)라 하였고, "난초는 뭇 짐승들의 손이 닿지 않는 깊은 빈 골짜기에 피어 알아주거나 몰라주는 것에 뜻을 두지 않고 그윽한 향기를 끊임없이 풍긴다."(空谷幽蘭)라고 하였다.

국화는 "菊花야 너는 어이하여 三月春風 다 버리고 落木寒天에 네 홀로 피었나니 아마도 傲霜孤節은 너뿐인가 하노라."라는 옛 시구처럼 지독히 차가운 서리에도 고개 숙여 그 향을 버리지 않고 외로우나 반듯한 절개가 그대로 살아 있다.

자신을 비워야 남들이 볼 때 곧게 볼 수 있기에 '中通外直'이요, 그런 심성 위에서 피어난 꽃이라야 '香遠萬里'가 될 수 있다.

米

米 쌀 미

사방으로 낟알이 흩어져 있는 모양

우리들의 주식으로 수천 년 동안 생명을 이어 준 곡식 중에 가장 큰 곡식은 오직 '쌀'일 뿐이다. 그런데 이처럼 귀중한 쌀이 사방으로 흩어져 있는 모양을 그대로 본뜬 글자가 곧 '米'(쌀 미)이다.

위에서 아래로 그어진 八과 아래에서 위로 그어진 八은 모두 다 흩어진 낟알을 나타낸 것이라면 八과 八을 경계 짓고 있는 十은 사방으로 흩어진 낟알들을 그대로 경계 짓고 있는 모양을 나타낸 것임과 동시에 또한 주식으로서의 쌀은 동서남북 사방으로 퍼져 나간 아름다운 곡식임을 뜻하기도 한 것이다.

인류가 취하고 있는 주식으로서의 곡식은 크게 구분해 보면 쌀과 밀일 뿐인데 이 둘은 서로 크게 다르다.

우선 땅에서 재배되는 시기가 서로 다르다. 밀이나 보리는 가을에 심어서 늦은 봄에 거두어 내지만, 벼는 봄에 심었다가 가을이 되어 거둔다. 그렇기 때문에 밀과 보리는 차가운 겨울을 지나며 자라지만, 벼는 뜨거운 여름 동안 성장을 거듭하기 마련이다.

쌀은 그 자체가 더운 여름 동안 성숙하기 때문에 열을 머금은 발열제이지만 밀이나 보리는 차가운 기운을 머금고 자라는 작물이기 때문에 그 자체가 차가움을 지니는 해열제인 것이다. 또한 벼는 주로 알곡 자체로 밥을 짓지만 밀은 빻아서 가루로 만든 뒤에 다시 뭉쳐 빵을 만든다.

육식을 주로 하는 서양인들의 주곡으로는 열을 흩어 줄 수 있는 밀가루 음식이 좋을 수밖에 없고, 육식보다는 채소를 즐겨 먹는 동양인들에게는 아무래도 열을 흩어 주는 것보다는 열을 낼 수 있는 발열제가 훨씬 알맞은 식생활이라 이를 수 있다. 우연치 않게도 학생이 학교로 들어가는 입학의 계절도 서로 큰 차이가 있다. 동양인들은 봄에 입학하기 마련이지만 서양인들은 가을부터 학업을 시작한다.

고기류는 아무래도 양에 속하는 것이지만 채소류는 고기보다는 음에 속하는 것이기 때문에 같은 부식이라도 음을 택한 자는 양을 먹어야 되고, 양을 먹는 자들에게는 음을 취할 수 있어야 하기 때문이다. 고기와 빵은 고기의 기름기를 빵이 훑어 주지만 아예 쌀밥은 쌀 자체에 기름기가 촉촉이 함유되어 있다.

또 일단 가루로 빻았다가 뭉쳐 쪄 먹는 빵은 아무래도 가루음식이기 때문에 알곡으로 밥을 지어 씹어 먹는 우리들로서는 소화시키는 과정상 약간은 거북스럽기도 하며, 쌀을 빻아 떡을 만들어 먹을지라도 빵과 같이 부드럽게 소화되지는 않는다.

말하자면 우리들의 식성은 이미 쌀로 길들여져 거의 쌀 중독성이 깃든 체질로 순치가 된 셈이며, 같은 밥일지라도 여름에는 보리를 섞어 먹기 마련이나 찬바람이 일면 보리밥이 제 맛을 잃는 것도 또한 틀림없는 일이다.

벼농사가 동서남북 사방으로 퍼져 나간 모양을 '米'라 하였다지만, 벼도 기후 조건이 알맞아야 한다. 그래서 한반도 안에서 최대의 곡창인 호남평야에서는 햅쌀이 나오는 추석을 크게 기리고, 벼농사의 적지로 최북단의 선을 그어 보면 강릉이기로 단오제를 크게 기리게 된 것이다.

이미 유전적으로 길들여진 우리의 식생활을 더욱 활착시키기 위해서는 쌀농사는 우리네 근본이라는 점을 재삼 깨달아야 할 것이다.

臼 절구 구
방아를 찧는 절구의 모양

농사를 지어 곡식을 거두다 보면 반드시 알곡을 벗기지 않고 그냥 먹을 수 있는 것은 없다. 그래서 나무나 돌로 알곡을 담을 수 있는 큰 그릇을 만들고 절구 공이로 이를 빻아 일단 껍질을 벗기는 과정을 거쳐야 한다.

이때에 만든 그릇은 다른 그릇과는 달리 속이 매끈하면 용도에 맞지 않다. 오히려 공이로 빻을 때에 그릇의 속이 까칠해야 껍질이 잘 벗겨질 수 있다. 그렇기 때문에 속이 까칠한 모양을 한 큰 그릇으로서의 절구를 그대로 본뜬 것이 곧 '臼'(절구 구)이다.

절구에 거둬들인 곡식을 적당히 담고 공이를 들이대어 곡식을 빻아 껍질이 벗겨지는 현상을 자세히 살펴보면 곡식의 껍질과 껍질끼리 생기는 마찰로 말미암아 탈피가 되는 것이지 반드시 절구 공이에 맞아 탈피가 되는 것은 아니다.

사람도 이와 마찬가지다. 누구나 사람들은 사람들 사이에서 성장하기 마련이기 때문에 단독으로 그저 사람이라 이르지 않고 사람과 사람 사이라는 뜻에서 인간사회라 이르는데 굳이 사람들은 일방적인 배움을 통해서만 학습이 되는 것이 아니다.

서로가 서로를 본받아 성장하는 것이기 때문에 "본대로 벗들이 만난다."(以文會友(이문회우))라 하여 비슷한 것을 구하고자 하는 자들은 비슷한 것들끼리 모여 서로가 서로에게 영향을 끼치며 성장하는 것이 정상적인 일이기 때문에 '벗'이라는 말 역시 서로가 벗겨 주는 사이라는 말일 따름이다.

크게 보면 인간사회는 하나의 절구 속과도 같고 그 속에 담긴 개개인은 벗겨지지 않은 알곡들과도 같다. 그리고 누군가가 이 절구에 담겨진 벗겨지지 않은 곡식들에 대하여 공이질을 하는 일은 여러 모로 자극을 주어 깨달음을 얻게 하는 각종 지도자들과도 같다.

배움을 지향하는 학교로 말하자면 학교는 절구 그 자체의 배움터라면 학생 개개인들은 아직 껍질이 벗겨지지 않은 순수한 곡식들이며 이들에게 깨우침을 주는 스승은 절구에 걸맞은 공이와도 같은 것이다. 그래서 학생들은 단순히 스승의 가르침에 따라 성장하는 것도 있지만 서로가 서로를 벗겨 주는 '벗' 사이로 성장하게 된다.

공자도 "배움을 싫어하지 말아야 하고, 가르침에 게을러서도 안 된다."(學不厭 敎不倦)고 하였으니 속이 까칠한 절구 속에 담긴 학생들은 스승의 가르침을 받아 서로가 서로를 벗겨 가며 성장에 성장을 거듭해야 할 것이요, 스승은 열과 성을 다해 공이질을 게을리하지 않아야 한다.

절구와 공이가 서로 어울려 방아가 찧어지는 것처럼 절구가 곡식을 담고 공이가 끊임없이 짓찧어야 하는 방아의 원리를 '臼' 위에 '大'(열성을 다하여)와 '屮'(계속해 손을 쓴다는 뜻)을 합친 '舂'(방아 용)이라 하였다.

아주 먼 옛날 옹보(雍父)가 절구와 공이를 발명한 이래 '臼'에서 불어난 글자를 살피면 대략 다음과 같다. 우선 '蹈'(밟을 도)는 손과 발을 써서 땅을 단단히 밟아 댄다는 뜻이며, '滔'(물 넘칠 도)는 큰 물결이 몰아쳐 넘친다는 뜻이다.

그렇다면 '舊'(옛 구)는 본디 무슨 뜻인가? 분명히 이 글자의 기본은 '새'인데 다만 좌우를 끊임없이 살피는 새다. 왜냐하면 제 스스로 사냥을 하지 않고 남이 잡아먹다 남은 먹이를 눈치 보며 먹기 때문에 버젓이 먹지 않고 남긴(옛 것) 틈새를 파먹는 새라는 말이다.

凶 흉할 흉
함정 속에 빠져 버린 모양

인간이나 동물들은 모두 다 길을 따라 걸어간다. 그래서 길을 뜻하는 글자는 아주 다양하다. 특히 사냥시대에 있어서의 ‘길’은 ‘行’(다닐 행) 속에 동물들의 이름을 넣으면 바로 그 동물들이 다니는 길을 뜻하였다.

예를 들면 ‘行’ 속에 ‘虎’를 넣으면 호랑이가 다니는 길, ‘牛’를 넣으면 소가 다니는 길, ‘豕’를 넣으면 돼지가 다니는 길, ‘鹿’을 넣으면 사슴이 다니는 길 등으로 짐승에 따라 각기 다른 길이 있음을 표현할 수밖에 없었을 것이다. 짐승을 잡으려면 그 길을 잘 알아야 하기 때문이었다.

사냥시대가 청산되고 농사시대로 접어들어 일일이 짐승들이 다니는 길을 자세히 나누어 살필 필요가 없게 되자, 인간이나 짐승이나 모두 다 다니는 길은 곧 머리를 향하고 간다는 공통점이 있기 때문에 ‘行’ 속에 ‘首’(머리 수)를 넣어 ‘길’을 뜻하기도 하고, 그 뒤 ‘辶’(쉬엄쉬엄 갈 착)에 ‘首’를 붙여 ‘道’(길 도)라 하였다.

그러나 반드시 다니는 길만이 길이 아니다. 다니는 길이란 본디 반듯하거나 버젓하게 나 있었던 것이 아니라 장자의 말처럼 “다니다 보면 나는 것이 곧 길”(行之而成曰道[행지이성왈도])이기 때문에 굳이 두 발을 딛고 다니는 길만이 길이 아니라 인간이 실제로 살아가는 길도 또한 길이다.

그래서 실제로 행하는 길이 길이며, 실제로 밟아 나가는 길이 곧 길이라, ‘道’라는 말은 ‘實行’(실제로 행함)이니 ‘實踐’(실제로 밟아 감)이니 하는 말들의 궤적을 뜻하는 말로 많이 사용되기에 이르렀다. 그렇다면 인간이 실제로 행해야 할 길이 곧 '人道'인 것이다.

인간이 삶을 영위하면서 모든 행동거지에 따라야 할 도는 어떻게 얻어 낼 수 있는 것인가? 그 어떤 방면이든 간에 그 방면에 하나에서부터 열까지를 두루 아는 이의 가르침에 따르는 것이 가장 옳은 방법일 것이다.

몸이 아프면 나보다는 몸을 고치는 전문 의사의 가르침을 받아야 할 것이고, 어떤 기계가 고장 나면 그 기계에 정통한 기술자의 가르침에 따라 그 기계를 고칠 일이다. 따라서 하나에서 열까지를 정통으로 아는 이를 일러 '士'(선비 사; 일과 십을 합한 글자)라 하고 '士'의 가르침을 '口'라 하여 이를 합쳐 '吉'(길할 길)이라 하였다.

길을 찾으려 들면 반드시 그 방면에 정통한 자에게 길을 물어야 할 것은 자명한 일이다. 그렇지 않고 잘 아는 이를 젖히고 제 마음대로 움직이다 보면 마치 버젓한 길을 놓고 함정에 빠지는 수가 있을 것인데 이런 점을 강조하여 길 아닌 길을 가다가 빠진다는 뜻을 지닌 글자가 곧 '凶'(흉할 흉)이다.

동양의 최고 경전이라 여기는 〈주역〉은 곧 "누구에게나 길흉을 가늠해 주고, 흉을 피하고 길을 얻도록 해 주는 삶의 지침서"(避凶趨吉)인데 이때 길흉을 한마디로 "얻은즉 길하고, 잃은즉 흉하다."(得則吉, 失則凶)〈주역 본의〉라 하였다.

인간이 인간답게 걸어야 할 길을 얻어 나간즉 길하나, 그렇지 않고 인간이 걸어서는 안 될 길을 걷다가 함정에 빠져 더 이상 나아갈 수 없는즉 흉하다는 말이니 '吉'은 곧 옳은 '길'이요 흉은 "악의 구렁텅이로 땅이 패인 함정 속에 얽혀짐이다."(凶, 惡也. 象地穿交陷其中也)〈설문해자〉

더불어 살아갈 넓은 집을 버리고 반듯한 길을 걷지 않는 까닭은 자신만을 아는 이기심 때문이니 제가 제 함정을 찾아 스스로 듦이다.

朮 벗길 출
나무의 줄기에서 껍질을 벗기는 모양

손써서 해야 할 일은 많다. 그중 두꺼운 껍질을 손써서 벗겨 내야만 하는 일도 중요한 일 중에 하나다. 우선 동물의 가죽을 벗기는 일도 빼놓을 수 없이 중요한 일이지만 식물의 껍질을 벗겨 내어 섬유를 얻는 일도 중요한 일이며, 또한 나무의 껍질을 벗겨 재목으로 사용하는 일도 매우 중요한 일이다.

동물의 가죽을 벗길 경우에 머리 부분까지를 벗겨 내지 않는다. 머리 부분은 이미 눈 귀 코 입 등과 같이 구멍이 많이 나 있어 가죽으로서의 효용가치가 없으므로 애써서 벗길 필요가 없기 때문이다.

그런 뜻에서 칼로 가죽을 벗겨 내되 다만 머리통만은 제외한다는 뜻을 그대로 나타낸 글자가 곧 '剝'(벗길 박)이다. 더 나아가 식물의 껍질을 벗겨 속껍질에 든 푸른색을 일러 '綠'(푸를 록)이라 하였으니 이때의 '푸르다'는 뜻은 하늘이 푸르다는 색과는 달리 초목이 지니는 푸른 색, 즉 '초록'(草綠)의 綠을 말한다.

또 본디 죽간이나 목간에 자신의 신변에 대한 이야깃거리를 쓰는 것을 일러 '記'(기록할 기)라 하였음에 대하여 쇠나 돌을 벗겨 오래도록 남겨 둘 일을 새겨 두는 일을 일러 '錄'(기록할 록)이라 하였다.

오늘날 우리가 흔히 쓰는 '기록'(記錄)이라는 단어는 내용이야 어찌 되었건 간에 본디 '새김'에서 시작되어 '씀'으로 바뀌진 말인데 이 말이 다시

'쓺'에서 컴퓨터를 '침'이나 글보다는 말을 직접 녹음기에 '박음'으로 발전하고 있다.

아무튼 칼로 머리를 제외한 나머지를 다 벗긴다는 '剝' 이외에 일반적으로 벗겨 낸다는 뜻을 지닌 글자는 '朮'(벗길 출)인데 이 글자는 좌우를 뜻하는 '八'(여덟 팔; 몸에서의 좌우를 가늠하는 것은 오직 팔임)에 손을 뜻하는 '寸'(마디 촌; 손목이라는 뜻)을 거꾸로 뒤집어 놓은 글자를 합쳐 놓은 것이다.

따라서 흔히 우리가 자주 사용하는 말 중에 먹었던 음식이 다 소화된 나머지 배가 약간 허탈한 상태를 '출출(朮朮)하다'고 할 때에 이 '朮'을 겹쳐 쓴다. 그런데 그 뜻은 창자 속에 채워졌던 음식물이 다 벗겨져 내렸다는 뜻이다.

'朮'에 '行'을 붙여 놓고 보면 '벗겨 나가다'는 뜻이 되어 흔히 사용하는 '과학'이라는 말과 짝을 짓는 技術의 術이 되는데 이 '術'(꾀 술)은 다시 '述'(지을 술)과 서로 통한다.

과학과 기술이 서로 짝을 지어 하나의 용어가 된 까닭은 과학은 원리를 뜻하고, 기술은 응용을 말하기 때문이다. 즉, 의학은 원리를 말하나 의술은 응용을 뜻한다.

이처럼 원리를 밝히는 학문이 따로 있고, 실제로 생활에 응용하는 기술이 따로 있었던 것인데 근대에 들어 사회가 산업화되고 나아가 실용주의화 되면서부터 원리와 응용이 결합하여 과학기술이 하나의 단어로 융합되기에 이른 것이다.

'述'이란 말 역시 세상 돌아가는 이치를 뜻하는 도가 이미 사사물물에 다 감춰져 있는 것을 눈 밝은 성현들이 나타나 이를 잘 드러내었다는 뜻으로 '저술'(著述)의 '述'을 뜻한다. 진리는 고금을 관통하고 있는데 공자도 오직 '述而不作(술이부작)'(드러내었지 창작한 것은 아님)일 뿐이다.

麻 삼 마
헛간에서 벗기고 벗긴 삼

사람들이 옷을 입기 시작한 것은 이미 수렵생활을 하던 때로부터 비롯되었을 것이며 이때의 옷은 짐승에서 얻은 가죽으로 옷을 지어 입었을 것은 쉽게 추측되는 일이다. 그러나 반드시 꼭 그런 것만은 아닐 것이다.

옷을 입는 실제적 이유가 춥고 더운 자연환경 속에서 몸을 보호하려는 것이 첫째 목표였기 때문에 추운 북방에서는 짐승의 가죽을 재료 삼아 지은 옷이었을 수 있었겠지만, 더운 환경 속에서 살아가는 남방에서는 가죽보다도 오히려 뜨거운 햇빛을 가리는 나뭇잎으로 몸을 가리는 정도가 고작 옷이었을 것이다.

옷은 기후적인 환경과 밀접한 관계를 지니며 발전에 발전을 거듭해 왔을 것이 틀림없다. 다만 추위를 가리려는 뜻이 아무래도 큰 것이었기 때문에 옷은 남방에서보다는 추운 북방에서 더욱 절실한 것이었을 것이다.

이런 뜻에서 "상고시대에는 옷이 없었으므로 나뭇잎이나 짐승의 가죽을 취하여 몸을 가렸었는데, 황제가 관면이나 의상을 만들어 보기에 엄숙하게 하였고, 신분의 등위를 구별토록 하였으니 이것이 곧 의상의 비롯이다."(上古無衣裳(상고무의상), 取木葉皮革以蔽體(취목엽피혁이폐체), 黃帝爲冠冕衣裳(황제위관면의상), 以肅觀瞻(이숙관첨), 以別等威(이별등위), 爲衣裳之始(위의상지시))〈천자문주해〉라는 풀이는 시사하는 바가 매우 크다.

그리고 다시 옷을 처음으로 만들어 낸 이는 바로 황제의 딸이라고 전해오는 호조(胡曹)라는 구체적인 이름이 〈여람; 물궁편〉에 나타나 있다. 그러니 추측컨대 '호조'라는 이름 자체도 황제의 딸로서 모계사회에서 북방의 그 어떤 한 지역을 맡아 다스리던 지도자의 이름이라 여겨진다.

그 옳고 그름이야 어찌 되었던 간에 옷의 재료는 나뭇잎과 가죽에서 그 실용적 가치로나 삶의 형태에 따라 점차 변화에 변화를 거듭하면서 자연히 식물성 섬유로 발전되어 갈 수밖에 없었을 것인데 그 첫머리에 등장한 것이 바로 '삼'에서 벗겨 낸 것이었다.

옷의 주요 재료의 하나인 '삼'은 우선 그 키가 아주 높은 다년생 식물로 이것이 밭이나 들에서 자라나 있을 때에는 '葩'(삼꽃 파)라 하고, 실용에 쓰는 삼대를 일러 '枲'(모시풀 시)라 하며, 이 풀의 줄기에서 손써 벗겨 낸 섬유를 일러 '麻'(삼실 마)라 한다.

들이나 밭에 있을 때에는 화초처럼 제법 보기 좋은 풀이며, 이것의 실용성은 삶의 세 가지 요소의 하나인 '의생활'에 없어서는 안 되는 생명의 초목이라는 말이며, 나아가 가공을 통해 얻을 수 있는 섬유는 헛간에 부려두고 여러 차례 벗기고 벗겨 내야 하는 공정을 거쳐야 비로소 얻어지는 것이 곧 '麻'라는 말이다.

또 본디 키 큰 다년생 식물이기 때문에 '麻'라는 뜻에서 '크다'는 뜻이 있는 반면에 아주 '가늘다'는 뜻이 그 자체에 들어 있다. 그래서 '麻'에 '鬼'(귀신 귀)를 붙이면 수많은 귀신 중에서도 가장 큰 귀신을 뜻하는 글자가 되고, '手'(손 수)를 붙이면 남들 손보다 훨씬 큰 손이라는 뜻에서 남의 것을 빼앗는 손을 뜻하는 부정적인 의미가 다분하다.

그런가 하면 같은 '麻'에 '石'(돌 석)을 붙여 두면 어떤 물건을 사나운 숫돌에 계속해 문질러 곱게 갈다는 뜻에서 '磨'(갈 마)가 된다. 옛 말씀에 "먹을 갈 때에는 병든 사람이 힘없이 갈 듯하고 붓을 쥘 때에는 장사가 결판을 낼 듯 힘껏 쥐어야 한다."(磨墨如病夫, 把筆如壯士)라고 하였다. 언제나 힘없이 할 것과 힘들여 할 것을 구분해야 한다.

叔 콩 숙
손써서 잡을 만한 곡식, 즉 콩

손을 써서 잡을 만한 작은 곡식은 오직 콩이다. 쌀이나 조와 같은 작은 곡식들은 손으로 잡아 올릴 수가 없다. 그래서 아주 작은 것을 일러 콩알만 한 것이 까분다고 하고 콩알만 한 것이 잘 대든다고 말하기도 한다.

그래서 작다는 '小'(소)에 위로 주워 올리다는 뜻을 지닌 '上'(상)을 그대로 붙여 콩이라는 뜻으로 쓰다가 손써서 작은 것을 주워 올리다는 뜻으로 '又'(우; 손)를 붙여 비로소 '叔'(콩 숙)이라 하였다. 콩은 식물에 속하는 것이기 때문에 '菽'(숙)이라 하기도 한다.

콩은 가장 보편적인 나물로도 사용하기 때문에 콩나물을 다시 '菽水'라 하여 담백한 식사의 용도로 쓰였고, 부모님을 봉양함에 있어서 가장 간단한 봉양의 도리를 일컬어 '菽水之供'(숙수지공)이라 말하기도 한다.

또 콩나물을 얻으려면 반드시 맑은 물만을 공급해 주어야 하기 때문에 맑다는 뜻을 나타낼 때에는 '叔'에 '氵'를 붙여 '淑'(맑을 숙)이라 하였다. 여자의 덕목을 眞 善 美 貞 淑 賢 등으로 서열을 정할 때 淑은 이런 의미에서 나온 것이다.

또 형제의 서열을 정할 때에도 伯 仲 叔 季로 정하여 큰 형을 伯兄, 다음을 仲兄이라 부르고, 그다음을 叔兄, 그다음 끝을 季兄이라 이른다. 흔히 쓰는 伯仲之勢(백중지세)라는 말은 세력이 거의 똑같아 쉽사리 우열을 가리기 곤란하다는 말이며, 叔季之間(숙계지간)이란 거의 세력이 비슷하다는 말로 거기에서 거기 사이라는 말이다.

일은 언제나 작은 것에서부터 큰 것으로 발전해 나가기 마련이다. 그렇기 때문에 '亻'에 '叔'을 붙이면 '俶'(비롯할 숙)으로 처음이라는 뜻이 된다. "비로소 농기구를 싣고 남쪽 밭이랑으로 나가 내 몸소 서직을 심을 것이다."(俶載南畝[숙재남무], 我藝黍稷[아예서직])〈천자문〉라는 글귀가 바로 처음이라는 뜻이다.

남녘 밭이랑을 찾아 비로소 몸소 기장을 심는다는 말은 겨우내 방 안에 칩거해 있다가 비로소 일어나 몸소 기장을 심어 술 빚고, 밥 짓는 농사생활을 시작해야 한다는 말이다. 농사의 처음은 역시 기장이다.

또 콩을 '叔'이라 하지 않고 '豆'라고도 한다. 원래 이 '豆'는 음식을 차려 놓는 밑받침이나 또는 고기를 담는 그릇을 말하던 것이었다. 그런데 이것이 제사상을 차리는 작은 제사 그릇이라는 말로 쓰이게 되었던 것이다.

한편 고대에는 오늘날 투호놀이처럼 매년 정월 초하루에 이 제사 그릇에 콩을 담아 놓고 일정한 거리에서 물건을 던져 그릇에 담겨진 콩들이 밖으로 튀쳐나오는 것을 보고 길흉을 헤아리는 관습이 있었기로 '豆'를 콩이라 이른 것이었다.

그러다가 막상 '콩'은 '豆'에 '艹'를 덧붙여 '荳'라 하기도 한다. 아무튼 콩은 인류에게 막대한 영양을 공급해 주는 아주 유용한 식물이다. 특히 팥과 콩은 다 같은 콩과식물로 각각 그 소임을 다해 온 귀중한 곡물 중의 하나다.

콩은 콩대로 우리 몸을 보충해 주고 팥은 팥대로 우리 몸이 더부룩할 때에 풀어주는 역할을 한다. 그래서 말하기를 콩이야 팥이야 하며 말한다고 한다. 가령 그냥 놓아두라 했을 때에는 콩이라 하고, 그냥 가차 없이 빼 버리라 할 때는 팥이라 한다.

우리네 몸에도 '콩팥'이 있다. 마지막 거름통으로 도움 되는 것은 받아들이고, 필요 없는 것은 내버리는 바로 그런 장부다.

耑 끝 단
초목이 처음으로 나오는 모양

초목은 반드시 씨가 땅속에 앗겨야 다시 태어난다. 동물도 이와 똑같이 양(씨)이 음(땅) 속에 들어 앗겨야 새로운 씨가 다시 태어난다. 그런 뜻에서 '씨'가 땅 위에 고스란히 노출되어 있는 것은 천만년을 두고 '씨' 자체로서 그대로인 채 다시 태어날 수 없다.

'씨'는 반드시 땅이 앗아야 다시 태어날 수 있기 때문에 '씨'를 그저 단순히 '씨'라고 부르지 않고, '씨앗'이라 부르는 것이며, 동물도 수컷이 지닌 '씨'를 암컷에게 앗겨야 새로운 새끼로 다시 유전되어 태어날 수 있다.

이런 연유에서 남녀의 성교를 두고 "남정네의 씨를 여자에게 주입해 준다"는 뜻에서 '씨입'(氏入)이라 그대로 말한 것인데 대부분 사람들은 이런 이치를 모르고 감히 함부로 입에 담지 못할 형편없는 쌍소리로 여긴다. 물론 남녀 둘이 은밀히 행하는 일을 말하니 함부로 지껄일 말은 아니다.

사람이 어미의 태중을 처음으로 벗어날 때에는 정상적인 순산의 경우로는 반드시 이마부터 나오기 마련이다. 그래서 '耑'(끝 단)을 풀이하기를 설문학자 단옥재는 "물이 처음으로 나타나는 이마를 말하는데 '이마'는 사람의 몸에서 가장 위를 뜻하는 것이라, 어린아이의 몸이 처음으로 어미 몸에서 분리됨을 뜻한다."고 풀었다.

이런 풀이만을 뚝 잘라 보면 이해하기 어렵다. 이미 그의 풀이는 "물이 처음으로 나오는 이마다. 위는 나오는 모양을 본뜬 것이요, 아래는 밑으로 뻗어 내리는 뿌리를 본뜬 것이다."(物初生之題也. 上象生形, 下象根也)〈설문해자〉라는 원문을 풀이한 것이다.

즉, '耑'은 식물이 위로 올라오는 그 모양과 아래로 뻗어 내리는 뿌리의 모양을 동시에 본뜬 글자로 땅을 중심으로 위로 자라는 끝과 아래로 뻗어 가는 끝이 둘 다 각각 상하의 끝이라는 뜻을 남김없이 잘 나타낸 글자다. 위로 자라 오르는 저 끝이나 아래로 파고드는 저 끝이 결국 하나의 끝이라는 말이다. 이곳의 끝은 바로 저곳의 끝일 수밖에 없고, 저곳의 끝은 곧 이곳의 끝과 다를 바 없다는 아주 훌륭한 관점을 내포한 것이다.

온 산에 만발해야 할 고운 가을 단풍이 왜 저 모퉁이만은 곱지 않고 이미 시들어 버렸는가? 그 까닭을 나무 중에서 밖으로 나온 부분만을 보고 알 수는 없다. 거의 대부분의 경우 이미 밑받침을 하고 있는 뿌리의 끝이 바위에 닿아 더 이상 자랄 수 없기 때문에 그렇다.

공자도 이르기를 "군자는 근본에 힘을 써야 할 것이다. 근본이 세워져야만 길이 열리게 되느니라."(君子務本, 本立而道生)라고 하여 길을 열거나 찾고자 하지만 말고 근본에 힘을 쓴다면 자연히 길은 찾아지고 열릴 수 있다고 하였다.

따라서 우리가 흔히 쓰는 말 중에 '端正'하다는 말도 자세히 알고 보면 다른 말이 아니다. '耑'에 '立'을 붙여 드디어 온전한 '端'(끝 단)을 만들었으니 이는 곧 상하의 끝 중에서도 어느 끝을 잘 세워야 한다는 뜻인가? 곧 눈앞에 보이는 끝이 아니라 묻힌 끝을 잘 세우라는 뜻이다.

그리고 '正'(바를 정)이란 바로 하나의 목표를 향해 그대로 가야 할 것이지 결코 우왕좌왕하면서 비틀비틀 가지 말라는 말이다. 행하기 이전에 먼저 행해야 할 뜻을 깊이 깨닫고, 그 깨달아 행해 가야 할 바를 향해 어김없이 바르게 가는 것이 곧 '端正'한 일이다.

근본을 잃은 채 우왕좌왕 가는 것은 결국 일을 망치는 것이다.

韭 부추 구
가느다란 줄기가 끈질기게 뻗는 모양

사람들이 한번 심어 두고 오래 베어 먹을 수 있는 채소류 중에서 가장 대표적인 것을 들면 '부추'를 들 수 있다. 이 '부추'의 모양을 그대로 본뜬 글자가 곧 '韮'(부추 구)이며 이것의 본디 꼴은 '韭'(부추 구)이다.

'韭'를 풀이하기를 "채소의 한 종류로서 오랫동안 끈질기게 살아가는 것을 일컬어 '구'라 한다."(菜名, 一種而久生者也. 故謂之韭)〈설문해자; 단옥재의 풀이〉라고 하여 글자를 이루는 원리 중 '상형'에 속하는 글자라 하였고, 또 소리 자체도 생명력이 끈질기다는 뜻에서 '久'(오랠 구)의 소릿값을 지녔다고 하였다.

왕균(王筠)이라는 이는 "韭는 줄기를 이루는 잎이 길어 밭두둑까지 꽉 차 어지러운 것이 마치 화살 통에 화살들이 가지런한 것 같다. 그렇기 때문에 글자의 가운데는 그것이 곧게 자라 오른다는 것을 나타낸 것이고, 양 옆으로 그려낸 여섯 획은 역시 가지가 갈래진 것을 나타낸 것이 아니라 그것들이 우북하게 많이 자란 모양을 나타낸 것이다."(韭則莖葉長, 紛紜滿畦, 如箭斯齊, 故字之中兩直正其狀也. 旁出之六筆, 亦非岐枝也, 象其多耳)〈석례〉라고 풀었다.

또 나아가 산에서 자생하여 살아가는 '山韭'(속칭 산마늘) 또는 '韱'(산마늘 섬)은 '山葱'(산총; 산마늘)이라고도 하여 '부추'와 비슷한 모양과 성질을 지니고 있는 일종의 약에 속하는 식물인데 워낙 그 모양이 가늘게 자라나기 때문에 '가늘다' 또는 '작다'라는 뜻도 있다.

그래서 순서를 가리거나 길흉을 점치는 가느다란 대나무 점대를 일러 '籤'(제비 첨)이라고 하고, 전쟁이 있어서 한편이 다른 한편을 남김없이 다 무찔러 죽인다는 말을 '殲滅'(섬멸)이라 하는데 이때의 '殲'(다 죽일 섬)은 하나도 남김없이 거의 다 죽인다는 뜻이다.

참으로 묘한 일이다. 천천히 더디 자라는 박달나무는 결국 단단하기 그지없고, 무럭무럭 서슴없이 커 나가는 호박은 아무래도 물러터질 수밖에 없으며, 가느다랗게 끊임없이 자라는 '부추'나 '산마늘'은 생명력이 끈질긴 나머지 몸에 좋을 수밖에 없다.

그런 뜻에서 '부추'를 두고 일명 '정구지'라고도 하고, 또는 '솔'이라고도 하는데 그 참다운 뜻은 '精'을 굳혀 주는 식물이라는 뜻으로 '정굳이'가 곧 '정구지'이며, 천년 늙은 소나무처럼 그 생명력이 끈질기다는 뜻에서 '솔'이라고도 일컫는 것이다.

가는 실로 베를 짜서 옷을 지어 입기로 '纖'(가는 실 섬)은 본디 그 뜻이 '가느다란 실'이라는 뜻이며, '維'는 마치 '새'를 날 수 없도록 실로 얽어매다는 뜻으로 '纖維'라는 말은 가는 실로써 서로 얽어매어 베를 짜는 그 원재료라는 뜻이다.

만물 가운데 가장 귀하다는 우리들의 몸은 가는 실로 얽어 만든 옷에 감추고, 그 옷을 입고 밤낮으로 출입하는 몸의 절대적 의지처는 다름 아닌 '집'이다. '집'이란 본디 식구들이 오순도순 모여 사는 곳이기 때문에 '集'(모일 집)에서 나온 말이다.

작은 것들이 모이면 큰 것이 될 수밖에 없고, 큰 것이 흩어지면 작은 것이 될 수밖에 없다. 이처럼 크고 작은 것이 뭉치고 헤어지는 일이 반복되려면 반드시 가늘고 끈질긴 생명력을 지닌 '韭'처럼 '精'을 흩어서는 안 된다. '精'에서 '情'이 나오고 '情'의 축적이 熱情이다.

瓜 오이 과
넝쿨식물에 매달린 열매의 모양

식물에서 얻는 열매를 크게 두 종류로 나눠 보면 사과, 배, 복숭아 등과 같이 나뭇가지에 매달려 있는 열매가 있고, 또 그와는 다르게 넝쿨로 뻗어 가는 식물에서는 넝쿨과 넝쿨 사이에 매달려 있는 열매가 있다.

나무에서 얻는 열매는 나무가 일정하게 자란 위의 부분에서 뻗어난 가지에 매달려 열매를 맺기 때문에 이 모양을 그대로 본떠 '果'(열매 과)라 한다. 그러나 넝쿨에 매달린 열매는 원 넝쿨에서 다시 뻗은 넝쿨과 넝쿨 사이에 매달리기 때문에 이런 열매를 일컬어 '瓜'(오이 과)라 한다.

'果'는 땅을 벗어나 나뭇가지에 매달려 있지만 넝쿨에 달린 '瓜'는 땅바닥에 받쳐진 채 박, 수박, 참외와 같이 거의 다 덩그렇게 커 가는 것이 특징이며, 또 반드시 한 꼭지에 하나가 열려 있기 마련이다.

'果'나 '瓜'는 다 같이 '열매'로서의 '과'라고 읽는 소릿값은 같지만 '果'는 땅바닥을 벗어나 가지에서 뻗은 가지 중에서도 아주 작은 회초리 같은 가지(枚; 회초리 매)에 열려 있기 때문에 '열매'(매에 열렸다는 뜻)라 하였다.

'瓜'는 똑같은 열매이기는 하지만 원 넝쿨에서 뻗고 뻗어 내린 넝쿨과 넝쿨 사이에 자리를 잡고 땅바닥에 받쳐진 채 반드시 한 꼭지에 한 개가 열려 '果'보다는 좀 더 크게 무럭무럭 자라는 생리를 지녔기로 '외롭다'는 뜻에서 '외'를 취하여 '오이 과'라 하였다.

이렇게 넝쿨에서 자란 '瓜'가 별다른 맛이 없고 단지 대부분 물맛뿐이면

'물 외'라 하고, 그와는 달리 색깔이야 어떻든 간에 단맛이 나면 이를 '참외'라 하고, 모양이 클 대로 커 큰 그릇을 만들 수 있는 것은 크다는 뜻을 지닌 '夸'(클 과)에 '瓜'를 붙여 '瓠'(박 호)라 하였다.

"오얏나무 아래에서는 갓을 고쳐 쓰지 말고, 오이 밭에 이르러서는 신발을 고쳐 신지 말라."(李下不整冠 瓜田不納履)는 말은 애당초 남에게 오해 받을 만한 짓을 하지 말라는 뜻이기는 하나 오얏나무 아래와 갓, 외밭에서의 신발을 짝 지운 것은 각각 위아래로 짝이 될 만하기 때문에 그렇게 이른 것이다.

'瓜'에는 집중적으로 외롭다는 뜻이 있다. 그래서 '子'를 붙이면 부모를 잃은 아이를 뜻하는 글자로 '孤'(외로울 고)라 하는데 흔히 '獨'(홀로 독)과 비슷한 뜻을 지니는 것으로만 안다. 그러나 '獨'은 부모는 계시지만 오직 형제가 없는 경우를 말한다.

그렇기 때문에 이 세상에 태어나 더 이상 선택의 여지 없이 조건도 없이 가장 친해야 할 인간관계 중에서 부모와 내가 첫째요, 형제와 내가 둘째인데 이 둘의 관계가 다 없어진 상태를 '孤獨'이라 말한 것이다.

맹자의 세 가지 즐거움 중에 "양친 부모께서 다 계시고, 상하 형제가 다 아무런 일이 없음이 첫째 즐거움이다."(父母俱存 兄弟無故 一樂也)라는 말씀처럼 적어도 부모형제와 나 사이에 오가는 정이나 또는 이미 오고간 정을 되새기며 고독을 씻어 버릴 것이다.

타고난 품질이 거의 같은 '박' 중에서도 가늘고 긴 모양을 한 것을 일러 '표주박'이라 이르고, 둥글고 큰 것을 일러 보통 '박'이라 한다. 또 같은 '박'이라도 단맛을 지닌 것은 식용으로 쓰지만, 쓴맛을 지닌 것은 단지 그릇으로만 사용될 뿐이다.

아마 쓴 것은 단것을 일시적으로 담아 두는 그릇일 따름일 터이다.

瓠 표주박 호
박과에 속하는 식물의 열매

일반적으로 박이나 오이와 같은 넝쿨식물은 한 꼭지에 하나만 열리는 것이 보통이다. 그리하여 오이라는 말은 넝쿨을 찾아 더듬다 보면 반드시 한 꼭지에 하나가 매달려 있기 때문에 그 모양 그대로를 본떠서 '瓜'(오이 과)라고 이른 것이다.

물맛처럼 별다른 맛이 없는 것은 '水瓜'(수과)라 하고, 맛이 제법 빼어나 단맛이 나면 '참외'(甘瓜; 또는 眞瓜; 또는 甛瓜)라고도 하며, '수박'(西瓜)이라 하고, 반찬으로 쓰는 '호박'(胡瓜)이라 하는데 특히 수박이니 호박이니 하는 말은 그들의 출처가 외지에서 온 것이기 때문이다.

그중 '박'이라는 말은 우선 넝쿨에서 얻어진 것이라는 뜻으로 '瓜'를 붙이고 게다가 크다는 뜻을 지닌 '夸'(클 과; 또는 자랑할 과)를 그대로 붙여 '瓠'(표주박 호)라 하였던 것인데 이 표주박은 단순히 작은 박이 아니라, 큰 술병이나 그릇 또는 술잔으로 쓰였다.

'夸'는 '크다'는 뜻이니 夸에 '다리'(足)를 붙이면 '跨'(타넘을 과)가 되며 '언'(言)을 살며시 붙여 주면 실제보다도 훨씬 크게 부풀려 말하다는 뜻이 되어 '과시'(誇示)한다는 뜻이 된다.

이처럼 '夸'는 '太'(크다는 뜻)에 더욱 늘리다는 뜻을 붙인 것으로 아주 상상하기조차 어려운 꼴로까지 부풀려 말하다는 정도의 의미가 내포되어 있는 말이다. 실질을 좋아하는 사람들에게는 너무나 지나친 말일 수가 있다.

한편 '瓜'는 상대가 없는 외로운 처지라는 뜻이다. 그래서 부모가 다 있어야 하는데도 부모를 여윈 자녀를 고아(孤兒)라 이르는 것이다. 또한 형제들도 다 갖추어 있어야 하는데 유독 형제가 하나도 없는 처지를 일러 독자(獨子)라 한다. 이 둘을 합쳐 흔히 고독(孤獨)하다는 말을 자주 쓰는데, 지어미 잃은 홀아비(鰥)도 고독하고 지아비 잃은 홀어미(寡)도 고독하니 이 鰥寡孤獨(환과고독)이 원초적으로 고독한 신세인 것이다.

이 네 가지 고독한 신세들을 어떻게 대접해야 될 것인가? 고독을 달래는 법은 아무래도 그들의 처지를 잘 위로해 주고 쓰다듬어 주는 수밖에 없다. 그러나 그렇다고 그들의 고독감이 쉽사리 사라질 수는 없다. 오히려 적극적으로 짝을 맺어 주거나 아니면 입양해 주거나 또는 결의형제를 맺어 주는 것도 하나의 방책일 것이다.

짐승 가운데 언제나 외톨이 신세로 살아가는 것이 있다면 아마도 여우일 것이다. 그래서 여우를 '狐'(여우 호)라고 쓴다. 여우는 언제나 상대를 인정하지 않고 독자적인 행각을 벌리기 일쑤이다.

또 결정적인 때에 단독적인 본능을 잘 발휘하여 제 스스로 먹이를 취하는 동물로 대표적인 것으로는 개와 누에이다. 그렇기에 개와 누에를 짝지어 만든 글자가 곧 '獨'(홀로 독)이다. 개는 평소에는 어울려 놀다가도 막상 먹을 것이 던져지면 그냥 다툼이 벌어지기 마련이다. 이와 똑같이 주어진 먹이만을 취해 먹는 것에만 열중하는 것은 아예 '누에'다. 전후좌우를 전혀 돌보지 않고 제 먹이만을 열심히 꾸역꾸역 먹다가 최후에는 제 몸을 제 스스로 제 몸에서 나오는 실로 얽어매 인간에게 누에실을 제공하고 죽는 누에는 참으로 처절하리만큼 가엾다.

홀로 지내다가 홀로 돌아가는 누에는 자기희생의 몸으로 운명적인 삶을 살아가도록 애당초 타고난 것인지도 모를 일이다.

宀 집 면

지붕으로 지어 만든 집의 모양

인간이 살아온 주거 형태도 다양하다. 원시 사냥시대에 있어서는 집을 따로 짓지 않고 짐승들처럼 산속에 자연적으로 뚫린 땅굴에서 살았을 뿐인데 이를 일러 구멍 속에서 살았다 하여 '穴居'(구멍 혈, 살 거) 생활을 하였다 말한다.

사냥에서 얻어진 짐승의 가죽을 동굴의 벽에 붙이고, 밑에서 올라오는 차가운 습기는 풀로 자리하고 불이 발견된 이후로는 동굴 안에서 화로를 끌어안고 불에 고기를 익혀 먹기도 하였다. 그 증거를 보여 주는 글자가 '盧'(검을 로)이다.

'盧'는 '虍'(짐승 가죽 호)에 화로의 모양을 덧붙여 만든 글자로 옛날 혈거 생활의 한 면모를 짐작할 수 있는 글자 중 하나로 동굴 안에 화로를 두니 자연히 그 안이 연기로 검어진다는 뜻에서 '검다'는 뜻을 담고 있다.

'爐'(화로 로)는 '불을 담는 화로'를 뜻하는 글자다. 좋은 화력을 지닌 연료로는 풀보다 나무가 좋기는 하나 나무를 직접적으로 태우기보다는 '炭'(숯 탄)을 만들어 쓰는 것이 훨씬 유리하다는 것을 알았을 것이며, 나아가 설사 나무를 태울지라도 일단 불을 붙이는 재료로는 '마른 갈대'(蘆)가 좋았을 것이다.

이렇게 짐승들과 경쟁적으로 동굴을 차지하며 살다가 사람 숫자는 늘어나고 사냥감도 점차 줄어들자, 하는 수 없이 숲속의 동굴을 벗어나 농경

생활로 삶의 형태를 바꾸게 되었고, 이런 까닭에 처음에는 산 아래로 삶의 터전을 옮겨 움집을 짓게 된 것이다.

일단 긴 막대기를 서로 얽어 묶고 풀과 짚으로 비나 바람을 가리는 지붕을 만들어 날이 저물면 모든 식구들이 그 속으로 모여들어 휴식을 취하니 '集'(모일 집)은 새들이 모여 쉬는 곳은 나무라는 뜻이지만 식구들이 모여 쉬는 곳을 오늘날까지 '집'이라 이른 것이다.

흔히 아끼는 책도 이를 귀중하게 여기는 것은 '집'을 만들어 집 속에 집어넣고, 좋은 칼도 유용하게 쓰다가 쓴 뒤에는 반드시 집 속에 집어넣어야 한다. 그래서 '집'의 용도는 어찌 되었건 밖에서 활동하다가 저물면 식구들이 모여 쉬는 곳이라 '집'은 '集'이다.

추위를 견디기 위해 지붕(宀)으로 덮고 짚(艸)으로 자리하여 밑에서 올라오는 얼음(冫)을 막았다(冂)는 사실을 극명하게 밝혀 주는 글자는 곧 '寒'(찰 한)인데 이 모든 것 중에서 가장 두드러진 것이 곧 '지붕'이라, 지붕이 곧 집이라고도 본다.

비바람 특히 눈이나 비를 막는 형태 중 가장 두드러진 것은 우리 전통 가옥에서 보는 바와 같은 지붕이지만 또 다른 형태로 이른바 슬라브 형이 있다. 그러나 이 슬라브 형은 애당초 물이 모자란 곳에서 빗물을 받으려는 목적으로 만든 것이지 합리성을 지닌 지붕이 될 수는 없다.

적어도 '지붕'이라면 대들보가 있고, 그 대들보에 걸쳐지는 많은 서까래가 전후좌우로 모여(集) 웅장한 규모(雄)를 지녀야 '집'다운 집이 될 수 있기 때문에 '지붕'이란 곧 '集雄'을 말하며 이 지붕의 규모가 곧 집의 규모를 말하기 때문에 '宀'은 '지붕'임과 동시에 '집'이다.

또한 추위를 비롯한 각종 자연적인 재해를 면해 줄 수 있는 것이기 때문에 그 소릿값도 '免'(면할 면)인 것이다.

宮 궁궐 궁

여러 채의 집들이 연결되어 있는 모양

인간이 삶을 영위해 온 집에 관한 역사는 아주 다양하다. 맨 처음에는 짐승처럼 천연적으로 생겨난 동굴에 들어 살았기에 이를 '혈거'(穴居)라 말하는 것이며, 그러다가 동굴과 비슷한 움집을 지어 살았다가 나무로 얽고 풀로 덮은 움집은 뱀의 피해가 위협적인 것이었기 때문에 기둥을 세우고 흙으로 벽을 막고 풀로 지붕을 덮은 집을 짓고 살았다.

따라서 삶의 토대도 애당초 숲속에서 산 밑으로, 다시 산 밑에서 들녘의 한복판으로 옮겨지게 되었는데 그 까닭은 살아가는 방법이 사냥에서 농경으로 바뀌게 되었기 때문이며, 농경이 시작되자 모듬살이의 형태가 급기야 밭(田)을 토대(土)로 모여 사는 '里'(마을 리)가 이뤄지게 되었다.

이처럼 주거의 장소나 형태는 그때마다 삶의 양식에 따라 달라지게 될 수밖에 없었던 것인데 특히 모계 중심이 되었건 부계 중심이 되었건 대가족이 한 울안에 살았던 아주 옛날로부터 이미 '宮'(집 궁)이란 많은 가족들이 함께 더불어 살아가는 집을 뜻하는 글자였다.

신분의 고하를 구분할 것 없이 일정한 울안에서 동고동락하는 집은 한 울안에 마치 등뼈가 일정한 간격으로 끊임없이 연결된 것과 같이 지붕이 연결되어 있기 때문에 보통 사람들의 집을 통틀어 '宮'이라 일렀다.

그러다가 점차 사회가 신분의 고하로 나눠지게 되자 특히 '임금'이 거처하는 집과 임금을 제외한 일반 백성들이 사는 집을 크게 구분 짓게 되어 일반 사람들은 아무리 대가족으로 식구가 많다 할지라도 대부분 돼지를 희생물로 삼아 조상께 제사를 올리는 집이라는 뜻으로 '家'(집 가)라 하였고, '宮'은 특별히 임금의 거처를 뜻하게 되었다.

흔히 임금의 거처를 겹겹이 쌓인 '九重宮闕'(구중궁궐)이라 말하는데 이때에 '宮'이란 궁을 에우고 있는 울안의 모든 건물들을 가리키는 글자임에 반하여, '闕'은 궁 안의 출입에 걸맞지 않은 신분을 지닌 사람(欠;모자랄 흠)을 거슬러 버리는(逆;거스를 역) 대문(門)을 뜻하는 글자다.

조선의 정궁인 경복궁으로 비유하여 말하자면 임금이 정사를 부지런히 베푸는 '勤政殿'과 정책을 구상하거나 논의하는 '思政殿' 등을 비롯한 모든 궁 안의 건물을 '宮'이라 말한 것이고, 궁 안으로 드는 '光化門'을 비롯한 모든 문을 '闕'이라 말한 것이다.

태조 4년(1395) 10월 5일 조선의 새 정궁인 경복궁이 완공되자 이를 축하하기 위한 잔치가 베풀어진 그날 삼봉 정도전은 "궁궐이란 임금이 정사를 다스리는 곳이요, 사방이 우러러보는 곳이요, 신민들이 다 나아가는 곳이므로 제도를 장엄하게 하여 위엄을 보이고, 이름을 아름답게 지어 보고 듣는 자로 하여금 감동을 얻도록 해야 한다." 하였다.

그리고 정궁의 이름을 〈시경〉 주아편에서 인용하여 '景福'이라 지었는데 그 뜻은 "이미 술에 취하고 이미 덕에 배부르니 군자 만년 그대의 큰 복을 도우리라."(旣醉以酒(기취이주), 旣飽以德(기포이덕), 君子萬年(군자만년), 介以景福(개이경복))라는 문구 중에서 따 온 것이다.

이어 궁 안의 각종 건물들의 이름과 문루의 이름을 3경에서 인용하여 지었는데 특히 정궁의 정문이자 남문인 '光化門'은 1399년 궁성을 쌓은 뒤 동문인 '建春門', 서문인 '迎秋門'과 짝을 이뤄 임금은 언제나 게으름을 거두고 정사를 부지런히 행하기 위해 자나 깨나 백성을 잘 다스릴 일을 잊지 말아야 하고 소통과 이해로 널리 교화해야 한다는 뜻이다.

몸

몸 등마루뼈 려

등뼈가 계속해 이어진 모양

몸을 구성하고 있는 두 요소는 단단한 뼈와 부드러운 살이기 때문에 몸을 뜻하는 '體'(몸 체)에서 '骨'(뼈 골)은 단단한 뼈를 말하고 '豊'(풍성할 풍)은 부드러운 살을 말한다. 그래서 '體'는 몸에 관한 공간적 구조를 뜻하는 글자다.

이에 반하여 똑같이 몸이라는 뜻을 나타낸 '身'(몸 신)은 본디 어미의 배 속에 든 태아의 모양까지를 그려 낸 글자이기 때문에 생명을 일컫는 모든 몸은 반드시 음양의 모임으로 어미의 배 속에서 자랐다가 밖으로 나온 것이라는 몸이 지닌 시간성을 나타낸 글자다.

'身'을 '신'이라고 읽는 까닭은 '굽힐 수 있기도 하고 펼 수 있기도 함'(屈伸)이라는 뜻 중에서 '伸'(펼 신)의 소리를 그대로 따서 이른 것이다. 신체 구조상으로 몸을 펼 수도 굽힐 수도 있는 가장 큰 까닭은 몸을 지탱해 주는 제일 중요한 등뼈가 많은 관절로 이어져 있기 때문이다.

몸의 구조처럼 합리적으로 잘된 것이 없다. 숨을 가두고 뱉는 큰 허파는 들숨을 들일 때에 나는 '허–'와 날숨을 뱉을 때 나는 '파–' 소리를 합쳐 '허파'라 하였고, 허파가 자리한 상체를 일컬어 가슴이라 말하는 것은 숨을 가두는 곳이라는 말이다.

오장 중 신장을 제외한 나머지 장들은 다 가슴속에 있는데 그중에서도 가장 목숨과 직접적으로 결부되는 장은 물론 '심장'이다. 이 심장을 비롯한 장기들을 극력 보호하기 위해 가슴에는 앞으로 열 개, 뒤로 열 두 개의 갈비뼈가 있다.

가슴 밑의 배에는 갈비뼈가 없으되 그 대신 뱃살이 두텁게 덮여 있으니 별다른 문제는 없다. 만약 배까지 갈비뼈가 둘러쳐 있다면 몸을 굽혔다가 다시 세울 수조차 없을 것이다. '身'을 달리 표현한 '躬'(몸 궁)도 바로 활처럼 몸을 굽혔다 세웠다 할 수 있음을 나타낸 글자다.

겉으로 본 형식으로 몸을 굽혔다 폈다 할 수 있음을 극명하게 나타낸 글자는 물론 '躬' 자라 말할 수 있지만 그처럼 굴신(屈伸; 굽혔다 폈다 함) 할 수 있는 내부적 구조는 곧 머리에서부터 꼬리뼈까지 등뼈가 끊임없이 마디 지어 이어져 있기 때문이다.

이와 같이 '呂'는 끊임없이 이어져 있다는 뜻을 집중적으로 지니고 있는 글자이기 때문에 '呂'와 '亻'을 합성시켜 놓으면 떼어 놓으려야 떼어 놓을 수 없는 '侶'(짝 려)가 되고, 나아가 서로가 틈새 없는 짝이 되려면 반쯤은 서로 양보하는 사이여야 한다는 뜻에서 '伴'(짝 반)이라 하였다.

누구에게나 삶에서 '짝'은 귀중한 것이다. 남녀의 가장 가까운 짝이 다름 아닌 '부부'요, 부모와 자녀가 또한 짝이며, 형과 아우가 둘도 없는 짝이다. 그래서 바람직한 짝을 지닌 사람들은 인간관계에서 더 없는 행복을 누릴 수 있다.

사람이 '짝'을 잃으면 곧 서로의 상대가 되는 '雙'(짝 쌍)을 잃었기로 이를 일러 '불쌍'(不雙)하다고 말하는 것이다. 아내 잃은 홀아비나 남편 잃은 홀어미가 일단 불쌍한 존재들이요, 부모 잃은 고아나 형제 없는 독자도 불쌍한 존재들이다. 맹자가 말한 '鰥寡孤獨'(환과고독)이 바로 이것이다.

그러니 함부로 '고독'하다는 말을 써서도 안 된다. 물론 인간은 본래부터 던져진 존재이기 때문에 군중 속의 고독을 말하기도 하나 사해 안의 동포를 다 내 형제로 받아들이면 고독은 면할 수 있다.

穴 구멍 혈
땅을 파서 만들어진 구멍

고대 사냥시대에 주거 생활의 토대는 숲속일 수밖에 없고 아주 원시적인 주거 형태는 동굴이었을 수밖에 없었다. 위는 자연 그대로 덮여 있고 삶의 공간은 파여져 있기 때문에 이 모양을 본떠 '宀'(지붕 면)에 파여 있음을 나타낸 '八'을 붙여 '穴'(구멍 혈)이라 하였다.

물론 애당초부터 절벽에 공간을 파서 굴을 만들지는 아니했을 것이다. 처음에는 짐승들과 같이 자연적으로 이루어진 땅굴에 들어 생활했을 것이지만 세월이 지날수록 자연 굴을 찾기가 어려웠을 것이니, 그 뒤로는 자연 굴보다는 인공으로 만든 굴속에 들어 살았기에 이를 '土室'이라 하였다.

'穴'에 '工'(헤아릴 공)을 붙이면 '토실'의 속은 바닥에서 천정까지 땅을 파낸 만큼 비었다는 뜻에서 '空'(빌 공)이라 하였고, 또 그 속은 대부분 몸을 구부리고 들어가야 하는 공간적인 한정이 있기 때문에 '穴'에 '身'(몸 신)과 '弓'(활 궁; 구부림의 뜻)을 붙여 '窮'(다할 궁)이라 하였다.

인간의 한계는 무한한 듯 갖은 교만을 떨지만 그렇지는 않다. 완성을 나타내는 수는 '十'(열 십)이나 거의 완성에 가까이 가는 인간의 노력은 기껏해야 완성의 앞에서 무릎을 꿇는 '九'(아홉 구)일 따름이다. 이런 뜻에서 '究'(궁구할 구)라 하였다.

'하나'에서 '다섯'까지는 어떤 일이 자라나는 수로서 이를 '生數'라 한다. 그러나 '여섯'에서 완성을 나타내는 '열'까지는 자라난 수에 하나둘씩 붙어 이뤄지는 수로서 이를 '成數'라 한다. 그런데 인간의 노력이 지니는 한계는 '아홉'에 이르는 것이지 완성이란 없다.

이를 잘 나타내 주는 것이 "진실 그 자체는 하늘의 도리지만, 진실을 향해 나아가는 것은 사람의 도리다."(誠者(성자), 天道也(천도야), 誠之者(성지자), 人道也(인도야).)〈중용〉라는 말이다. 꽉 찬 하늘만이 완성을 나타낸 것인데 반하여 오직 인간의 도리는 완성을 향해 부지런히 노력하는 것일 따름이다.

사람이 몸을 의지해 살아가는 땅굴만 해도 그렇다. 추위를 피해 살아가려면 적당한 공간을 두고 막혀 있어야 하는 것이지 만약 펑- 뚫려 있다면 적당한 삶의 공간이 될 수는 없다. 이와 마찬가지로 인간의 노력에 의한 연구 역시 항상 완성의 앞에서 멈출 뿐이다.

그래서 인간은 나날이 끊임없는 노력에 무한한 보람을 느끼며 날마다 새로워지고 또 새로워질 수 있는 법이니, 인간은 연구와 노력 또 노력과 연구의 끊임없는 반복으로 이어져 갈 수밖에 없는 존재일 따름이다.

개는 버젓이 대문을 열어 젖혀 놓아도 그곳으로 출입하지 않고 거의 좁은 개구멍을 통해 출입하므로 '突'(나아갈 돌)은 좁은 제 구멍을 통해 밖으로 달아난다는 뜻에서 '나가다'는 뜻으로도 쓰고, 좁기 때문에 부딪친다는 뜻으로도 쓴다.

그러나 쥐는 이리저리 약삭빠른 짓을 다하다가 막상 불리하게 되면 구멍을 파 놓고 그 구멍으로 살짝 달아나기 때문에 '竄'(달아날 찬)이라 하였다. 이런 경우 개구멍은 터진 구멍이지만 쥐구멍은 土室처럼 막힌 구멍일 뿐이다.

그렇다면 비슷한 뜻을 지닌 '孔'(구멍 공)은 '穴'과는 어떻게 다른가? 본디 '孔'이란 아이가 어미의 배 속에서 나와 제일 먼저 매달리는 곳은 다름 아닌 젖이기 때문에 아이(子)가 '젖'에 매달린 모양을 그대로 본떠 바로 '젖구멍'을 나타낸 글자다.

夢 꿈 몽
잠 속에서도 의식 활동이 진행되는 꿈

잠이란 의식이 지배하는 데 따라 실제 행동하는 때와는 달리 의식이 밑으로 가라앉아 머릿속에서 모든 생각이 일시 쉬는 상태를 뜻한다.

외형상 잠을 잔다고 모든 의식까지 잠드는 것은 아니다. 오히려 머릿속은 더욱 많은 생각으로 꽉 차 있어서 실제 활동할 때보다 훨씬 복잡한 의식 활동이 진행되는 수도 있고, 또는 의식이 있는 듯 없는 듯 하는 가운데 뚜렷한 하나의 꾸밈이 드러나는 때도 있다.

이런 경우를 꿈(夢), 또는 꿈인 듯 아닌 듯 하는 사이(非夢似夢間[비몽사몽간])라고 말한다. 그러나 이런 모두의 경우를 통틀어 '꿈'이라 말하는데 꿈이란 바로 '꾸밈'을 줄인 말로 잠자는 동안에도 지각 활동이 살아나 움직여 일을 꾸미는 상태를 이른 말이다.

이 같은 뜻에서 집안에 들어 잠을 자는 동안이라는 뜻으로 '寐'(잠잘 매)에 '目'(눈 목; 옆으로 젖혀 놓음)에 덮는다는 뜻을 나타낸 '艹'(풀 초)와 어둠을 나타내는 '夕'(석)과 또한 '덮다'는 뜻을 나타낸 '冖'(덮을 멱)을 합성시켜 본디 '꿈'을 뜻하는 글자로 삼았던 것이다.

그러다가 복잡한 자획을 덜어 버리고 '꿈'이란 오직 밖으로는 어둠이 깔리고, 자신이 눈을 감아야 비로소 일어나는 일종의 생리 현상일 따름이라는 점에서 '夢'이라고 썼다. 그러나 반드시 어둠이 깔리고 눈을 감아야 꿈이 드러나는 것만은 아니다.

아주 옛날에는 낮에 일어날 일들의 길흉을 밤에 달과 별들을 각 방면에서 관찰하고, 그 관찰한 결과를 눈을 감은 상태의 명상을 통해 밝혀내었기로 '夢'이라 썼다는 설도 설득력 있는 풀이의 하나다.

꿈에는 '바른 꿈'(正夢), '놀라는 꿈'(咢夢), '생각 끝에 나온 꿈'(思夢), '깨달음을 주는 꿈'(悟夢), '기쁨을 주는 꿈'(喜夢), '두려움을 주는 꿈'(懼夢), '신령스런 꿈'(靈夢) 등이 있다고 〈주례〉로부터 전해 내려오고 있다.

그러나 꿈은 대부분 '낮에 골똘히 생각했던 것을 그대로 밤에까지 연장하여 내놓는 경우(晝思夜夢)가 허다하기 때문에 밤낮으로 연결되는 의식의 연장이 곧 꿈이라 보는 것이 일반적인 견해이며, 또한 꿈에 나타난 태반의 현상을 분석하고 보면 식욕과 색욕, 두 가지 본능과 직결되어 있다고 여긴다.

유비가 무너진 한나라 왕실을 부흥해 보려는 원대한 꿈을 안고 세 차례나 남양 땅 제갈공명의 초가를 방문한 마지막 날, 공명은 유비에게 은근히 다음과 같은 시를 벽상에 붙여 보였다.

"초당에 봄잠이 족한데 창밖을 보니 아직도 해가 뉘엿뉘엿하누나. 큰 꿈을 뉘 먼저 깨달을꼬? 평생 내 혼자 알리로다."(草堂春睡足, 窓外日遲遲, 大夢誰先覺, 平生我自知)라 하였다.

흥망이 유수한데 한실을 부흥하려는 그 큰 꿈을 뉘 먼저 깨달을 수 있었을 건가. 벅찬 꿈을 품은 유비 자신은 자신의 꿈이 어떤 것인지를 쉽사리 알아차릴 수는 없었을 것이다. 그렇다면 왜 공명만이 그 큰 꿈의 성패를 알 수 있었을 것인가?

돌아가신 뒤 일생을 물질적으로 결산해 보니 단지 뽕나무 팔백 그루뿐이었다는 무소유의 주인공 공명만이 삼국쟁탈의 소용돌이 속을 아무런 사심 없이 고스란히 바라볼 수 있었을지도 모른다. 무욕한 심정에서는 눈을 뜨고도 신령스런 영몽을 항상 꾼다고 하였다.

疒 병들 녁

사람이 침상에 누워 있는 모양

사람은 본디 음양 두 기가 모여 하나의 생명체로 태어났다. 그래서 이 음양이 잘 조화되어 나가면 건강하게 살아가고, 반대로 음양이 조화를 이루지 못하고 뒤틀려 나가면 건강을 잃어 갈 수밖에 없다.

따라서 병이란 곧 몸 자체가 음양의 조화를 잃은 상태를 말함이며, 그 원인은 단지 크게 두 가지로 나누어 말할 수 있다. 첫째는 몸 밖의 좋지 못한 기가 몸 안으로 침투하여 조화를 잃었기 때문이며, 둘째로는 몸 내부의 마음 작용이 뒤틀려 조화를 잃었기 때문이다.

이런 관계로 침상에 누워 꼼짝달싹할 수 없는 상태를 일러 병이라 하기 때문에 침상을 뜻하는 '爿'(나뭇조각 장) 위에 사람이 드러누워 있는 모양을 그대로 본떠 '疒'(병들 녁)이라 하였다.

단순히 병든 원인이 외부적 자극에 의한 '외상'이라면 '疒' 속에 '矢'(화살 시)를 붙여 '疾'(병 질)이라 하여 뻔히 나타난 눈병을 '안질'(眼疾)이라 하고, 창자 끝이 돌아 빠져 밖으로 드러난 항문의 한 병을 일러 '치질'(痔疾)이라 하는 등 밖으로 드러난 병을 말한다.

이에 비하여 밖으로부터 병의 원인이 되는 모든 병인들이 몸 안으로 침투함에 몸 안에서 이를 이겨내지 못하고 밖으로 '아픔'(병)으로 드러난 것들은 모두 다 '疒' 안에 '丙'(드러날 병)을 붙여 '病'(병 병)이라 하였다.

이처럼 '疾'과 '病'은 크게 구분되고 있기는 하나 우리의 경험상 '疾'보다는 '病'의 경우가 훨씬 많기 때문에 '질병'을 고치는 곳을 싸잡아 '病院'이라 말하지, '疾院'이라는 말을 따로 두지 않는다. 모진 전쟁의 와중에서도 화살이나 창에 찔려 죽은 자보다는 각종 병에 걸려 죽은 자가 많다는 사실은 이를 잘 증명해 주고 있다.

일반적으로 말하는 질병은 그렇거니와 마음에서 스스로 얻어 낸 병통은 어떤 것인가? 대부분 마음에서 스스로 자아낸 병들은 '머리와 가슴이 불통해 오는 병'(憂), '낙엽 지는 가을에 오는 상실감'(愁), '이것저것 잡다한 생각의 과잉'(思), '닥치지도 않는 일을 미리 하는 걱정'(慮) 등이다.

이런 마음 자체에서 스스로 빚어지는 병은 하루아침에 얻어지는 것이 아니라, 시간을 두고 끊임없이 마음속에 파고 든 결과이기 때문에 뚫다는 뜻을 지닌 '串'(뚫을 곶)에 '心'(마음 심)을 붙여 '患'(근심 환)이라 한다. 그러니 '근심'이란 곧 '根心', 즉 마음속에 뿌리 내린 병을 뜻한다.

따라서 이 세상의 모든 병은 '疾'과 '病'과 '患', 이 세 종류 밖에는 없다. 그러나 따지고 보면 '疾病'으로 인하여 삶을 영위하기 위해 활동하던 일이 일시적으로 다 중단되고 나면 '근심'이 일어나지 않을 수 없기 때문에 '疾'이나 '病'에 다 같이 공통적으로 '患'이 붙을 수밖에 없다.

배가 물 위에 떠서 갈 때에 기울어진다거나 배 밑에 물이 스며들어 가라앉을 때에 바로 가라앉는 것이 아니라, 시간을 두고 차근차근 가라앉는 것처럼 몸의 조화도 점점 시간차를 두고 깨져 가는 법인데 이같이 병이 진행되는 과정을 '症'(증세 증)이라 한다.

또 아픔이 심히 스스로 느껴지는 것은 줄기를 따라 쑥-쑥- 쑤시는 법인데 이처럼 심히 아픈 상태를 '痛'(아플 통)이라 한다. '아프다'는 것도 대개의 경우 근골의 계통을 따라 아프기 때문에 '疒'에 '通'(통할 통)을 붙인 것이다. 그렇기로 '痛症'이 일어나기 전에 '질병'을 고쳐야 하고, 모든 근심은 마음속에 뿌리박기 전에 털어 내야 한다.

冖

冖 덮을 멱
수건으로 물건을 덮은 모양

어떠한 물건을 수건으로 덮은 모양을 그대로 본떠 이를 '冖'(덮을 멱)이라 한다. 어떤 물건을 덮을 때에는 반드시 아래를 덮지 않고 위를 덮기 때문에 그 위를 덮는다는 뜻에서 '멱'은 곧 '위'를 뜻한다.

건물의 위를 덮을 때에는 대들보에 서까래를 얹고 그 위를 덮기 때문에 그런 모양을 '宀'(지붕 면)이라 하였는데 이때의 본디 모양은 '亼'(모일 집)으로 '集'(모일 집)의 본디 글자이기도 하다. '집'이라는 우리말도 알고 보면 새들이 나무 위에 모이듯 모든 식구들이 모이는 곳이 바로 '집'이라는 말이다.

따라서 '冖'과 '宀'은 '덮는다'는 뜻을 지닌 글자로 서로 통하기 때문에 그릇을 차곡차곡 잘 쌓아 수건으로 덮어 둔다거나 집안에 보관해 두는 일은 '마땅하다'는 뜻을 지닌 글자를 쓸 때 '且'(또 차; 그릇을 차곡차곡 쌓은 모양)에 '멱'이나 '면'을 얹어도 결국 같은 글자로 여긴다.

또한 '冖' 밑에 '一'을 더하면 '거듭해 덮다'는 말로 물론 중요한 것은 한 꺼풀로만 덮지 않고 덮고 또 덮는다는 뜻이다. 이런 뜻에서 사람의 머리는 매우 중요한 것이기 때문에 머리를 뜻하는 '兀'(오뚝할 올)에 손을 뜻하는 '寸'(마디 촌)을 붙이고 '冖'과 '一'을 위로 붙이면 '冠'(갓 관)이 된다.

세상에 가장 중요한 것은 곧 '나'요, 나에게서 가장 귀중한 것은 곧 '머리'일 수밖에 없기 때문에 예로부터 우리 조상들은 망건을 쓰고 그 위에

'갓'을 썼던 것이다. 그런데 서양인들은 우리네 갓 대신 모자를 썼는데 모자 역시도 머리 위에 뒤집어쓰는 것이라는 점에서 '帽'(모자 모)라 하였다.

어떤 물건의 위를 덮어 두는 것을 '冖'이라 한다면 나아가 물건 전체를 몽땅 다 싸 버린다는 뜻은 '勹'(쌀 포)라 하였다. 그리고 '帽'에서 '巾'(수건 건)을 뺀 '冒'(무릅쓸 모)는 눈만 빼놓고 머리 전체를 덮었다는 뜻이다.

그래서 흔히 '冒險'이라는 말을 쓰지만 이는 어떤 일을 적극적으로 힘써 행해 나갈 때에 장차 닥칠 어떤 어려움도 이겨 낼 각오가 되었을 때 이르는 말이다. 따라서 가장 귀한 것은 쉽게 얻어 낼 수 없는 법이니 무릅쓰고 나서서 취해야만 으뜸가는 것을 얻을 수 있다는 뜻으로 '最'(으뜸 최)라 하였다.

최후의 승리는 허황된 말에서 그치는 것이 아니라 실제 경쟁에서 이길 수 있는 탄탄한 힘이 있어야 얻는 것인데, 이런 탄탄한 힘은 곧 모든 역경을 이겨 낼 수 있어야 얻는 것이며 역시 '어려움을 무릅쓰고 취해야' 비로소 얻을 수 있다.

눈은 언제나 빨갛고 째진 듯한 입은 항상 씰룩씰룩, 보는 이를 향해 욕하는 듯한 물건은 다름 아닌 우리 안에 갇혀 있는 토끼이니 '兎'(토끼 토)에 '冖'을 붙이면 '冤'(원망할 원)이다. 그러나 돼지는 제 스스로 풀로 제 몸을 몽땅 덮고 있으니 '蒙'(가릴 몽)은 '가리다' 또는 '어둡다'는 뜻이다.

보급을 실은 수레가 전쟁터로 무사히 도착할 수 있도록 수레를 잘 에워싸는 일 또한 전쟁 수행에 중요한 일 중의 하나이니 이런 군사를 일러 '軍'(군사 군)이라 하였고, 무기를 들고 용감하게 진격을 하는 이들이나 일정한 유니폼을 입은 이들을 각각 '兵卒'이라 한다.

이처럼 보급의 '軍'과 무기의 '兵'과 인력의 '卒'들은 자신을 버릴 각오를 하고 무릅쓰고 나아가야 '最後의 勝利'를 얻을 수 있다.

兩 거듭할 량
똑같은 물건이 거듭된 모양

똑같은 어떤 물건이 거듭됨을 뜻하는 말은 여러 글자가 있다. 예를 들면 토목공사를 한다거나 건축물을 위아래로 거듭해 올릴 때에 구조물을 받치는 비개목이 거듭 올라가는 모양을 본뜬 글자로 '冓'(얽을 구)가 있는데 이 글자에서 떼어 놓은 '再'(거듭 재)가 있다.

그리고 많은 물건을 위아래로 쌓아 그 무게를 가늠함에서는 우선 물건을 단단히 동여맨 모양을 나타낸 '東'(束;묶을 속에 한 획을 더하여 단단히 동여맨 모양)에 이것을 오뚝하게 쌓는다는 뜻을 지닌 글자로 '壬'(오뚝할 임)을 중복시켜 '重'(거듭 중)이 있다.

이에 비하여 상하가 아니라 좌우로 공간을 나누고 좌우를 가득히 채운 모양을 나타낸 글자로 '兩'(둘 량)이 있다. 그런데 본디 '兩'은 물건의 무게를 나타내는 단위로 쓰고, 정작 좌우로 가득히 채운 모양을 나타낸 글자는 '兩'에서 위의 한 획을 뺀 글자였다.

또 하나를 뜻하는 글자로 '隻'(외 척)이 있고, 하나에 하나를 덧붙인 것을 뜻하는 글자로는 '雙'(쌍 쌍)이 있는데 이들 글자들은 본디 몸집이 작은 새들은 대부분 암수 한 쌍이 서로 의지하며 살아가기 때문이라는 점에 착안하여 만들어진 글자다.

이 밖에도 벼 한 포기를 손에 쥔 것을 '秉'(잡을 병)이라 하였음에 대하여 벼 두 포기를 한 손에 거머쥔 모양을 나타낸 글자로 '兼'(겸할 겸) 자가 있다. 그러하니 '再' '重' '兩' '雙' '兼' 등의 글자들은 모두 다 하나가 아닌 '둘'을 뜻하는 글자다.

왜 거듭되는 '둘'이 반드시 필요한 글자가 될 수밖에 없는 것일까? 그건 다름이 아니다. 흔히 생선을 거래할 때 가장 작은 단위는 두 마리를 곁들여 '한 손'이라 한다. 그 깊은 뜻은 암컷의 배 속에는 알이 잔뜩 들어 있으나 수컷에는 알이 있을 수 없으니 암수 두 마리를 한 단위로 삼아 매매를 해야지 만약 암컷만 먼저 사 가 버린다면 뒤에 남는 것은 수컷일 뿐이라 낭패이기 때문이다.

주고받는 말도 역시 그렇다. 내 형편만 살펴 말하지 말고, 내 형편과 상대방의 형편을 고려하여 말할 수 있어야 하기로 '謙'(겸손할 겸)이라 하였다.

이 세상에서 눈에 보이는 물질 중에서 가장 부드러운 것은 말할 나위 없이 물이다. 그래서 일정한 공간 속에 물을 부어 넣으면 그 물은 어김없이 좌우를 가득 채우기 마련이다. 그런 뜻에서 가득하다는 뜻을 지닌 글자는 '滿'(가득할 만)이니 많은 물이 좌우로 꽉 찬다는 말이다.

세상을 살다 보면 가득한 것만이 반드시 좋고 옳은 것은 아니다. 옛 말씀에 "가득하면 덜어짐을 불러들이는 것이요, 겸손하면 더해짐을 받는다."(滿招損(만초손), 謙受益(겸수익))라고 하였다. 이런 면에서 옛 선현들은 바로 기울어지는 보름달보다는 커 오르는 초승달을 더욱 아꼈다.

생선가게에 들러 제 이익만 챙기기 위해 암컷만 골라 가려 하는 얌체족보다는 '한 손 한 손' 차례차례 쌓아 놓은 생선더미 속에서 위에서부터 차례대로 집어 들고 사 가는 일은 비록 작은 일인 듯하나 그런 교양이 하나둘 쌓여 훌륭한 민주시민의 자질이 길러질 것이다.

사람은 그저 사람이 아니어서 사람 사는 세상을 '사람 사이의 세상', 즉 '人間世上'이라 한다는 점을 깨달아야 한다.

网 그물 망
사냥 도구로 실로 짠 그물의 모양

문명 이전의 생활양식은 말할 것도 없이 사냥이었을 것이다. 그런데 힘센 짐승을 잡아먹으려면 사람의 힘만으로는 어림없는 일이었을 것이다. 돌칼이나 대나무 창과 같은 무기가 등장되지 않으면 안 되었을 것은 자명한 일이다.

그런데 이 같은 무기들보다도 더욱 유용한 것은 '그물'이었을 것이다. 칼이나 창과 같은 무기는 짐승과 맞대결하여 그것을 찔러 죽여 잡아야 하는 위험이 전제되어 있지만, '그물'은 이와는 달리 짐승의 활동을 중지시켜 잡아들이는 사냥법이니 직접성보다는 간접성이 있어 위험 부담이 적은 것이 큰 장점이다

벌이 제 몸에 지니고 있는 침을 쏘아 상대를 상하게 하여 물리치는 방법은 다소 격렬한 감도 있고 통쾌한 감도 있어 적극적이나 반드시 바람직한 방법은 아니다. 자신의 희생이 너무나 크기 때문이다.

거미줄을 적당한 곳에 그물로 둘러쳐 놓고 가만히 한쪽에 잠복해 있다가 무심코 걸려드는 먹잇감이 있으면 재빨리 주르르 달려들어 야금야금 먹어 치우는 거미의 방법은 어딘지 비겁한 듯한 간접적인 사냥법이기는 하나 제 자신의 몸은 상하지 않는다는 장점이 있다.

그래서 가는 실을 얽어 그물을 만들고 이 그물로 물속을 헤엄치는 물고기들도 잡고, 공중을 날아다니는 새들도 잡고, 산과 들을 누비며 힘을 자

랑하는 맹수들까지도 별다른 위험 부담 없이 잡아들일 수 있는 것은 오직 '그물'이었는데, 이는 곧 거미에게서 배운 것이다.

따라서 실로 엮어 상대를 포위해 버리는 그물의 모양을 그대로 본떠 '网'(그물 망)이라 하기도 하고, 나아가 그물은 상대를 '亡'(망할 망)하도록 하는 도구이기 때문에 '网'에 아예 '亡'을 끼워 넣어 '罔'(없앨 망)이라고 하고, 막상 그물은 실로 짠 것이기 때문에 '網'(그물 망)이라 하였다.

그물이란 말을 명사로만 쓰지는 않는다. 이를 동사로 쓰면 '둘러치다'는 말이 되니 우뚝 솟은 산이 천만년을 두고 의젓하게 솟아있는 까닭은 반드시 그 높은 산을 에우고 있는 언덕들이 삥 둘러치고 있기 때문이라, '网'에 '山'을 짝지어 놓으면 '산 둘레', 즉 '岡'(언덕 강)이 될 수밖에 없다.

또 '罔'이 '網'으로 통하듯, '岡'이 '綱'으로 통하는데 이때의 '綱'(큰 벼릿줄 강)이란 그물 전체를 잡아당길 수 있는 가장 큰 벼릿줄을 뜻하니 마치 산과 언덕을 몽땅 아울러 잡아당길 수 있는 '큰 줄'이라는 의미를 지니고 있다.

전통사회에서의 이른바 '三綱'이란 도덕적으로 얽혀져 있어야 할 사회적인 도덕의 그물 속에서 가장 중요하게 여겨야 할 세 가지 도덕의 실천 덕목을 말한 것이니 이것이 곧 '忠' '孝' '烈'로서 유교사회의 가장 큰 벼릿줄이었던 것이다.

전통을 되살리면서도 새로운 도덕사회를 건설해 나가자면 '忠'은 곧 "맡은 바 사회적 책임을 충실히 다함"이며, '孝'는 "나를 둘러싸고 있는 모든 것들이 근본적으로는 나와는 은혜로운 관계"라는 인식에 따른 실천이며, '烈'은 "나는 한낱 땔감이며 공동사회는 꺼지지 않는 불"이라는 자각이 필요하다.

襾 덮을 아
위에서 덮고 사방을 둘러막는 뚜껑 모양

병이나 그릇의 주둥이를 덮는 마개는 그릇 속의 물건이 밖으로 새어 나오지 않게 하기 위하여 위에서 아래로 꾹 눌러 막고, 또 마개와 병 사이의 사방을 빙- 둘러막아야 온전히 막을 수 있다. 그래서 이런 모양을 '冖'(덮을 멱)에 상하로 막는 뚜껑의 모양을 합쳐 '덮는다'는 뜻을 삼았다.

만물을 온통 덮고 있는 것은 하늘이다. 하늘은 아무리 산이 높다 할지라도 산꼭대기까지 온통 덮고, 바다가 아무리 넓다 할지라도 온통 다 덮고 있으니 산과 바다를 비롯한 만물을 다 덮고 있는 것이 하늘이다.

만물이 자리하고 있는 곳은 땅이다. 산이 아무리 무겁다 할지라도 무거워서 못 싣고 있다거나, 아무리 바다가 넓고도 깊다 하여 실을 수 없어서 못 싣는 경우는 없는 것이 바로 땅이다.

그래서 "수는 산처럼 높고, 복은 바다처럼 헤아릴 수 없어라."(壽如山(수여산), 福似海(복사해))라고 하는 덕담도 알고 보면 인간이 지니는 한계를 벗어난 말이 아니라, 오히려 그 한계 속에서의 '수복'(壽福)이라는 말은 명백하다.

예로부터 만물이 진열되어 있는 실상을 가장 극명하게 표현한 말로는 "하늘은 덮고, 땅은 싣고 있다."(天覆地載(천복지재))고 하였으니 아낌없이 다 덮고 남음 없이 다 싣고 있는 만물의 주체는 곧 하늘과 땅일 뿐이다.

동식물을 비롯한 모든 만물은 하늘이 내린 종자와 그 종자를 안아 성장시켜 내는 땅의 조화에서 얻어진 것이라, 하늘에 무수히 박힌 별들의 모양이 곧 '하늘의 무늬'라면, 하늘 아래 땅에는 그 하늘의 무늬를 그대로 닮은 온갖 모양새들이 널리 퍼져 있다는 것이다.

그래서 "하늘에 빽빽이 박힌 별처럼, 똑같이 땅에도 수많은 모양새들이 있다."(天森羅, 地萬象)고 여겨 흔히 '森羅萬象'이라는 말을 즐겨 써 왔으니 하늘은 텅 빈 것 같지만 그 속에 박혀 있는 것 그대로 땅에도 그 같은 것들이 있다고 여겨 왔다.

분명히 만물을 "하늘은 위에서 덮었고, 땅은 아래에서 실었는데 그중에서도 오직 인간이 가장 귀한 존재다."(天覆地載, 惟人最貴)라 정의하고 나아가 "인간을 가장 귀하게 여기는 까닭은 '인의'라는 도덕심이 있기 때문이다."(所貴乎人者, 有仁義之心也)라고 하여 사람만이 도덕을 지닐 수 있기에 "사람은 도덕을 지닌 물건이다."(人, 仁也)라고까지 말하였다.

사람만이 지닌 도덕(仁)이란 무엇을 말하는 것인가? 바로 '仁'(어질 인)이란 두 사람 사이에 행해 나가야 할 바람직한 일을 말하기 때문에 '人'(亻; 사람 인)과 '二'를 합성시킨 것이며, 더 나아가 天地(二)와 더불어 떳떳이 살아나가는 '사람만의 도리'를 뜻한다.

그렇기 때문에 하늘이 덮고 땅이 실은 모든 만물 가운데 가장 뛰어난 물건이 곧 사람이라는 자각을 통해서 인간과 인간 사이의 '사랑'은 물론이고 인간과 인간 외의 사물과의 관계까지도 바람직하게 잘 관리해 나가야 할 책임을 다해야 할 것이다.

하늘은 하나로 덮었지만, 땅은 산과 바다, 높은 곳과 낮은 곳으로 각각 나뉘어져 있다. 그래서 너와 나를 구분하여 옳고 그름을 따지는 것은 아마도 땅의 논리라면, 하나로 덮어 가며 사랑으로 아우르고 살아가는 태도는 하늘의 논리일 것이다. 나누지 말고 되도록 덮어 가는 길이 하늘을 닮아 가는 길이다.

巾 수건 건
빨랫줄에 널어놓은 헝겊의 모양

'수건'은 손을 씻고 난 뒤에 그 물기를 닦아 내는 헝겊을 말하는 것이기 때문에 '手'(손 수)에 '乾'(마를 건)을 짝지어 놓은 말이다. 단지 손의 물기를 닦아 내는 것이라는 점에서 수건은 헝겊 중 가장 작은 헝겊을 가리킨 것이다.

일단 물기를 닦아 낸 수건은 빨랫줄에 널어 물기를 말려야 다시 쓸 수 있기 때문에 빨랫줄에 널어놓은 작은 헝겊의 모양을 그대로 본떠 '巾'(수건 건)이라 하였다. 그러나 단지 수건만 빨랫줄에 널리는 것은 아니다.

작은 수건보다 훨씬 긴 헝겊은 우선 큰 창문을 가리는 장막으로 쓰기도 하고, 또는 아랫도리가 흘러내리는 것을 막는 허리띠로도 쓰였다. 그래서 안과 밖을 가리는 장막을 일러 '긴 수건'을 뜻하는 '帳'(장막 장)과 '幕'(장막 막)을 '帳幕'이라 하였다.

윗도리에 받쳐 입는 아랫도리는 위를 뜻하는 '尙'(높을 상)에 '衣'(옷 의)를 붙여 '裳'(치마 상)이라 하였듯이 아랫도리가 흘러내리지 못하도록 매는 헝겊 허리띠를 일러 '常'(허리띠 상)이라 하였다. 그러다가 항상 주의해야 할 것은 '허리띠'라, '常'을 '항상 상'이라는 뜻으로 쓰기에 이르렀다.

이처럼 작거나 큰 헝겊들은 물들이지 않은 한 기본적으로 흰색을 띤 헝겊이기 때문에 '帛'(깁 백)이며, 목화 실로 짠 것은 '綿'(베 면)이며 특별히 헝겊에 아름다운 수를 놓아 빛나는 것은 '錦'(비단 금)이다. 다만 베와 비단의 차이는 식물성인 목화와 동물성인 누에로 구분될 뿐이다.

헝겊의 용도는 단지 물건을 닦는 것만은 아니다. 어쩌면 덮는 역할이 더 큰지도 모른다. 음식을 덮는 것도 헝겊이며, 몸을 감싸는 옷을 비롯하여 물건을 감싸는 것도 역시 헝겊이 지니는 중요한 역할인 것이다.

그중에서도 머리를 감싸거나 덮는 것도 헝겊이다. 벼슬을 한 처지거나 신분이 남다른 사람들은 각각 그 특성에 걸맞은 갓을 머리에 썼거나 또는 모자를 쓰는 것이 일반적인 관례지만, 아무런 벼슬도 없고 특별한 신분도 지니지 않은 이들은 다 맨 머리로 그냥 두는 것보다는 수건을 썼기 때문에 이를 일러 '頭巾'이라 하였다.

주로 대오리와 말총으로 엮은 '갓'을 제외한 모자는 거의 헝겊을 재료로 하여 그 모양을 여러 가지로 만들어 놓은 것이기 때문에 '帽'(모자 모)라는 말도 역시 '巾'에 눈 위에까지 덮다는 뜻을 지닌 '冒'(무릅쓸 모)를 덧붙여 만든 글자일 수밖에 없다.

수건으로 몸을 덮는 것 중에 특수한 것으로는 아주 옛날에 관복을 입고도 무릎을 덮는 덮개가 있었는데 그 덮개는 좌우 두 무릎을 다 덮는 것이었기 때문에 '巿'(무릎덮개 불)이라 하였는데 '巾' 위에 '一'을 덧붙인 것은 좌우 두 무릎을 아울러 덮는다는 뜻을 나타낸 것이다.

예로부터 벼슬의 등급을 나타냄에서는 색깔로 구분되는 수가 많았다. 그런데 특히 무릎을 덮는 덮개의 색깔도 지위의 고하에 따라 색깔로 구분지었는데 천자는 '朱巿', 제후는 '赤巿', 그리고 그 이하 대부들은 '蔥衡'(총형)이라 하여 '綠巿'을 사용하였다.

색에서의 으뜸색은 빨강 파랑 노랑을 꼽는다. 빨강은 땅을, 파랑은 하늘을, 노랑은 사람을 상징한다. 그래서 천자는 땅과 백성을 거느리고 하늘을 받드는 아들이기로 '주황'을 썼고, 제후는 땅을 상징하는 '빨강'을 썼으며, 대부들은 하늘 밑의 '초록'을 상징하였다.

帛 비단 백
아무런 채색이 없는 순수한 무명 비단

사냥시대에는 사람은 좋으나 싫으나 짐승의 가죽을 몸에 걸쳐 추위를 막았을 것이고, 또는 남방에서는 그저 풀잎을 사용하여 부끄러운 곳만을 살짝 가렸을 것이다. 그러다가 농사시대로 접어들자 자연히 옷감도 식물성으로 바뀌었을 것이다.

누에를 칠 수 있었던 때에 이르러 명주가 나오기 시작하면서 옷에 관한 획기적인 발전을 보았을 터인데 그러기 전에는 모시나 삼베가 고작이었을 것은 뻔한 일이다.

문명이 점차 발달할수록 계급적인 신분사회가 심화되어 이에 따라 옷에도 색깔을 구분 지어 사회적 신분을 구분하게 되었을 뿐만 아니라 각종 장신구까지도 점차 발달하여 오늘날까지 내려왔을 것이다.

남녀의 혼인에 주고받는 예물 중에 이른바 폐백이라 하여 옷감을 주고받는 것은 누구나 갖추는 통상의 의례가 되었던 것인데 이때에도 처음에는 사슴의 가죽을 주어 혼례를 축하했기 때문에 오늘날까지 혼사를 축하하는 것은 일생일대의 가장 큰 '경사'(慶事)로 여겨 왔다.

진심으로 우러난 마음으로 사슴 가죽을 선물하고 아무런 보답 없이 되돌아온다는 뜻으로 鹿皮(사슴 가죽)를 뜻하는 글자에 진심어린 마음으로 준다는 '心'의 밑에 뒤져 간다는 '夊'(뒤져 올 치)를 그대로 붙여 만든 글자가 곧 '慶'(경사 경) 자다.

그러다가 사냥이 청산되고 농사를 통해 옷감을 구하게 되자, 이런 때에는 상대방의 선호에 따라 물을 들여 쓸 수 있도록 하는 배려에서 흰 비단을 이른바 '폐백'(幣帛)이라 하여 주고받았던 것이다.

또한 울긋불긋한 꽃무늬를 지어 호사로운 사치를 하고자 옷감에 각종 무늬를 곱게 놓아 사람들의 눈을 휘둥그레지게 만드는 재주가 날로 늘어나 오색비단이 나왔는데 이를 사람들은 '錦'(비단 금)이라 하였다. 누구나 다 같은 값이면 '多紅치마'라, 무늬 없는 무명 베 '布'(베 포)보다는 무늬 좋은 것을 '希'(바랄 희)하였다.

옷에 관한 인간의 욕심은 한이 없다. 무명 베옷을 벗어나 다시 비단옷을 입다 보면 또다시 원이 솟아나 그때에는 갓옷을 입고 싶은 게 인지상정인 것이다. 그래서 생겨난 말이 '希求'하다는 말인즉 여기에서 '希'는 무명을 벗고 비단을 입자는 말이요, '求'(求는 裘에서 나온 것임)는 다시 비단을 놓고 '갓옷'을 구한다는 말이다.

옷에 관한 욕심은 신분 상승에 관한 염원과 직결되어 있을 수도 있다. 예로부터 신분에 대한 구별을 옷으로 하였기 때문이다. 순박한 백성들은 거의 흰 옷을 입었고, 나마지 벼슬아치들은 거의 다 나름대로의 색깔을 골라 자신의 신분을 나타냈다.

그중에서 황금으로 지은 도포를 입는다는 것은 엄두도 낼 수 없는 일이었다. 아무리 돈이 많아 재력을 갖추었을지라도 엄격한 규율로 이를 철저히 규제하였던 것이다. 의식주 세 가지 조건이 다 마찬가지였다.

그러나 시대는 달라졌다. 돈만 있으면 온통 황금으로 몸을 칭칭 감고 있어도 뭐라고 하는 이가 없고, 아방궁처럼 집을 짓고 그 속에서 떵떵거리며 아무리 좋은 음식을 먹고 살아도 크게 비난하는 이가 없다.

'흰 비단'을 폐백으로 주던 것이 어찌 이렇게 커졌는지 곰곰 생각해 볼 일이다.

白 흰 백
도토리나 밤 등속의 내용은 희다는 뜻

세상에 열매는 참 많다. 그중 가장 널리 알려진 것들은 사과 밤 배 등과 같은 것이다. 그러나 이들은 다 색깔이 각각이다. 사과의 겉 색깔은 붉고, 배는 노랗고, 밤은 갈색이다. 그렇지만 속을 살펴보면 다 같이 하얗다. 그래서 도토리나 밤 등속의 알속은 희다는 뜻이 나왔다.

이처럼 겉 색깔은 각각 다르지만 내용인즉 희다는 사실은 경이롭기 그지없다. 겉은 다를지언정 속은 하나같이 희다는 사실은 흰 것이 모든 색의 바탕이 된다는 사실을 증명해 주는 것과 다를 바 없기 때문이다.

무색이라는 말이 있기는 하지만 무색이란 현실적으로 없는 색깔이다. 굳이 유추해 본다면 무색이란 투명한 색을 말하는 것이다. 그래서 흔히 무색이란 실은 흰색을 말하는 것이다. 흰색이 바탕을 이뤄야 그 위에 모든 색깔들이 칠해질 수 있는 것이다.

비단에 그림을 그린다 할지라도 반드시 막 짠 비단에 그린다는 뜻에서 "흰 비단이 주어져야 그림을 그릴 수 있다"(繪事後素)고 하였다. 여기에서 말하는 '바탕'이란 아직 물들지 아니한 '흰 비단'을 뜻하여 '素'(바탕 소; 또는 흴 소)는 '生'과 '絲'를 합성시킨 글자다.

한편 희다는 뜻은 '명백하다' 또는 '밝다'는 뜻을 가지고 있다. 그래서 장자의 말처럼 "빈 방이라야 흰 빛이 나고, 그곳에 길상이 오래도록 머물고 머문다."(虛室生白, 吉祥止止)〈장자 인간세〉라 하였다. 이같이 흰 것은 어떠한 다른 색일지라도 다 받아들이는 바탕색이 된다.

또 다른 한편으로 '曰'(가로 왈)을 입안에 혀가 들어 있으니 말하다는 뜻이라 볼 때에 '白'(아뢸 백)은 마음속에 든 내용을 어김없이 웃어른께 자세히 '아뢰다'는 뜻으로 실은 '명백하다'는 뜻과 서로 통하는 말이다. 마음속에 두었던 내용을 그대로 고백하다는 뜻으로 쓴다.

숫자를 셀 때에는 대체로 속으로 헤아리기 마련이다. 하나, 둘, 셋, 넷 등으로 헤아리다가 어떤 단위에 이르면 아흔 일곱, 아흔 여덟, 아흔 아홉 하다가 막상 '백'에 이르게 되면 한번 크게 '백--' 하고 큰 소리로 외치기 마련이다. 그래서 '一'과 '白'을 합쳐 '百'(일백 백)이라 쓰이게 된 것이다.

잣나무는 속이 하얗기 때문에 '柏'(잣나무 백)이라 이른 것이요, '伯'은 같은 형제끼리라 할지라도 가장 큰 아들을 말하며, '帛'(흰 비단 백)은 명주실로 짠 비단을 말하고, 거기에 '金'을 붙이면 울긋불긋 화려한 수를 놓은 '錦'(비단 금)이 되니, 본디 비단 중의 비단인 각종 화려한 수를 곁들인 비단을 말한다.

아무튼 '白'에는 고백하다는 뜻이 있다. 그런데 고백하다는 뜻으로 쓰는 글자는 '告'(아뢸 고)가 있다. 이는 군대가 출정하기 전에 소를 잡아 희생으로 바치고 입으로 "제발 이 무기로 못된 적들을 섬멸할 수 있도록 배려해 주십사." 하고 아뢴다는 뜻이다.

따라서 '皓'(희 호)는 역시 '白'과 '告'가 합쳐서 만들어진 글자다. '白'도 아뢰다는 뜻이요, '告'도 또한 아뢰다는 뜻이다. 그렇기로 간절히 아뢴다든가 또는 명백히 아뢴다는 뜻이 될 수밖에 없다. 흔히 맑은 하늘에 뜬 흰 달을 '素月'이니 또는 '皓月'이라고 한다.

해는 눈을 크게 뜨고 보면 볼수록 사람의 눈만 해를 입을 뿐이지만 달은 아무리 바라보아도 아무런 부작용이 없다. 그래서 달을 바라며 소망을 빌 수밖에 없는 것이다.

敝 찢어질 폐
옷이 찢어진 모양

크다는 뜻을 지닌 글자는 많다. 그러나 크다는 뜻으로 가장 많이 쓰는 글자는 서 있는 사람이 두 팔을 번쩍 들고 있는 모양을 본뜬 '大'(큰 대)다. 그리고 큰 것이 나누어진 것을 나타낸 글자로 '小'(작을 소)가 있고, 작은 것을 더 나눈 것을 '少'(적을 소)라 한다.

큰 것보다도 더욱 커서 감히 크다고도 할 수조차 없이 너무나 큰 것을 말할 때에는 '大' 밑에 '大'를 덧붙여 썼다가 이를 줄여 '太'(클 태)라 하였다. 그렇기에 '太'는 사람이 표현할 수 있는 가장 큰 것을 뜻하는 글자다.

가장 큰 것으로부터 가장 작은 것 순서로는 太, 大, 中, 小, 少가 된다. 그래서 만물의 비롯을 일컬어 '太極'(태극)이라 하고, 같은 모래라 할지라도 돌이 부서져 된 것을 '砂'(모래 사)라 하고, 물에 휩쓸려 갔다가 다시 파도에 떠밀려 온 것을 일러 '沙'(바닷모래 사)라 하였다.

큰 것이 부서지거나 나뉘면 작은 것이 되고, 작은 것이 뭉치면 도리어 큰 것이 되는 법이기 때문에 근본적으로 크고 작은 것이란 있을 수 없는 것이라, 다만 크고 작은 것이 시간을 두고 서로가 바뀔 뿐인 것이다.

멀쩡한 옷이 찢어진다는 것은 이미 눈에 보이지 않은 가장 약한 부분이 찢어질 조짐을 가지고 있었던 것인데 이런 부분이 어떤 외부적인 자극에 의해 찢어지는 현상으로 드러난 것일 따름이며, 옷을 찢는 일은 주로 개가 하는 일이라 여겼다.

그래서 눈에 잘 보이지는 않지만 이미 찢어질 만한 약한 부분을 ‘冖’(덮을 멱) 속에 ‘小’를 넣었고, 그 위에 찢어진 것으로 드러난 것을 ‘小’라 하고, 외부적 자극이라는 뜻으로 ‘攵’(칠 복)을 붙이고, 그 아래에 ‘犬’(개 견)을 더한 ‘獘’(해질 폐)라 하였다.

그러다가 해어지는 원인은 다만 개와 같은 짐승뿐만이 아니라, 갑옷으로 온몸을 무장하고 이리저리 다니며 마구잡이로 걸리는 것들을 좌우로 찢어 놓는 ‘게’도 마찬가지이기 때문에 ‘蟹’(게 해)도 찢기로는 개에 뒤지지 않는데 이들의 공통점은 두 손을 모아 입으로 찢기 때문에 ‘廾’(손 모을 공)을 붙여 ‘弊’(해어질 폐)라 하였다.

그렇기로 ‘獘’와 ‘弊’는 같은 뜻을 지닌 같은 글자인데 단지 글자들이 만들어져 쓰인 때가 다를 뿐이다. 그러나 찢어진 것이나 해어진 것은 그 갈라진 것을 막거나 덮어야 하기 때문에 ‘蔽’(막을 폐; 덮을 폐)라 하였고, 종이나 헝겊에 단위를 적어 사용했던 돈을 일러 ‘幣’(화폐 폐)라 하였다.

흔히 ‘弊端’(폐단)이라는 말을 많이 쓴다. 아무리 단단하고 단정했던 것이라 할지라도 시간의 흐름에 따라 그것들은 다 찢어지거나 해어지기 마련이기 때문에 특히 “법도 오래되면 해어진다.”(法久生弊)라고 하였다. 몸은 점점 자라나 가는데 옷은 언제나 그 옷을 입노라면 찢어지기 마련이다. 이처럼 시대의 변화에 걸맞게 고쳐야 할 법도 많으리라.

그 가장 두드러진 예가 곧 우리의 일상 예법이다. 농경시대에 걸맞도록 만들어진 일상의 예법을 시대상황이 달라도 확 달라진 이 시대에 고스란히 적용하라는 것은 몸에 맞지 않은 옷을 그대로 입으라는 말이다.

그렇다고 해서 아무런 생각 없이 물밀듯 밀어닥친 서구식 일상 예법을 금과옥조로 알고 지켜 가야 한다고 여기는 사고방식은 춥더라도 철을 앞당겨 옷을 입으라는 철부지의 무리일 따름이다.

黹 바느질할 치
찢어진 곳을 깁은 모양

헝겊이 좌우로 해어지는 곳은 눈으로는 보이지 않지만 이미 해어질 만큼 가장 약한 부분이 외부의 어떤 자극에 의해 해어진다. 그래서 이런 사실을 그대로 그려 놓은 글자가 다름 아니라 곧 '敝'(해어질 폐)라 하였다.

그렇다면 이처럼 해어져 버린 것을 다시 사용하려면 그 해어진 곳을 다른 헝겊으로 덮고 하나하나 바느질하여 이를 기울 수밖에 없을 것이다. 그래서 해어진 곳을 덮고 다시 깁다는 것을 '敝'의 위를 덮고 바느질하다는 뜻에서 '黻'(바느질할 불)이라 하였다.

'黻'에서 '犮'(뺄 발)을 빼어 버린 글자를 '바느질할 치'라고 읽는데 그 정확한 뜻은 '敝'(해어질 폐)를 덮고 그 덮은 자리를 바늘로 꼭꼭 하나하나 촘촘히 깁어 낸다는 뜻을 그대로 잘 나타낸 글자로 이를 '바느질할 치'라 훈을 붙인다.

그런데 옆에 붙은 '犮'은 '犬'(개 견)의 꼬리 쪽에 삐침 한 획을 더하여 개의 꼬리가 잘 빠진다는 뜻에서 '빼다' 또는 '빠지다'는 뜻을 지닌 글자다. 그래서 해어진 곳을 덮어 깁는다는 말은 곧 빠진 곳을 채우기 위한 일이라는 뜻을 잘 밝혀낸 글자다.

빠진 곳을 찾아 그 해어진 곳을 헝겊으로 덮고 바늘로 촘촘히 깁는 일은 참으로 꼼꼼한 일임과 동시에 아주 손이 많이 가는 일이기 때문에 '黻'과 거의 같은 뜻을 지닌 글자로는 '綴'(꿰맬 철)이 있다.

대부분의 경우 '絲'(실 사)는 '두 겹으로 꼬아 쓰는 실'을 말하며, 실의 작용을 나타낼 때에는 '한 가닥의 실'(糸)로 쓰고 거기에 다른 글자를 붙여 쓰는 것이 상례인데 이를 '가는 실 사'라 읽는다. 그래서 이 '가는 실 사'에 많은 손을 그대로 붙인 '綴'(꿰맬 철)을 '깁다'는 뜻으로도 쓴다.

그러나 엄밀히 말하면 '黻'은 약한 부분이 해어져 드러난 곳에 헝겊으로 덮고 이를 꿰매어 둔다는 뜻이라면 '綴'은 제법 널리 해어진 부분에 보다 넓은 헝겊을 덮고 빙 둘러 꿰맨다는 뜻이다. 그렇기로 덮고 바느질하는 부분의 크고 작은 차이가 서로 다르다.

'바느질'이라 말할 때에 굳이 해어진 곳을 덮고 깁는다는 뜻만이 있는 것은 아니다. 오히려 그런 뜻보다는 일단 사람의 크기를 헤아리고 그 크기에 따라 헝겊을 마름질한 후, 이를 꿰매어 옷을 만든다는 뜻이 더욱 많이 사용되고 있다.

몸의 대소를 헤아리고 그 헤아린 결과에 따라 살릴 곳은 살리고 베어 낼 곳은 과감하게 베어 내는 마름질의 과정을 일컬어 '裁'(마름질할 재)라 한다면 이미 마름질된 헝겊 조각을 이 조각 저 조각 연결시켜 실로 꿰매는 일을 일컬어 '縫'(꿰맬 봉)이라 한다.

헝겊만으로는 결코 옷이 될 수 없다. 이미 실로 짜인 헝겊은 반드시 몸에 걸맞은 헝겊 조각으로 나눠지고 그 조각들은 다른 조각들과 만나 실로 꿰매져야 비로소 몸을 가리는 옷이 된다.

마찬가지로 서울을 중심으로 남북으로 나눠지고 동서로 갈라져 있는 우리의 국토는 이른바 '팔도'로 조각 지어져 있지만 이 조각과 조각들이 어차피 같은 민족공동체라면 서로의 조각들이 뭉치고 뭉쳐 실로 단단히 봉합되어야 한다. 조각난 헝겊만으로는 도저히 옷이 될 수 없다. 이웃과 이웃이 실로 꿰매어져야 함이다.

卷

人 사람 인
사람을 옆에서 본 모양

하늘은 만물의 위를 덮고, 땅은 만물을 실어 천지가 각각 순양 순음을 이루고 있으며, 이 순양 순음이 서로 조화를 이뤄 천지간의 만물은 제각각 수명을 달리하며 낳고 죽는 일을 끊임없이 반복하고 있는 것이다.

이 하늘과 땅이 없었더라면 한 순간도 천지간에 생명체는 있을 수 없다. 풀 한 포기라도 땅에 뿌리를 내릴 수 없고, 하늘이 끊임없이 끌어당겨 주지 않으면 살아갈 수가 없다.

하늘은 끊임없이 숨을 쉬어 갈 수 있도록 보살펴 줌과 동시에 따뜻한 햇살을 보내거나 달빛에 익혀진 이슬까지도 내려주고, 땅은 땅대로 온 대지 속에 품은 물과 갖가지 영양소를 뿌리와 줄기를 통해 공급해 주고 있기 때문에 모든 생명 체계는 나름대로 제각각 임무를 다하며 만물의 얼개가 흩어질 수 없도록 꾸려 나가고 있다.

이런 뜻에서 서양에서 말한 식물과 동물을 동양식으로 보면 식물은 음양의 체계가 거꾸로 된 도생(倒生)이요, 동물은 식물처럼 거꾸로 된 것은 아니나 다만 등 쪽은 하늘의 양을 받고 배때기 쪽은 땅의 음을 받고 살아가기 때문에 이를 횡생(橫生)이라 하였다.

식물은 땅속에 든 뿌리가 양이기 때문에 음인 지하수를 빨아들일 수 있고, 땅을 벗어난 줄기에서 뻗은 가지에 매달린 잎들이 햇볕을 받아 이른바 광합성 작용을 이루며 자라 가기 때문에 천양지음(天陽地陰)의 상태로 볼 때 분명코 거꾸로 된 '도생'이다.

비금주수(飛禽走獸)를 망라한 모든 동물들은 하나같이 두 발이나 네 발을 땅 위에 딛고 머리를 앞으로, 꼬리를 뒤로 두르고 날거나 뛰거나 헤엄치는 것이 고작이니 고깃덩어리로 말하면 등심은 질긴 양이고, 배때기살 삼겹은 부드러운 음이기 때문에 이들은 다 음양이 상하를 이루기는 하였으나 오직 '횡생'일 뿐이다.

이에 비하여 오직 사람만은 두 발을 땅에 딛고 버젓하게 서 있으면 마치 한 그루의 나무처럼 '도생' 같기도 하지만, 개를 앞세우고 횡단보도를 유유히 건너가는 모양을 보면 '횡생' 같기도 하다.

그래서 사람은 종횡무진의 능력을 지녔기 때문에 '만물의 영장'이 될 수 밖에 없는데 이런 모습을 그대로 본떠 그린 글자가 곧 사람을 뜻하는 '人'(사람 인) 자이다.

즉, 사람의 측면 모습을 그대로 본뜬 글자가 애당초 사람을 나타낸 상형문자이다. 여기에는 아주 깊은 뜻이 숨겨져 있으니, 첫째, 곧바로 선 사람의 측면 모양은 다리는 땅을 딛고, 온몸은 다 머리를 위로 받치고 있으며, 둘째, 손과 발이 분리되어 있다.

발밑에서부터 온몸이 머리를 받치고 있기 때문에 사람은 서양인들의 말처럼 '이성적 동물'일 수밖에 없고, 손과 발이 분리되어 발로는 땅을 딛고 손으로는 모든 만물을 재료 삼아 만들 수 있기 때문에 또한 '만들 줄 아는 동물'일 수밖에 없다.

이처럼 사람의 입장을 명쾌하게 드러낸 것이 본디 '人' 자였는데 이는 직립(直立)의 측면을 본뜬 것이며, 막상 사람의 정면 모양은 '大'(큰 대)이니 사람의 위가 하늘이라 '天'이요 땅 위에 서 있음이 '立'이다.

从(從) 따를 종
뒤진 이가 앞선 이를 따르는 모양

서서 걸어 다니는 사람의 모양을 본뜬 글자가 곧 '人'(사람 인)인데 이 사람을 앞과 뒤로 짝지어 놓으면 이는 앞선 이와 뒤진 이를 짝지어 놓은 것이다. 그리고 이에 대한 뜻풀이는 앞과 뒤 어떤 것을 주어로 볼 것이냐 하는 문제에 따라 다음 두 가지 풀이가 가능할 것이다.

첫째로는 앞선 이가 뒤진 이를 이끌어 가야 한다는 뜻으로 풀이할 수도 있고, 둘째로는 뒤진 이는 반드시 앞선 이를 따라야 한다는 뜻으로 풀이할 수도 있다. 그러나 이 두 풀이 중 한자에서는 전자의 뜻을 취하지 않고, 후자의 뜻을 택하여 풀었다.

오늘날의 시대적 감각으로 보면 누구나 다 앞선 이는 뒤진 이를 이끌고 가야 한다는 당위성이 강조될 수밖에 없지만, 동양사회의 의식구조상 지도자가 민중을 이끌어 가야 한다는 뜻보다는 백성들은 반드시 임금의 명령을 따르지 않으면 안 된다는 점을 더욱 강조하였던 터이다.

백성들은 반드시 임금의 뜻을 따르고, 아들은 반드시 아비의 뜻을 따르고, 지어미는 반드시 지아비의 뜻을 따라 살아가는 것이 마치 땅은 하늘의 처분을 그대로 따라 봄에는 비를 따르고, 여름에는 이슬을 따르고, 가을에는 서리를 따르고, 겨울에는 눈을 따라야 하는 것과 같다고 여겼다.

그러나 일방적인 하늘의 시대를 벗어난 지 수세기가 지난 오늘날에 이르러 이 같은 수직적 종속의 원리를 고스란히 맞다고 여기는 이들은 아주 드물다. 오히려 "지아비가 부르짖으면 지어미는 따라야 한다."(夫唱婦隨)는 전통적인 문자까지도 그 정확성을 찾아 올곧게 풀이하는 것이 오늘날의 선진적인 추세다.

'따르다'는 뜻을 지닌 '隨'(따를 수)를 분석해 풀이해 볼 때에 무조건 '따르다'는 말이 아니라, 내 스스로 이 몸(肉; 月로 변형됨)이 언덕(阝; 언덕 부)의 높고 낮음을 가늠하여(左; 왼 좌; 왼손은 가늠하는 손) 나아가다(辶; 쉬엄쉬엄 갈 착)는 것을 합성시킨 것이다.

따라서 뒤진 이가 앞선 이를 아무런 가늠도 없이 마냥 뒤따르다는 식의 풀이는 합리성을 잃은 해석일 뿐이다. 그런 까닭에 이미 글자의 원류를 밝힌 〈설문해자〉에서도 "서로 소통되어 듣다."(相聽也)라고 하였다.

다만 앞서거니 뒤지거니 두 사람이 나아가는 형태는 아무런 쉼도 없이 가는 것이 아니라, 가다 쉬다 하는 일을 반복할 수밖에 없기 때문에 반드시 앞선 이가 끝까지 앞선다거나 뒤진 이가 끝까지 뒤진다는 말도 전혀 옳은 말이 될 수 없다.

대체적으로 '따르다'는 뜻을 지닌 단어로 '順從하다' 또는 '隨從하다'는 말을 들어 볼지라도 이때의 '順'(순할 순)은 웃어른의 가르침에 머리를 조아리다는 말이며, '隨'(따를 수)는 가늠해 가며 뒤따르다는 말일 뿐이다.

그런데 '從'이 곧 '相聽也'라는 말로 풀이되었던 것을 감안해 보면 순종한다는 말 자체도 웃어른의 말씀을 듣고 수긍되는 말일 때 따르다는 말이며, 수종하다는 말도 전혀 제정신을 놓고 앞사람을 따른다는 말이 아니라, 오히려 제정신을 차려 가늠해 가며 따른다는 말이다.

언어는 시대적 흐름에 따라 바뀌기 마련이라 하였는데 몇 천 년 이끼 낀 군주시대를 거치며 왜곡되게 풀이되었던 언어들의 본디 뜻을 찾아 귀중하게 새롭게 닦아 가는 일 또한 합리성을 되찾아야 할 오늘의 시대적 작업 중의 하나일 것이다.

比 비할 비
두 사람이 서로 견주는 모양

두 사람을 앞과 뒤로 짝지어 써 놓으면 뒤진 이가 앞선 이를 따르다는 뜻이 되어 결국에는 '從'(따를 종)이 되었다고 풀었다. 그러나 앞선 이가 늘 앞서고, 뒤진 이는 언제나 뒤지라는 법은 없다.

앞섰던 이가 게으름을 피워 나아가지 않으면 어느덧 뒤진 이가 될 수밖에 없고, 또 한편 뒤졌던 이가 분발하여 부지런히 앞선 이를 따르다 보면 급기야 앞섰던 이를 제치고 앞선 이가 될 수도 있는 것이다.

그래서 두 사람을 앞뒤로 짝지어 '따르다'는 뜻을 지닌 글자를 다시 뒤집어 놓으면 곧 '比'(비할 비)가 된다. 앞서거니 뒤지거니 하다가 두 사람이 나란히 있는 상태가 되면 비로소 서로가 우열을 견준다는 말이다.

두 사람이 서로 앞뒤로 나누어져 있을 때에는 감히 견줄 수도 없지만 서로가 비슷해졌을 때에 이르면, 그때서야 은근히 어깨를 들이밀어 누가 더 큰가를 견주기 마련이기 때문에 '견주다'는 말은 곧 어깨(肩)를 슬그머니 들이밀어 비교해 보다는 말이다.

만물의 영장이라는 사람만이 서로 견주어 비교하는 것은 아니다. 서로 친밀하게 지내는 개들은 이미 우열이 정해져 있기 때문에 그 우열대로 서열을 지켜 별다른 무리가 없지만, 모처럼 처음 만난 개들은 머리를 맞대고 으르렁거리며 서로가 우열을 가늠하기 일쑤이다.

이때 개들은 자신의 몸집이 상대보다 더 커 보이기 위해 터럭을 곤두세우고 최대한 사나움을 피우며 으르렁거리지만, 사람은 개와는 달리 서서 다니는 직립인간이기 때문에 점잖게 살며시 어깨를 가까이 하여 그 높고 낮음을 가늠하기 마련이다.

사실 살며시 견주어 본다거나 으르렁거리며 우열을 가려 보았자 역시 개는 개요 사람은 사람일 뿐이다. 개의 우열은 개들 그대로 한계가 있는 것이요, 사람들은 사람대로 이미 한계가 주어져 있기로 견주고 으르렁대봤자, 실은 그것이 그것일 수밖에 없다.

이런 뜻에서 '比'라는 글자 속에는 '견주다'는 뜻 이외에 거의 같다는 뜻이 집중적으로 들어 있다. 예를 들자면 같은 '比'에 '米'를 붙이면 언뜻 보기에는 쌀알과도 같으나 실은 옹골찬 쌀알이 아닌 '粃'(쭉정이 비)를 말하며, '木'을 붙이면 모양이 비슷한 '枇'(비자나무 비)를 말한다.

또 '扌'를 붙이면 손으로 이것과 저것을 번갈아 가리키며 견주다는 뜻으로 '批'(비판할 비)가 되며, '庇'(덮을 비)는 마치 지붕이 모든 것을 다 덮어버리듯 이것저것을 다 싸잡아 '덮는다'는 말이다.

그런데 '妣'(돌아가신 어미 비)는 그 풀이가 좀 다르다. 한자는 남성 중심이라, 비슷비슷한 여자들 중에 남자들이 은연중 선호하는 대상은 곧 돌아가신 어미를 닮은 여성이라는 말로 남성들이 여성들을 선호하는 비교의 원점이 곧 '돌아가신 어미'임을 밝힌 글자다.

자신이 선호하여 택하는 것들은 각자 개인의 개성에 따라 다르다지만, 그 개성이 어디에서 싹터 길러진 것이냐 하는 점에 대해서는 잘 모른다. 그러나 '妣'자로 미루어 보면 '어미'일 경우가 대부분이라 보아야 한다.

인간은 어미로부터 길들여진 본래적 습성을 무시할 수 없다. 그렇기로 옛말에 "어린 자식은 집안에 들어 어미의 거동을 받들어 그대로 배운다."
입 봉 모 의
(入奉母儀)라 하지 않았던가? 선천적 유전성은 어버이 모두로부터 물려받으나 어려서의 가르침은 오직 어미로부터이다.

北 북녘 북
두 사람이 서로 등지고 있는 모양

두 사람을 앞뒤로 서로 나란히 붙여 놓으면 뒤진 사람이 앞선 사람을 따르다는 말이 되며, 또 두 사람을 밀착시켜 놓으면 이는 서로를 견주다는 말이 된다. 그리고 두 사람을 상하로 딱 붙여 놓으면 음과 양이 조합된 것을 뜻하여 '짝 짓다'(匹)는 말이 된다.

그러나 두 사람을 등지어 놓고 보면 서로 친밀하다는 뜻과는 전혀 반대되는 뜻으로 '등지다'는 말이 될 수밖에 없다. 그래서 '北'은 근본적으로는 두 사람이 서로 등진 모양으로 '등지다'는 뜻이다.

그 등진 까닭이 서로 싸우다 등진 것이라 여기면 싸움에서 '지다'는 뜻이며, 그렇지 않고 사람이 살아가는 자연스런 모습으로 추리해 보면 한자를 사용하고 있는 북반구에서는 대부분 향하는 쪽은 따뜻한 남쪽이요, 등지는 쪽은 추운 북쪽이기 때문에 '북녘'을 뜻한다.

그래서 '北'을 싸움에서 '지다'는 뜻으로 쓰면 '질 배'라 하여 '敗北'(패배)라 읽지 '패북'이라고 읽지는 않으며, 다만 따뜻한 곳으로 앞을 향하고 추운 곳을 뒤로 두어 '북쪽'을 말할 때에야 '북녘 북'이라고 훈하여 읽는다.

남녘의 남이란 따뜻하기 때문에 씨앗을 뿌리면 잘 나온다는 뜻에서 '남'(나온다는 말의 줄임)이라 하였고, 이와는 반대로 북녘의 북이란 씨앗을 뿌려 두어도 어느 정도 잠복해 있다가 적당한 때에야 비로소 나기 때문에 '伏'(엎드릴 복)의 소릿값을 그대로 따다 '북'이라 이른 것이다.

아무튼 '북'이란 서로 어그러져 '등지다'는 뜻과 정면으로 돌파하려 들지 않고 싸우다가 등을 돌려 '지다'는 뜻이 있음과 동시에 등지는 쪽이라는 뜻에서의 '북쪽'이라는 뜻이 집중적으로 들어 있다.

인간의 전체 몸 중에서 앞은 가슴과 배가 대부분인데 비하여 뒤는 등이 전부인데, 이때 '등'이라는 말도 또한 '北'을 그대로 빌어다가 몸이라는 뜻을 지닌 '月'과 합성시켜 '背'(등 배)라 하였는데 이 또한 등지다는 말로도 쓰여 믿음을 저버린다고 하는 말을 '背信'이라 하였다.

그렇다면 왜 인간들은 서로 등지는 일이 일어날 수밖에 없는 것일까?

인간 상호간의 개별적인 차이는 누구나 다 인정하지 않을 수 없다. 그렇기 때문에 뒤진 사람들은 앞선 사람을 따라야 한다고 체념하며 살아가기 마련이다. 그러나 인간 상호간에 인정할 수밖에 없는 개별적인 차이보다 차이가 훨씬 크고 터무니없이 심하면 뒤진 사람들은 따르던 앞선 사람을 더 이상 따르지 않고 등져 버리기 마련이다. 터무니없이 어그러져 있으면 등지고, 또 떠나기 마련이다.

이런 뜻을 극명하게 나타낸 한자가 있다. 상하좌우가 그런대로 반듯하게 형평이 유지되어야 하는데 지나치게 기울어져 버린다면 어그러질 수밖에 없다는 뜻을 나타낸 글자는 곧 '乖'(어그러질 괴) 자이며, 이미 어그러져 버렸다면 누구나 다 떠나기 마련이기로 '離'(떠날 리)가 뒤따른다. 그래서 '乖離'는 '和合'과는 전혀 딴 뜻을 지닌 말이다.

'和光同塵'(화광동진)이라는 말이 있다. 내용적으로는 광명과 합하되 형식으로는 티끌과도 함께 한다는 말이다.

众(衆) 무리 중
셋 이상이 모인 것을 본뜬 모양

사람은 혼자서 살 수 없는 사회적 동물이다. 너와 내가 만나 정을 나누든지 아니면 서로 등지든지 아무튼 둘 이상이 만나 서로를 이해하며 살아갈 수밖에 없는 존재가 바로 사람인 것이다. 이때 서로가 만나 바람직한 행동을 통해 우의를 다지는 일을 일러 '仁'(어질 인)이라 한다.

서로 만나 너와 내가 본능적으로 견주는 일을 '比'(비할 비)라 하고, 더욱 가까워지는 일을 '匹'(짝 필)이라 하고, 서로가 등지는 일을 '北'(등질 배)라 한다. 그러나 인간이 서로 인간을 제대로 이해하고 서로를 잘 이해하는 것을 '仁'이라 한다.

모든 인간들이 서로 모이는 까닭은 그 뜻이 서로 다르다. 첫째는 혈연으로 집단을 이루어 모이는 경우가 있고, 둘째는 터 잡고 사는 지역으로 모이는 경우가 있고, 또는 학연을 비롯한 사회적 관계상으로 모이는 경우가 있다.

이 중에서 가장 역사가 오래된 것이 혈연으로 인해 모이는 경우라 할 수 있다. 따라서 혈연으로 인해 모인 경우는 피는 물보다 진하다는 말처럼 그 어떤 모임보다도 결속력이 강할 수밖에 없는데 점차 사회가 커지고 수가 늘어나자 이 또한 결속력이 약해지게 되었다.

자연시대에는 해가 뜨면 사냥을 나가든 밭으로 농사를 위해 나가든 집단을 이루어 공동 작업을 향해 나갔기 때문에 본디 무리를 나타내는 글자는 '날 일'(日) 밑에 세 사람을 붙여 이를 '무리 중'이라 하였다.

그러다가 다시 한 집단과 또 다른 집단이 서로 뭉쳐 싸움이 벌어지자 '日'자 밑에 붙었던 '무리 중'은 어느덧 '血'(피 혈) 밑에 붙여 이를 '무리 중'(衆)이라 하기에 이르렀다. 같은 집단이 모여 승리를 얻기 위해 하늘에 피를 바쳐 맹세한다는 뜻이다.

참으로 처절한 일이었다. 목숨을 바쳐서까지 승리를 얻고자 하는 그 맹세는 참으로 진실된 일이 아닐 수 없었다. 이 무기로 저 못된 것들을 물리쳐 달라는 염원이 곧 '祈'(빌 기)요, 부디 제 목숨만은 제발 살아남도록 해주십사 하는 것이 '禱'(빌 도)였다.

아무튼 사람이 집단으로 모이는 까닭은 공통된 이익을 취하려는 의도가 있기 마련이다. 자연스레 한 마을을 이뤄 가며 모듬살이를 하는 까닭도 서로 의지하며 살아가는 것이 훨씬 유리하기 때문에 그런 것이다. 이렇게 해서 나온 글자가 바로 '聚'(모일 취)이다.

날만 새면 공중을 날며 생활하는 크고 작은 모든 새들은 자신들이 쉬는 동안에는 반드시 크고 작은 나무들을 택하여 그 위에 모여 휴식을 취한다. 특히 작은 참새들은 더구나 집단으로 모여 다니다가 나무에 모여 조잘대기 일쑤다. 그래서 나온 말이 '集'(모일 집)이다.

본디 '集'은 세 마리의 새를 나무 위에 얹어 놓아 만든 글자다. 작은 새들일수록 옮기는 확률이 잦고 또한 작은 것들일수록 모듬 지어 살아가기 때문에 그렇게 만든 글자였을 것이다. 새들만 모여 사는 것이 아니라 사람들도 힘을 합쳐 모이기 마련이다.

혈연끼리 모이고 지연끼리 모이고 학연끼리 모이고 동갑내기끼리 모인다. 이때에 쓰는 '會'(모일 회)는 솥 위에 시루를 얹어 놓은 모양을 기본 꼴로 삼는다. 솥에서 오르는 뜨거운 김은 시루 속의 떡을 익히고 그 김은 다시 모여 하늘을 향해 오른다는 뜻을 지닌 글자다.

壬 착할 임
사람이 남보다 뛰어나 있음

사람이 남보다 더 뛰어나 있음을 나타낸 말로 가장 많이 쓰는 글자로는 '壬'(착할 임)이 있는데 이 글자는 '人'(사람 인)에 식물의 줄기가 오뚝하게 자란 모양을 나타낸 '土'(흙 토)를 그대로 붙였다. 땅속에 깊이 감춰져 있던 씨앗이 드디어 줄기를 드러내듯 감춰져 있던 사람이 제 모양을 드러낸 것을 뜻한다.

따라서 나보다 훨씬 뛰어난 사람을 '任'(맡길 임)이라 하여 나의 모든 것을 다 맡길 만한 사람이라는 뜻으로 쓴다. 나를 가르쳐 모든 배움을 맡길 만한 이를 일러 '先生任'이라 하고, 또는 나를 낳고 기른 부모를 일러 '父母任'이라 하는 것과 같다.

어미가 아이를 가지는 것을 '姙娠'했다 하는데 이때에도 '姙'(아이 밸 임)은 아이를 맡았다는 뜻이며, '娠'(아이 밸 신) 역시도 아이를 가졌다는 말이기는 하나 단순히 아이를 가졌다는 말보다는 정확히 따져 말하면 생명이 꿈틀거리는 아이를 가졌다는 말이다.

'任'은 '오뚝하다'는 뜻을 지닌 글자다. 그렇기 때문에 '艹'(풀 초)를 붙여 '荏'(깨 임)이 되면 유독 통통히 잘 익은 참깨나 들깨와 같은 깨들을 뜻하고, '心'(마음 심)을 붙여 '恁'(생각할 임)이 되면 자기 마음대로 생각하다는 뜻이 된다.

따라서 '壬'에 어떤 물건을 단단히 묶다는 뜻을 지닌 '東'(동여맬 동)을 중복시켜 두면 '重'(무거울 중)이 된다. 어떤 물건의 무게나 또는 부피를 헤아릴 때에는 반드시 꽁꽁 묶어서 저울에 올려놓고 이를 헤아리기 때문에 만들어진 글자다.

그러므로 '重'에는 '무겁다'는 뜻도 있지만 한편 '중복되다'는 뜻도 있다. '衝'(부딪칠 충)은 거리에서 가로로 가던 것과 세로로 가던 것이 서로 겹친 결과 부딪칠 수밖에 없다는 뜻을 잘 나타낸 말로 이중으로 겹친 것을 뜻한다.

'重複'이라는 말에서 '重'은 이중으로 겹친다는 말이며, '複'(겹칠 복)은 속옷과 겉옷의 종류가 많을 뿐 아니라, 그 옷들의 색깔도 다양하다는 뜻에서 겹치는 정도가 결코 한둘이 아니라 적어도 세 번 이상 겹칠 때에 쓰는 글자다.

'鍾'(술잔 종)은 오늘날에는 '종 종'이라 쓰지만 본디에는 쇠로 지은 술잔을 뜻하며 치는 '종'은 본디 '金'(쇠 금) 옆에 '童'(아이 동)을 붙여 만든 글자였다. 아마도 서양의 종은 치면 '땡땡땡--' 하는 소리가 나지만 우리 네 종소리는 반드시 '동동동--' 하기 때문이라 여겨진다.

'腫'(부스럼 종)은 정상적인 살보다도 더 부풀어 오른 상태를 말하는 것이며, '踵'(뒤꿈치 종)은 전체 몸을 받치는 발바닥의 뒤꿈치야말로 전체 발바닥 중에서 가장 힘을 많이 받는 곳이기 때문에 붙여진 것이라 여겨진다.

옛 시에 "성년은 두 번 거듭 오지 않고 하루에 아침도 거듭되지 않는다. 그러하니 때에 미쳐 마땅히 힘쓰고 힘써라 세월은 나를 기다리지 않는다."(盛年不重來 一日難再晨 及時當勉勵 歲月不待人)〈도연명〉라고 하였다.

(성년부중래 일일난재신 급시당면려 세월부대인)

일 년은 삼백육십오 일, 한 달은 삼십 일, 하루는 고작 이십사 시일 뿐이다. 여섯 시간 잠자고 놀고 먹는 시간을 다 제하고 나면 무슨 시간에 무엇을 해낼 수 있겠는가? 거듭되지 않는 시간을 소홀히 여기지 말자.

重 무거울 중
물건을 동여매어 오뚝한 것을 달아 봄

어떤 물건을 헤아리는 방법은 여러 가지가 있다. 첫째는 길이를 헤아리는 일이니, 자로써 긴 것인가 짧은 것인가를 헤아리는 것이다. 다음으로는 부피를 헤아리는 일이니, 됫박이나 말이나 그릇 속에 담아 그 부피를 헤아리는 것이다.

또 다른 방법은 어떤 물건을 꽁꽁 동여맨 뒤에 그것을 저울 위에 얹어 놓고 그 무게를 가늠해 보는 일이다. 그래서 무겁다는 말은 '東'(동여맬 동)에 '壬'(오뚝할 임)을 붙여 만든 것이다. 즉, 길고 짧은 것을 넘어서 크거나 작다는 것 이전에 무겁고 가벼운 것을 헤아려 보는 것이 곧 경중(輕重)을 헤아린다는 것이다.

속담에 "길고 짧은 것은 재어 보아야 알 수 있고, 무겁고 가벼운 것은 막상 저울질 해봐야 알 수 있다."(度然後知長短(탁연후지장단), 權然後知輕重(권연후지경중))라고 하였다. 눈짐작으로는 긴 것처럼 보이고, 또는 무거운 것처럼 보이기는 해도 막상 자로 재어 보고 저울로 달아 보아야 무거운지 가벼운지를 알 수 있다는 말이다.

일단 움직인다는 말을 두고 보자. 무거운 것에 힘을 가하여 움직인다는 말이 되기 때문에 '重'(무거울 중)에 '力'(힘 력)을 붙여 '動'(움직일 동)이 된 것이다.

만약 무겁지도 않는 것에 힘을 가하여 움직인다면 움직인다는 본의가 희박한 말이다. 즉, 무겁기도 하고 크기도 한 일을 두고 남들이 감히 힘쓸 엄두조차 내지 않는 일을 두고 아주 큰 힘을 들여 움직였다면 이를 두고 여러 사람들은 다 칭송하기를 아끼지 않을 것이니, 이것이 곧 나라나 사회에 큰 공훈을 끼친 것이라 하여 '動'에 '灬'(불 화)를 붙여 '勳'(공 훈)이라 말한 것이다.

무겁다는 말은 한편 무겁기 때문에 겹친다는 뜻도 있고 또 다른 한편으로는 두껍다는 뜻도 있다. 그런 뜻에서 무겁기도 하고 크기도 하다는 뜻으로 '중차대'(重且大)하다는 말로도 쓰이고, 또는 '二重' '三重' 등으로도 쓰인다.

차가운 겨울이 지나고 봄이 돌아오면 만물이 따뜻하게 불어오는 봄바람을 맞아 생기를 얻고 비로소 새싹을 선보인다. 이미 버드나무 가지가 새싹이 올라오도록 벼르고 있는 봄바람을 두고 우리는 훈훈한 바람이라 한다. 즉, '薰風'(따뜻할 훈; 바람 풍)이 불기 때문이다.

차가운 겨울바람을 저쪽으로 보내 버리고 마치 불기운이 계속해 올라오듯 따뜻한 바람이 북동쪽에서부터 불어오기 시작하여 동남쪽까지 끊임없이 방향을 바꿔 가며 불어오는 봄바람을 일컬어 훈훈한 바람이라 한다.

바람은 춘하추동 사계절에 따라 불어오는 방향이 서로 다르다. 시계바늘이 도는 것처럼 도는 방향을 따라 그대로 돈다. 겨울은 서북풍에서부터 동북풍으로 불고, 봄바람은 동북풍에서부터 동남풍으로 불어 대는데 특히 동북풍을 일컬어 작은 가지에 싹을 트게 하는 바람이라 하여 이를 '條風'(작은 가지 조)이라 한다.

다시 바람은 아주 남쪽으로 옮겨 남풍으로 불다가, 다시 서남풍에서 서북풍으로 바람 방향이 바뀌면 가을바람, 다시 방향을 바꿔 서북에서부터 동북까지에서 바람이 불어대면 이를 겨울바람이라 이른다. 그래서 가을바람은 주로 서풍이라 하고, 겨울바람은 북풍이라 한다.

身 몸 신
어미의 몸에 아이의 몸이 든 모양

사람과 동물을 통틀어 말하자면 '몸'이란 본디 '모임'에서 나온 말일 따름이다. 아비와 어미의 모임이 바로 몸이며, 암컷과 수컷의 모임이 곧 몸인 것이다.

따라서 몸을 나타내는 '身'(몸 신)이라는 글자는 어미의 몸속에 아이의 몸이 들어 있는 모양을 나타낸 글자로 여자가 아이를 가진 모양 그 자체를 그대로 본뜬 글자다. 어찌 되었건 간에 어미가 아이를 가지려면 반드시 아비를 만나야만 가능한 것이다.

우리말의 몸이란 '모임'을 줄인 말로, 이 모임을 뜻하는 글자로는 그 대표적인 예로 '匹'(짝 필)을 들 수 있다. 남녀가 상하로 짙게 짝 짓는 모양을 그대로 나타낸 글자로 짝을 이루어야만 임신이 되고 임신의 과정에서 출산을 통해 '새끼'가 나온다는 말이다.

남녀가 서로 짝을 지어야 새로운 몸이 나오기 때문에 결국에는 사람이 사람을 낳고, 돼지가 서로 짝을 지어야 돼지가 나온다는 원리가 이 한 글자에 집약적으로 들어 있다고 여길 수 있다.

그래서 언제나 짝을 통해 갓 나온 존재를 '새끼'라 부르는 까닭도 바로 아비와 어미의 사이에서 끼었다 나온 귀중한 존재라는 뜻으로 부모에게 자녀는 항상 귀중한 새끼인 것이다. 한편 '身'이라는 글자는 종자가 불어나는 시간적인 원리를 곧바로 나타낸 글자다.

또한 어미가 아이를 낳아 놓고 보니 단단한 뼈가 몸의 골격을 이루었고, 게다가 부드러운 살이 그대로 모양을 이루어 몸이 된 것인지라, 다시 몸을 나타낸 '體'(몸 체)라는 글자는 바로 이를 뜻하는 글자로 몸의 공간성을 잘 말해 주고 있는 것이다.

따라서 "몸과 머리터럭과 살갗은 부모께서 주신 선물이라, 감히 훼손하지 않는 것이 효의 시작이요, 입신양명하여 부모의 이름을 널리 드러내는 것이 효의 끝이다."(身體髮膚(신체발부), 受之父母(수지부모), 不敢毁傷(불감훼상), 孝之始也(효지시야). 立身揚名(입신양명), 以顯父母(이현부모), 孝之終也(효지종야))〈효경〉라는 말은 정녕 옳은 말이다.

이런 뜻에서 공자의 제자 가운데 맹의자가 공자에게 효를 물었을 때에 "어김이 없어야 한다."라 하시고, 번지에게 이를 설명하기를 "살아계실 적에는 예로써 섬기고, 돌아가셨을 때에도 예로써 장례를 모시고, 제사도 예로써 받들어야 한다."고 하셨다.

또 맹무백이 효를 묻자, 답하시기를 "부모는 오직 그 자식의 질병을 걱정하시느니라."고 완곡한 말씀으로 알려 주셨다. 부모는 자식을 심히 아끼는데 자식은 부모를 돌볼 줄 모르는 세상인심을 넌지시 들어 효를 강조하신 말씀이었다.

다시 자유에게는 "오늘날의 효는 능히 기르는 것만을 말하나 개나 말도 능히 기를 줄은 안다. 부모에 대한 공경심이 없다면 짐승과 어찌 다를 바가 있겠는가?" 하셨다. 공자의 높은 제자인 자유도 능히 부모의 몸만 받들 줄 알았지, 뜻을 받드는 데까지는 이르지 못했기 때문에 '봉양'(奉養; 받들고 기르는)의 도를 강조하신 것이다.

몸은 단순히 '身'으로만 표현되는 것이 아니라, '身'에 '呂'(척추 뼈의 모양)를 붙여 '躬'(몸 궁)도 또한 몸을 뜻하는 글자임과 동시에 몸을 구부려 예를 충분히 갖출 수 있다는 뜻도 있어 '다할 궁'이라고도 쓴다.

衣 옷의
사람의 몸에 걸쳐 입는 옷의 모양

세상 만물들이 다 옷을 입고 있다. 식물들은 하나같이 다 껍질을 입은 채 자라나고 있으며, 동물들은 다 각각 무늬가 다른 옷을 입은 채 자라나고 있으며, 심지어 두겁을 쓴 갑각류들은 그들 나름대로 자신의 특색에 걸맞은 옷을 입고 있기 마련이다.

사람도 애당초에 옷을 입지 않고 살았을 때에는 짐승과 똑같이 피부에 털이 나 있어서 체온을 유지할 수 있었던 것인데 점차 인지가 발달하게 되자 자연적으로 난 털 위에 피부를 감싸는 옷을 입게 되었다.

이처럼 미처 옷을 입지 않았던 그 시대의 인간은 짐승과도 같았고, 아마 생활 자체도 짐승들과 다를 바 없었을 것이다. 그래서 그때의 모습은 유인원(猶人猿)과도 같았을 뿐이었다.

그러나 다만 유인원보다 앞설 수 있는 것은 개를 길들여 사냥하는 데 이용하고 그물을 만들어 짐승들을 잡아들일 줄 아는 것으로부터 시작하여 비로소 옷을 입기 시작했던 때로부터 본격적인 사냥시대로 돌입하여 인간다운 인간생활이 영위되었던 것이다.

그런데 처음으로 입었던 옷은 어떤 모양이었으며 또 누가 만들었을까? 아마 처음으로 입었던 옷은 짐승의 가죽을 벗겨 만든 것으로 목을 감싸고 두 팔을 내놓아 좌우를 여밀 수 있는 그런 것이었을 것이다. 그리고 이런 옷이 등장하게 된 때는 황제(黃帝)의 딸인 호조(胡曹)의 구상에서 이룩된 것이었다고 한다.

그래서 옷이라는 물건의 처음 모양은 두 팔을 좌우로 꿰고 목을 드러낼 수 있는 바로 그 모양, 즉 '衣'(옷 의)가 맨 처음으로 빗어진 옷이며 이를 고안해 낸 사람은 황제의 딸 호조라, 그 이름만 들어도 북방의 많은 무리 중에서 뛰어난 여자였다는 사실을 짐작할 수 있다.

물론 옷을 입고 살아야 하는 이유가 바로 추위를 이겨내야 하고, 또는 살갗을 보호해야 한다는 것이 최대의 이유였기 때문에 반드시 옷다운 옷은 북방에서부터 입기 시작했을 것은 더 이상 말할 나위가 없다. 남방에서는 다만 나뭇잎과 같은 것으로 가릴 수만 있으면 되었을 것이다.

애당초의 옷은 윗도리를 길게 늘여 입었을 것인데 이것이 점차 발달하여 상의와 하의로 나뉘어져 말하자면 투피스까지를 입게 되었을 것인데, 이때에 상의는 애당초 그대로의 '衣'라 하고, 하의는 위에 받쳐 입는 옷이라는 뜻에서 '尙'(尙; 높일 상) 밑에 '衣'를 붙여 '裳'(치마 상)이라 했다.

물론 '의상'을 갖춰 입자 인간들은 머리에는 모자를 썼고, 발에는 버선을 신게 되었으며 손에는 장갑까지 끼었으며, 또 아랫도리를 얽어매는 끈까지 등장하여 이른바 의복을 잘 갖추어 이로 하여금 신분의 고하를 가늠하는 도구로 사용하기도 하였다.

속담에 "의복이 날개"라는 말이 있다. 이 말의 뜻은 어떤 의복을 입었느냐 하는 것에 따라 그의 신분이나 교양 정도를 짐작할 수 있다는 말이다. 그래서 나온 글자가 곧 '依'(의지할 의) 자요, 몸에 미쳐 입는다는 뜻으로 '服'(입을 복) 자를 쓴 것이며, 옷에 걸맞은 장식들을 일러 '裝'(장식할 장)이라 하였다.

신분의 고하나 직업의 여하를 두고 그 신분에 걸맞은 모자를 쓰기 마련인데 아무런 벼슬을 하지 않은 이는 그저 검은 머리 그대로일 뿐이라는 뜻에서 '黎民'(검을 여; 백성 민)이라 하는 것이다.

老 늙을 로
머리털이 하얗게 변해 버림

사람의 몸은 뼈가 가장 속에 있고, 뼈를 둘러싸고 있는 것이 살이며, 살 위에 가죽이 있고, 가죽에는 털이 나 있다. 그런데 그중에 짐승과 사람의 차이는 짐승들은 한결같이 털을 덮어 쓰고 있지만 사람만은 그렇지 않고 꼭 필요한 부분만 털이 나 있다.

그렇기 때문에 사람이 늙는다는 말은 실은 뼈가 약해진다는 말이기 때문에 죽음을 말하는 '死'(죽을 사)는 '歹'(뼈 발라낼 알)에다 변화하다는 뜻을 가진 '化'(될 화)를 붙여 죽음을 나타낸 글자다. 그래서 멀쩡하게 서서 활동하던 사람이 앉아만 있으면 늙었다는 말이며, 더 나아가 누워만 있으면 거의 죽음 가까이 다가갔다는 뜻이다.

두 다리로 이곳저곳을 마음대로 돌아다니는 때에는 온 몸이 성한 때이지만 막상 다니지 못하고 앉아만 있으면 몸 전체가 마음과는 달리 움직일 수 없기 때문에 의식만 산란하게 일어난다 하였고, 막상 누워만 있으면 게으름만 피우지 않을 수 없다고 하였다.

그런데 늙어 가는 과정을 눈으로 짐작할 수 있는 유일한 방법은 머리털이 하얗게 변해 간다는 것이다. 그래서 늙다는 뜻은 머리털이 변하다는 뜻을 '毛'(터럭 모)에 '化'를 덧붙여 '老'(늙을 로)라고 하였다.

모든 사물은 형과 색을 다 갖추어 이른바 형형색색이라 하지만 형의 변화를 알려면 우선 색의 변화를 감지하게 되는 법이다. 그래서 일단 늙다는 뜻도 머리털이 하얗게 변해 감을 늙다는 말로 썼다.

그렇다면 비록 늙었어도 오래 산다는 뜻은 어떻게 쓰는 것인가? '장수하다'는 말은 늙다는 뜻에 말과 손발이 한결같다는 뜻으로 써서 '壽'(장수할 수)라 하였다. '늙을 로'(老) 밑에 '一'과 '口'와 '寸'을 붙여 쓴 것이다.

어찌 하필 늙었어도 입과 손발이 한결같으면 오래 산다고 말한 것인가? 한마디로 말해서 입은 '氣'(기운 기)를 뜻하고 손발은 '血'을 뜻하여 혈기가 한결같으면 장수할 수 있다는 뜻이다. 즉, 혈기를 고정시키는 것이 오래 사는 비결이다.

일단 장수했다 하면 기본적으로는 '늙었어도'라는 말이 앞장서야 한다. 그렇기 때문에 입에서 나오는 말소리가 지나치게 작으면 '기'가 모자라는 것이고, 손발이 저리기 시작하면 피가 잘 유통되지 않는다는 것이다. 그래서 입과 손발이 한결같으면 장수한다는 말이다.

군자는 경계할 일이 세 가지가 있다는 공자의 말씀도 바로 그 까닭이다.

"소년 시절에는 혈기가 아직 정해지지 않았기 때문에 '色'(여색)을 경계할 것이요, 장년에 이르러서는 혈기가 방장하니 싸우는 일을 경계할 것이요, 늙어서는 혈기가 이미 쇠했기 때문에 욕심을 경계할 것이다."

소년기에는 여색을 삼가하여 '精'(정할 정)을 굳힐 것이요, 장년에 이르러서는 남과의 다툼을 경계하여 '氣'(기운 기)를 굳혀 둘 것이며, 늙어서는 이미 쇠해 버린 혈기를 그나마 잘 아끼어 '神'(정신 신)을 잘 갊아야 된다는 뜻이다.

정과 기와 신을 잘 보존하면 아무래도 오래 살 수밖에 없다. 이를 잘 보존했느냐 아니냐를 가늠하는 것은 밖으로 나타난 하얀 머리가 아니라 내부에 있는 정기신이다. 그러니 정기신 세 가지 보배를 잘 보존하는 것이 장수의 요체이다.

毛 터럭 모
눈썹이나 머리 및 새, 짐승에 난 털 모양

우주 안에 모든 생물들은 살아가는 형태나 모양들이 다양하다. 첫째는 지상을 누비며 온 몸을 털로 감싸고 있는 짐승들이 있는가 하면, 둘째로는 지상에 둥지를 틀고 살아가기는 하나 하늘을 향해 날며 먹이를 구하고 깃털로 자신의 몸을 장식하고 있는 새들이 있다.

그리고 땅속에 구멍을 뚫고 살면서 그 구멍을 들락날락하면서 살아가는 두겁 족은 자신의 몸을 털로 또는 두겁으로 감싸고 살아간다. 그리고 또 온 몸을 비늘로 감싸고 물속에서 자유롭게 헤엄을 치고 나름대로 물속에서 먹이를 구하며 살아가고 있다.

땅 위에 둥지를 짓고 깃을 펄럭이며 살아가는 족속을 '羽族'(깃 우, 겨레 족)이라 하고, 온 몸을 털로 감싸고 땅 위를 누비며 살아가는 족속을 '毛族'이라 하고, 두겁을 쓴 채 땅속과 땅 위를 왕래하며 살아가는 족속을 '甲族'(갑옷 갑)이라 한다. 또 비늘로 온 몸을 감싸고 물속을 누비며 살아가는 족속을 '鱗族'(비늘 린)이라 한다.

그중 또 다른 하나로 이들 족속과는 달리 털도 거의 없고, 날개도 없으며, 두겁도 없고, 비늘도 없는 족속이 있는데 이를 '裸族'(벌거벗을 라)이라고 한다. 다른 것들과는 달리 그 어떤 것 하나도 없으나 오직 머리 하나만을 주었고 다른 것은 전혀 없기로 벌거벗은 존재일 뿐이라는 점에서 그렇게 명명한 것이다.

이처럼 네 가지 족속이 각각 동서남북을 관장하며 살아가는데 그중에서 오직 '벌거벗은 것' 만큼은 가운데를 떠나지 않고 언제나 나머지 네 족속에게 알이나 새끼를 공급해 주고 있다. 그리고 오직 단독으로 벌거벗은 족은 바로 사람이라 규정하였다.

그렇기는 하나 눈 위에 약간의 섭을 두른 것같이 눈 위에 약간의 털이나 있는 것을 일러 '眉'(눈썹 미)라 하였고, 또 이마 위에 머리를 마치 지붕을 덮은 듯 덮고 있는 털들을 '髮'(머리카락 발)이라 하였다. 아마도 굳이 벌거벗은 존재이기는 하나 그래도 모족에서 진화된 것이라는 점을 간접적으로 시사해 주고 있는 점이다.

'眉'란 눈을 보호하기 위해 눈 위에 나 있는 털을 나타낸 것이기 때문에 '目' 위에 가지런히 나 있는 모양을 그대로 본뜬 것이다. 그리고 '髮'이란 계속해 길어나기도 하고(長), 빠지기도(拔) 하며, 또한 머리 전체의 모양을 빛나게(彡) 한다는 뜻으로 쓴 것이다.

한편 짐승들이 몸 전체를 뒤집어쓰고 있는 털을 '毛'라 하고, 날개를 달고 하늘을 나는 새들에게 있어서의 털은 '羽'라 한다.

인간은 오직 남성들에게만 머리털과 같은 수염이 얼굴에 나 있다. 입을 중심으로 윗입술 위에 나 있는 것을 '鬚'(윗수염 수)라 하고 입술 아래 턱에 나 있는 것을 일러 '髥'(턱수염 염)이라 하며. 얼굴 옆 구레나룻에 나는 것을 일러 '鬢'(구레나룻 빈)이라 하였다.

'髮'이나 '鬚'나 '髥'이나 '鬢' 등에 공통으로 들어 있는 글자는 '長'(길 장)과 '彡'(빛날 삼)이다. 아마 얼굴에 난 모든 털들은 길어 나면서도 빠지지만 결국은 얼굴을 빛나게 하는 역할을 한다는 뜻이다. 특히 코밑에 두는 '鬚'는 인간에게 있어 반드시 있어야 할 요소이기로 '須'(모름지기 수; 반드시라는 뜻)를 '반드시'라는 뜻으로 쓰고 있다.

尸 주검 시
머리를 떨구고 빳빳이 누워 있는 모양

사람을 나타내는 글자는 많다. 우선 '人'(사람 인)은 본디 머리를 위로 하고 손과 발이 따로 있는 모양을 그대로 상형한 것이다. 그리고 사람의 정면 모양을 그린 글자로는 '大'(큰 대)가 있는데 이는 곧 서 있는 사람이 두 팔을 번쩍 들어 크다는 점을 나타낸 글자다.

뿐만 아니라 '疒'(병들 녁)은 사람이 아픈 관계로 꼼짝없이 침상에 누워 있는 모양을 나타낸 글자이며, 막상 사람이 죽으면 머리를 떨구고 몸을 빳빳이 한 모양 그 자체를 말하는 글자로 '尸'(주검 시)라 하였으며 이와 비슷한 글자로 '夭'(일찍 죽을 요)는 머리가 기울다는 뜻으로 제 명에 죽지 못하고 요절하다는 말이다.

이처럼 사람의 형상을 본떠 만들어진 글자가 많이 있지만 '尸'에서 손을 쭉 빼 밀어 내면 '尺'(자 척)이 되어 명사로는 길이를 헤아리는 자라는 말이며, 또한 '헤아리다'는 뜻이기도 하다. 어떤 것을 아는 척하다거나 또는 모르는 척하다는 말도 실은 헤아리다는 뜻이 붙여져 이룩된 말이다.

따라서 한 자니 두 자니 하는 말은 팔을 내밀어 그 길이를 헤아렸음을 말하며, 모든 길이는 손을 기본으로 하여 헤아린다는 뜻인데, 보다 긴 거리는 자연히 발을 써서 헤아렸다.

길이를 잴 때에는 손을 써서 재었기 때문에 한 자를 뜻하는 글자는 내민 팔을 썼고, 한 치보다도 더 짧은 길이는 사람이 칼로 벨 수 있는 최소의 단위를 일컬어 '分'(나눌 분; 보통 푼이라 읽는다)이라 한다.

한 치는 한 자의 십 분지 일에 해당하는 길이로 한 치 자체도 손으로 뻗어가는 대동맥이 지나는 곳, 즉 촌구 맥이 지나는 곳을 말하여 이른바 손목을 가리키는 것이다. 또 좌우 두 팔을 활짝 펴서 잰 길이는 '尋'(찾을 심; 여덟 자 심)이라 하였다.

'尸'는 죽음 그 자체를 뜻하는 글자로 여기에 '水'를 붙이면 일단 먹은 물이 몸 전체를 돌아 다시 배설된 것, 즉 '尿'(오줌 뇨)를 말하며, 다시 '米'(쌀 미)를 붙여 두면 먹었던 음식이 소화되고 나온 찌꺼기를 뜻하여 '屎'(똥 시)라 하였다.

'屎'와 같은 뜻으로 '糞'(똥 분)이라는 글자는 곡식을 먹고 난 찌꺼기로 곡식과는 전혀 다른 것을 뜻하는 글자다. 그 소릿값을 '분'이라고 한 것 역시 본디 나누어진 것을 뜻하는 '分'(나눌 분)을 그대로 쓴 것이다.

'똥'이라는 우리말은 배설될 때에 쭉 연결 지어 나오다가 한 도막이 뚝 떨어지며 나는 소리가 '똥-' 하고 떨어지는 소리를 낸다는 말일 수밖에 없다. 이같이 한자나 또는 우리말에서 그 소리가 중요한 것이다. 땅을 땅이라 말하는 까닭도 모든 물건은 결국 땅으로 '땅-' 하고 떨어질 수밖에 없기에 붙여진 말이다.

'尸'에 '毛'(터럭 모)를 붙이면 '尾'(꼬리 미)가 된다. 이는 짐승을 기르는 업으로 살아가는 자들이 짐승들과 일체감을 나타내기 위해 꼬리를 만들어 궁둥이에 붙이고 살았음을 그대로 나타낸 글자로, 옛날의 민속이나 습속을 잘 반영한 글자인 셈이다.

또 똥이 나오기 이전에 먼저 나오는 배 속의 기가 밖으로 배설되기 마련인데 이를 말로는 '방귀'라 하는데 반드시 방귀는 항문을 통해 나오는 것이기 때문에 '尸'에 '比'(좌우 양쪽에 나란히 있는 것)를 붙여 '屁'(방귀 비)라 하였다.

舟 배 주
나무의 속을 파내어 만든 배의 모양

물은 위험을 상징하는 것이다. 예로부터 산이나 물은 이곳과 저곳의 경계로 사용되어 왔다. 그중에서도 산은 인간의 노력으로 넘어 버릴 수도 있지만 깊은 물이나 넓은 물은 넘을 수 없다고 여겼기 때문에 특히나 물은 더욱 확실한 경계로 여겨 왔다.

높은 산도 넘기 어려운 큰 장애로 여기기는 하였으나 깊고 넓은 물은 쉽사리 정복할 수 없는 경계로 여겨 애당초 신성시할 정도로 경외의 대상으로 여겼다. 그러다가 원시림에서 떠내려온 텅 빈 나뭇조각이 물에 뜨는 것을 보고 배를 만들기에 이르렀다.

통나무를 엮어 뗏목을 만들어 물에 띄어서 물을 정복하기도 하였으나 그보다는 큰 나무의 속을 파내고 거기에 노를 갖추어 그동안 무서워하였던 물을 정복할 수 있었다. 옛날 요임금이나 순임금 사이에 공고(共鼓)와 화적(貨狄)이 세운 업적이라 전해져 내려온다.

그래서 맨 처음으로 나타난 배는 큰 통나무 속을 파내고 거기에 두 사람이 균형을 맞춰 노를 젓고 다니던 아주 소박한 보트와 같은 그런 조그마한 배로, 큰 바다를 항해할 수는 없고 그냥 작은 강 물가나 작은 호수 속을 왕래할 수 있는 정도의 것이라 상상할 수 있다.

그러다가 점차 발달하여 강을 벗어나 바다까지 진입하기에 이르는 배다운 배가 나올 수밖에 없었던 것이니 이런 배를 '船'(배 선)이라 하였다.

육지 안에서 흐르는 물만을 한정 지어 다니던 배가 막상 강을 벗어나 강가에서 바다로까지 진입해 나갈 수 있는 제법 큰 배는 '舟'에다가 '沿'(강가 연)을 더 붙인 것으로 '船'이라 하였다.

바다를 항해하는 배는 반드시 바람과 파도를 헤쳐 나가야 한다. 그래서 배는 뱃전에는 바람을 담아내는 돛을 높이 달고 파도를 이기며 방향을 가늠하는 돛대를 잡고 유유히 떠가지 않으면 안 되는 것이기 때문에 배의 운명은 오직 바람과 파도에 맡겨야 할 따름이었다.

바다를 항해하는 배가 육지에 묶여 있을 때에는 '항구'(港口)의 부두에 묶여 있는데 이때의 항구란 파도를 피해 쑥 들어간 물골목이라는 뜻으로 '巷'(골목 항)이며, 배를 정박시킬 때에는 반드시 앞쪽을 붙잡아 두었기에 '前'(앞 전) 자가 나왔다.

아마도 장차 항해에 앞으로 나갈 배들을 모아 단단히 붙잡아 매놓은 모양을 그대로 나타낸 것이기 때문에 앞서 나타난 획은 붙잡아 매놓은 곳을 말함이요 밑에 '月' 자나 '刂' 자들은 본디 '舟' 자로 썼던 것이다.

'舟'가 '船'으로 커진 것은 당연한 결과이기는 하나 다시 '船'은 더욱 커져 '艦'(큰 배 함)으로까지 발전하고, 한편 배는 물 위를 떠다니는 교통수단일 뿐 아니라 물속까지 잠겼다가 또 물 위로 올라올 필요가 있을 때에는 떠다니는 '잠수함'(潛水艦)이 나오기도 하였다.

'艦'이라는 글자는 배는 배인데 상대의 동정을 살피는 기능을 가진 배이기 때문에 '監'(볼 감)을 덧붙인 것이며, 물 위에서 상대의 동정을 엿보기보다는 물속에서도 상대의 동정을 살필 수 있는 전쟁용 배도 필요에 따라 나왔기 때문에 이를 '잠수함'이라 하였다.

어디 그뿐인가? '艦'이 보다 더 커져 비행기도 싣고 탱크도 싣고 각종 보급 물자 및 많은 군사들까지 몽땅 태울 수 있는 바다 속의 육지라 할 정도의 더 큰 배가 등장하였으니 바로 '항공모함'(航空母艦)이다.

方 모 방
배를 아울러 묶어 놓은 모양

배를 항구에 정박해 놓을 때에는 반드시 앞을 향해 묶어 놓는다. 그런데 배 두 척 이상을 그대로 좌우로 엮어 놓는 것을 말할 때 이를 '方'(모방)이라 한다. 아랫부분은 두 배를 묶어 하나가 된 모양을 그대로 본뜬 것이고, 위는 두 배의 머리가 하나로 이어진 모양을 본뜬 것이다.

'方'은 두 배를 하나로 묶어 놓은 모양을 본뜬 글자로 오늘날 '舫'(뗏목방)의 근본 글자인 것이며, 이 글자가 다시 인신(引伸)되어 '方圓의 方'이 된 것이다. 따라서 '모나다'는 말이 되어 공간을 나누는 말로 전해져 '동서남북 사방'이라는 말이 나왔다.

사방을 다시 나누면 팔방이 되고 팔방을 거듭 나누면 십육방이 되듯이 방위는 나눌수록 더욱 섬세해지고 정확해진다. 그러나 보통은 사방 또는 팔방으로 나누어 그 어떤 일정한 지점을 지칭하는 것이 일반적인 예이다.

일정한 토지를 구획 지을 때에도 보통 팔방을 사용한다. 중앙에 중심을 두고 좌우와 상하로 일단은 사방으로 나누고 더 멀리 지난 거리는 동남, 동북, 서남, 서북 등의 간방으로 구획을 정리하는 것이 일반적이다.

도성을 축조할 때에도 동서남북 사대문을 먼저 내놓고 그 간방에 네 개의 작은 문을 내며, 성을 쌓고 성을 지키는 문루도 동서남북 사대문을 먼저 그린 다음에 간방에 네 개의 망루를 정하는 것이 보통이다.

그래서 그 지역적 특성에 따라 '坊'(동네 방)을 나누었으니, 예를 들어 주로 중국의 사신을 맞이하는 곳이 있으면 이를 '황화방'(皇華坊)이라 이르고, 남대문 밖에서 대문을 넘나드는 과거꾼들이 일단 모여 있는 곳을 일러 '회현방'(會賢坊)이라 이른 것과 같다.

'전국 방방곡곡(坊坊谷谷)'이라는 말 역시 지역적 특성에 따라 나눈 '동네와 골짜기'라는 말에 지나지 않기 때문에, 이는 곧 온 나라에 걸친 동네와 골짜기(골은 작은 마을이라는 뜻)를 통틀어 한 말이다.

아무튼 '方' 자체는 이곳저곳이라 이를 때에 '곳'을 말하기 때문에 '방황'(彷徨)하다는 말은 이곳저곳을 어슬렁거리면서 두루 돌아다니되 아주 많이 헤매고 다닌다는 말이다. '徨'(어슬렁거릴 황)에는 이미 많이 돌아다닌다는 뜻이 있기 때문이다.

'方'에 '阝'(언덕 부)를 붙이면 어떤 곳을 막아 바람을 막든지 아니면 물을 막는다는 뜻으로 '防'(막을 방)이 되며, 예로부터 남자의 장래 길을 가로막는 것은 여자라는 뜻에서 '妨'(가로막을 방)이라 하였다. 떳떳하게 걸어가는 길을 가로질러 막는다는 말이다.

그리고 오둑하니 울안에 감춰 두었던 것들을 밖으로 내쳐 자유롭게 하는 일을 두고 '放'(내칠 방)이라 하니 '해방'(解放)이란 꼭꼭 묶어 두었던 것을 일단 풀고 사방으로 내쳐서 자유롭게 풀어 버린다는 뜻이 집중적으로 갊아 있어 듣기만 해도 시원스러운 말이다.

옛 시에 이르기를 "오류선생이 본디 산에 계셨더니 우연히 객이 되어 인간에 나왔더라. 가을이 되자 달을 보다가 돌아갈 생각이 문득 일어 살며시 일어나 새 장을 열고 흰 한새를 풀었노라."(五柳先生本在山 偶然爲客落人間 秋來見月多歸思 自起開籠放白鷴)〈도연명〉 하였다.

본디 인간은 다섯 버들 그늘 아래에서 살면 신선이었다. 그런데 우연히 세속에 떨어져 살았다. 그러나 달을 보고 돌아갈 생각이 문득 일어나 스스로 새 장을 열어 흰 한새를 풀었더라.

儿 어진 사람 인
받드는 사람의 모양

사람을 나타내는 글자는 많다.

사람을 나타내는 표준이 되는 글자로는 '人'(사람 인)을 말할 수 있는데 이는 사람의 옆모습을 그대로 본뜬 글자다. 모든 몸은 머리를 받들고 있고, 손과 발은 분리되어 있으며, 직립해 있는 인간 자체의 모습인 것이다.

또 두 팔을 쫙 벌리고 있는 사람의 정면 모양인 '大'(큰 대)가 있다. 이 글자는 '크다'는 뜻을 나타낸 글자로, 첫째, 하늘이 크고, 둘째, 땅이 크고, 그다음으로 왕이 크고, 마지막으로는 사람의 존재가 아주 크다는 뜻을 그대로 나타낸 글자다. 두 팔을 쫙 벌려 '크다'는 뜻을 나타낼 수 있는 유일한 것으로는 오직 사람뿐이기 때문에 얻어진 글자라 여겨진다. 크고 작은 것을 손을 써서 나타낼 수 있는 존재 또한 유일하게 사람이라는 뜻이 집중적으로 깔려 있는 것이다.

큰 것보다 더욱 크다는 뜻은 본디 '大'를 두 번 위아래로 반복하여 썼던 것인데 이것을 다시 '太'(아주 클 태)로 써서 손으로는 감히 상상치 못할 너무나 큰 것을 나타내었다. 이것도 또한 손을 빌어 크다는 뜻을 나타낸 것은 틀림없다.

사람이 어디로부터 왔느냐고 묻는다면 우선 나는 우리 부모로부터 나왔다 말할 수 있다. 그러나 부모는 또 어디로부터 나왔고, 또 그 위의 부모는 어디로부터 나왔느냐고 계속해 묻는다면 누구나 답변하기 곤란할 수밖에 없다.

그래서 곧 만물의 최초 원인을 이야기해 주는 가장 적절한 말로 등장된 것이 '태극'(太極)이라는 말이다. 태극이란 사람뿐만이 아니라 천지를 포함한 만물의 최초 원인을 집약한 말로 '아주 극히 먼 옛날'이라는 뜻을 나타낸 말이다.

이처럼 사람이라는 표현을 가장 잘 나타낸 글자는 바로 '人' 자로 손과 발이 분리된 채 직립해 사는 모든 생물 중에 '입생'(立生; 땅 위에 서서 살아가는 존재)이라는 것이 아주 기발한 발상이며, 또한 크다는 것을 두 팔을 쫙 벌린 모양으로 나타낸 것도 기발하다 할 수 있다.

더 나아가 천지를 포함한 모든 만물의 소종래를 곧 '태극'이라고 집약한 발상도 예사로운 일이 아니다. 그리고 이 태극을 중심으로 하늘과 땅, 그리고 불과 물을 상징하는 팔괘 중 네 가지 괘를 둘러 나라의 상징을 삼고 사는 우리는 참으로 뛰어난 철학성을 지닌 민족임에 틀림없다.

천지 안에서 남녀가 서로 오순도순 짝을 지어 아이들을 낳는 대로 하나 둘씩 차례로 낳으니 먼저 낳은 놈은 이미 머리가 여물어 버린 '兄'(맏 형)이요, 금방 낳은 놈은 아직 머리가 여물지 않은 채 숨구멍이 벌렁거리니 이를 '兒'(아이 아)라 하였다.

兄이나 兒도 또한 자라면서 부모를 섬겨야 할 자녀이기 때문에 이때에 굳어진 머리통이나 숨구멍이 벌렁거리는 머리통을 제외한 '儿'(사람 인)은 하나같이 다 힘을 다해 부모를 섬겨야 할 사람이라는 뜻을 지닌 글자다.

사람은 서서 활동하는 동안에는 버젓한 존재인 것만은 확실하다. 사람은 그 버젓이 하는 활동들이 어디까지나 천지를 포함한 부모와 내지는 만물을 다 침착하게 잘 가꾸어 나가야 할 도덕적 책임을 안고 행해져야 하기 때문에 적어도 '儿'이 될 수밖에 없는 것이다.

先 비녀 잠
머리가 뜨는 것을 잠재우는 비녀

마냥 자라는 긴 머리를 어떻게 갈무리할 수 있었을까?

전통시대에는 남녀를 불문하고 "신체발부는 부모가 주신 선물이라 이를 감히 헐거나 상하게 해서는 안 되니 이것이 곧 효의 시작이다."(身體髮膚, 受之父母, 不敢毁傷, 孝之始也)〈효경〉라 하여 몸에 달린 모든 것을 감히 훼상하는 것은 불효라 여겼다.

그래서 특히 머리는 자라나는 대로 그대로 두고 남자는 상투를 틀고 여자는 비녀를 꼽아 머리를 간수했을 뿐만 아니라, 심지어 계속해 자라나는 손톱이나 발톱까지도 전혀 깎으려 들지 않고 그대로 놓아두었던 것을 미덕으로 여겼다.

그 증거로는 증자가 임종에 다다라 제자들에게 이르기를 "제자들아, 내 덮고 있는 이불을 걷어 보라." 하자 그 분부대로 걷어 보니 일생을 갈무리해 두었던 손톱이나 발톱이 그대로 고스란히 있었다. 이에 증자는 제자들에게 "이제 나는 자유롭게 되었다."라고 말하였다.

부모가 주신 선물을 고스란히 지켜 내기란 여간 힘든 일이 아니었기 때문이다. 그래서 죽음을 바로 앞에 두고 제자들에게 몸소 애써 지켜 온 자신의 손톱 발톱을 내보인 것이며 죽음이야말로 더 이상 손발톱을 지킬 수 없기 때문에 다소 안락의 세계에 들 수 있다는 점을 은근히 강조한 것이다.

손발톱을 이렇게 고스란히 지켜 온 것을 보면 머리털이야 오죽이나 애지중지하였겠는가? 그래서 끊임없이 계속 자라는 머리털을 소중하게 아낀다는 뜻에서 이를 보발(保髮 또는 輔髮)하여 남자는 상투를 틀어 묶었고, 아낙네들은 머리를 뒤로 묶어 비녀를 꽂았다.

남자의 상투는 구리쇠를 중심으로 흩어진 머리를 모아 상투를 틀었던 것이고, 여자는 흩어진 머리를 뒤로 모아 묶은 뒤 이를 비녀로 잠재웠던 것이다. 남자는 천기를 받아야 하기 때문에 하늘을 향해 상투를 틀었고, 여자는 천기를 받지 못하도록 머리를 뒤로 묶었다.

이처럼 머리 하나를 손질하는 것만으로도 남녀에 각각 큰 차별을 두었다. 나아가 상투를 모으는 데 쓴 구리쇠는 일명 '동곳'이라 하여 하필 구리쇠를 썼던 까닭도 실은 천기를 가장 빨리 고스란히 받는 것은 오직 구리쇠였기 때문이었다.

그래서 남자들은 짐을 질 때에 반드시 등에 질 수밖에 없었던 것이고, 반면 여자들은 무거운 짊을 질 때에 반드시 머리 위에 얹었기로 이를 '남부여대'(男負女戴)라 일렀던 것이다.

일반 서민들은 비녀를 꽂아도 금비녀나 은비녀가 아닌 대나무꼬치로 비녀를 삼았기 때문에 비녀라는 한자어는 '竹' 아래에 머리를 잠재운다는 뜻으로 '潛'(잠길 잠)에서 '氵'를 뺀 글자를 서로 상하로 붙여 쓰게 된 것이다.

따라서 '潛'은 시간을 두고 물속으로 가라앉듯 물밑으로 가라앉는다는 뜻이며 '蠶'(누에 잠)은 시간을 두고 몇 잠을 잔 뒤에 드디어 번데기가 되어 버린다는 뜻을 그대로 가진 글자다.

우리말에서도 '잠'이란 말 역시 의식을 놓고 곤히 곯아떨어진 상태를 말함이라 '잠'은 '潛'과 통하는 것이 아닌가 싶다.

先 먼저 선
앞서서 나간 모양

사람이 앞서서 나간 모양을 그대로 일러 '先'(먼저 선)이라 하였는데 그 뜻은 곧 앞서서 뻗어 나가는 모양을 본뜬 '之'(갈 지)에 '儿'(어진 사람 인)을 붙여 앞서서 나간 사람이라는 뜻으로 썼다. 나의 조상은 나보다 앞서서 나간 사람이기 때문에 '先人'이라 하는 것이 그 예다. 또한 앞서서 삶을 살아온 사람들을 일러 언필칭 '先生'이라 하는데 이때에 말하는 '先'이란 어느 모로나 나보다 일찍이 앞서서 경험이 많은 사람들을 말하는 것이며, 또한 누구누구 씨라는 뜻으로 상대를 존칭하는 말이기도 하다.

사람이 살다 보면 앞선 이도 있고 뒤진 이도 있기 마련이다. 그러나 한 시대를 같이 사는 동안에 앞선 이도 있지만, 기껏 살아 보았자 삶은 백 년 미만일 뿐이기 때문에 선인은 헤아릴 수 없이 많다.

그래서 옛사람은 "앞서 먼저 간 이들을 볼 수 없고, 또 뒤에 다가올 이들을 볼 수 없으니 천지의 아득함을 생각하며 내 홀로 눈물 흘릴 수밖에 없노라."(前不見古人, 後不見來者 念天地之悠悠, 獨愴然而涕下)라고 읊으며 깊은 고독에 빠졌던 것이다.

참으로 백 년을 채 못 사는 인생들이 공연히 천 년의 근심을 버리지 못하는 것은 참으로 아이러니 중에서도 심한 아이러니이다. 세상의 모든 걱정을 한 몸에 다 지고 사는 것처럼 세상사를 잔뜩 고민하고 또 고민하는 것은 어쩌면 못난 일 중에 하나일지도 모른다.

살아가는 생명들은 다 각기 제 수명이 이미 주어져 있는 법이다. 고작 살아 보았자 사람은 백 년을 넘기 어렵다. 설사 백 년을 넘어 산다고 할지라도 잠든 시간과 병든 시간을 빼고 아무 철없이 뛰놀던 어린 시절을 빼고 참으로 사는 것처럼 사는 날은 며칠이나 될 것인가?

장자의 말씀 그대로 "아침에 돋아나 저녁이면 사라지는 버섯들은 초하루인지 보름인지를 알지 못하고, 매미나 쓰르라미들은 한낱 여름철에 나서 가을이 다가오기 전에 자취를 감추니 봄과 가을을 알 수 없다."(朝菌不知晦朔, 蟪蛄不知春秋)

우리의 삶은 유한하나 앎은 무한하다. 한도 끝도 없는 무한한 앎을 좇아 나가기에는 참으로 위태하고, 또한 참으로 안다고 생각하는 이도 진정 위태로운 일이다. 오직 앞서는 것만을 능사로 알 것이 아니라 때로는 뒤에 서서 앞선 것을 본 따르고, 혹은 뒤로 물러나 중도를 잡아 나가는 것이 훨씬 현명한 일일 수도 있다.

늪에 살고 있는 꿩은 열 걸음에 한 번 쪼고, 백 걸음에 한 번 물을 마신다. 그런데 꿩은 새장 속에 갇혀 길러지기를 몹시 싫어한다. 주워 먹을 것이 없어 매일매일 걱정하면서 살아갈지라도 갇혀 살기를 싫어한다.

마음의 자유를 극히 좋아하여 먹을 것이 있으면 주워 먹고, 물 마시고, 없으면 없는 대로 굶어도 물 마시며 제멋대로 즐겁게 살다가 죽는 것을 나름 천명으로 여기며 늪과 더불어 살아간다.

일찍 일어난 새들은 벌레 하나라도 잘 주워 먹는다. 부지런을 떨면 아무래도 부족한 것을 채울 수 있다. 조금은 부족하지만 부지런을 떨면서 그 부족함을 채울 수 있으면 더욱 좋다.

모든 것은 가락에 맞춰 움직이면 되는 것이다. 가락에 맞춰 춤을 추면 자연히 신이 왕성해질 수밖에 없다.

見 볼 견
사람의 눈으로 본다는 뜻

사람의 눈은 앞에 나타난 사물을 바라본다는 뜻을 지녔다. 그러나 반드시 보기만 하는 것일까? 꼭 그렇지는 않다. 사람의 눈에 뜨였기 때문에 보는 것이라고도 말할 수 있다. 그래서 사람이 보는 것이라는 뜻으로는 본다고 말할 수 있으나 나타났기 때문에 볼 수밖에 없다는 뜻에서 한편으로는 '나타날 현'이라고도 한다.

보다는 뜻으로는 '볼 견'이라 읽고, 왜 보느냐 하면 사물이 나타나 있기 때문에 볼 수밖에 없다는 뜻으로는 '나타날 현'이라 읽기도 한다. 예를 들어 임금을 보려고 온 것이 아니라, 내가 임금께 보여 주려고 나타난 것이기 때문에 임금을 알현(謁見)한다고 읽어야 한다.

본다는 말도 여러 가지가 있다. 귀신처럼 엿보다는 뜻으로는 見에 示(본디 귀신을 의미하는 옛 글자)를 붙여 '視'(볼 시)라 하였으니 단순히 바라보다는 뜻만이 아니라, 남 몰래 엿보다는 뜻이 있다. 예를 들면 깜깜한 곳에서 어떤 이를 몰래 살피는 뜻을 '감시'(監視)하다고 한다.

뚫어지게 바라보다는 뜻으로는 '見'에 '황새 환'을 붙여 '觀'(볼 관)이라 읽는데 이때 본다는 뜻은 마치 황새가 날랜 물고기들을 뚫어지게 바라보는 것처럼 일심정력을 다하여 샅샅이 살펴본다는 뜻이 집중적으로 들어있다. 황새와 물고기는 모두 다 먹히느냐 아니면 살아남느냐 하는 생존이 걸린 문제가 있기 때문이다.

잘 살핀다는 뜻을 지닌 말은 바로 '간'(看)이다. 눈 위에 손을 얹어 자세히 살펴보다는 뜻이다. 살펴보는 것을 방해하는 것은 상대에서 되비치는 빛이 너무나 강렬하기 때문이니 이를 차단하며 꼼꼼히 살핀다는 뜻이다.

인간은 자칫 외형에서 비치는 빛만을 얼잡아 보고 대부분은 속아 잘못 판단하기 쉽기 때문에 이를 경계한 말이기도 하다. 선(禪)을 수행할 때 '간화'(看話)란 말을 쓰는 것도 자칫 잘못하면 밖으로 그럴싸한 모양에 속아 누더기 속에 든 날빛과 같은 광명을 놓칠 수 있기 때문이다.

살핀다는 말도 각각 쓰임은 다르다. '省'(살필 성)은 눈을 지그시 한 모양으로 자신의 내부를 꼼꼼히 살핀다는 뜻이며, '察'(살필 찰)은 사당 안의 제사상 차림을 눈여겨 살핀다는 뜻이다. 그래서 '省察'이란 안과 밖을 두루 살핀다는 말이다.

속담에 "눈이 보배다."라 하였고, 또한 "백번 듣는 것보다는 한번 보는 것이 낫다."(百聞不如一見[백문불여일견])고 하였다. 그만큼 귀를 통해 듣는 것보다는 직접 눈으로 확인해 보는 것이 훨씬 확실한 것이라는 말일 것이다.

책을 통해서만 가르치고 배우는 것은 듣는 데 그치는 경우가 허다하다. 그러나 어느 날 이미 들은 그대로를 직접적으로 본다면 그때야 비로소 "아, 그렇구나." 하고 깨우치기 마련이다. 그래서 배운 것을 직접 마주하다 보면 깨우친다는 뜻에서 '覺'(깨우칠 각)이 나온 것이다.

한 번 듣고 두 번 듣고 또 듣고 보면 자연히 귀에 익어 익혀질 수 있겠지만 그보다도 그 들은 것을 눈으로 확인하고 보면 훨씬 그 배움이 가슴속에 와 닿는 것은 분명코 '눈이 보배'이기 때문이요, "百聞이 不如一見"이기 때문이리라.

눈으로 확인되지 않은 것은 확신을 가질 수 없다. 대개의 경우 보이지 않고 떠들어 대는 것들은 공허하다. 말한 대로 그 실상을 보여 주는 것이 확신을 심어 주는 데 큰 도움이 될 터이다.

欠 모자랄 흠

기가 모자라는 모양

본디 '기'라는 글자는 '气'(기운 기)로 하늘에 구름이 흐르는 모양을 그대로 본뜬 것이었다. 이는 바로 땅에서 올라간 수증기가 증발하여 엉킨 것이 구름이기 때문이다. 그래서 하늘에서 떠도는 것은 오직 구름이요 땅에서 흐르는 것은 바로 시냇물뿐이라 여겼다.

그러나 하늘에서 떠도는 구름 자체는 바로 밥상에 놓인 뜨거운 밥에서 무럭무럭 오르는 김이라는 사실을 깨우쳤을 때에 비로소 '汽'(김 기; 기의 본디 글자)로 바뀌었다가 또다시 '氣'(기운 기)로 쓰이게 되었다.

기운이 모자라면 곧 '기'가 모자라기 때문이요, 기운이 넘치면 '기'가 넘치기 때문이라 여길 수밖에 없으니 사실상 '기'란 생명의 근원이라 이를 수 있는 것이다. 그런데 막상 '기'가 모자란다고 보면 이를 '气'(모자란다는 뜻으로 二를 생략함)에 '人'을 덧붙여 '欠'(모자랄 흠)이라 하였다.

따라서 흠이란 모자라다는 뜻이니 일상적인 우리말에서도 "아무개는 다 정상인 것 같은데 술만 들어가다 보면 허튼 소리를 곧잘 하는 흠이 있다."는 표현과도 같이 모자람이 있다는 뜻으로 '흠'을 쓴다. "막상 흠을 잡으려면 다만 지나치게 꼼꼼한 것이 흠이다." 등으로 쓰고 있다.

흠이란 모자라다는 뜻이며, '기가 모자람'이 그 주된 까닭이라는 말이다. 그렇기로 '吹'(불 취)는 입안에서 기운을 빼내어 불어 대니 자연히 기가 모자랄 수밖에 없는 상태를 '불다'는 뜻으로 쓴 것이다.

그렇다면 '欽'(공경할 흠)은 무슨 뜻인가? 오행 가운데 '쇠'는 질량이 심히 꽉 찬 것이라 무거운 것이라는 점을 익히 알아차리고 순간 마음속으로 텅 빈 자신에 대한 불만족을 느끼지 않을 수 없기로 자연히 고개를 숙여 공경의 뜻을 표할 수밖에 없다는 말이다.

그래서 부족한 사람이 꽉 찬 사람을 보면 자연히 고개를 숙여 '흠모'(欽慕)할 수밖에 없는 것이며, 종교가에서 종을 두드리는 것을 보고도 그 종소리에 경배하는 모습을 보이는 것이니 이를 '欽仰'(우러러 공경함)한다고 말하는 것이다.

또한 '마신다'는 뜻으로 즐겨 사용하는 '飮'(마실 음)도 본디에는 병 속에 든 것을 입으로 머금었다가 꿀꺽 마신다는 뜻으로 '酉'(병 유)에 마시다는 뜻을 지닌 '今'(머금다는 뜻)을 붙인 글자에 다시 '欠'을 붙여 드디어 '마시다'는 뜻으로 쓰게 된 것이다.

손에 쥔 것이 있을 때에는 무엇을 준다 할지라도 받을 수 없다. 일단 손안에 쥐었던 것을 내려놓아야 새로운 것을 다시 쥘 수 있다. 그렇듯이 마음도 꽉 채워 두고 있으면 안 된다. 오직 적당히 비워야 되는 것이다. 산은 앞을 막고 꽉 차 있으나 골짜기는 비어 있다. 그래서 골짜기(谷)와 모자람을 붙여 '欲'(하고자 할 욕) 하면 채우고자 한다는 말이 될 수밖에 없다.

사람이 배가 고프면 고플수록 맛좋은 것들을 보면 으레 침을 흘리기 마련이다. 그런데 맛좋은 음식으로 대표적인 것은 양고기라 여겼기 때문에 사람이라면 누구나 양고기 국을 보면 반드시 침을 흘릴 수밖에 없다. 그래서 '羨'(부러워할 선)은 '羊'에 침흘리다는 뜻을 붙여 만든 것이다.

자신에게 모자란 것을 채우고자 하는 것은 누구나 가지는 뜻일 수밖에 없기 때문에 이를 '意欲'이라고 한다. 그러나 그 의욕이 지나쳐 버리면 그 결과는 좋지 않다. 그래서 의욕을 넘어선 욕심은 의욕보다 한 단계 더 넘어선 것이기 때문에 '慾'(욕심낼 욕)이라 하였다.

頁 머리 혈
사람의 머리를 상하로 붙여 만든 글자

사람의 인체 중에서 가장 중요한 부위는 얼굴이다. 보고 듣고 냄새 맡고 말하며 먹는 역할을 하는 것이 다 얼굴에 붙어 있기 때문이다. 그중에서 더욱 중요한 것은 콧구멍과 목구멍이 있다는 사실이다.

콧구멍을 통해 숨을 쉴 수 있는 것이고, 목구멍이 있기 때문에 우리는 한시라도 목숨을 유지하고 살아갈 수 있는 것이다. '코'는 하늘에서 떠도는 '기'를 호흡하고 '입'은 땅에서 나오는 모든 음식을 섭취하여 이른바 '목숨'을 유지하고 있다.

눈으로 볼 수 없는 장님도 살아갈 수 있고, 귀로 소리를 들을 수 없는 귀 먹은 사람들도 목숨은 유지할 수 있는 것이다. 오직 필요한 구멍은 콧구멍과 입 구멍이요, 나머지 눈구멍이나 귓구멍 등은 없으면 불편할 따름이지 반드시 꼭 필요한 것은 아니다.

눈으로 보아 분별하거나 귀로 듣고서 알아 가는 것을 '見聞'(볼 견; 들을 문)이라 하나 견문이 없으면 갑갑하기는 하나 그래도 목숨을 유지하는 데 있어서는 결정적인 결격사유가 아니라고 본다. 그런데 다만 목구멍과 숨구멍이 일차적으로 목숨을 유지시켜 가는 것이다.

이처럼 모든 구멍들이 거의 이 얼굴 안에 자리하고 있기 때문에 특히 '머리'라는 말을 나타낼 때에는 코(自)를 중심으로 그 위에 자리한 이마(一)를 합성하고, 다시 그 밑에 사람 인(儿)을 붙여 이를 '頁'(머리 혈)이라 하였다. 즉, 많은 '혈'이 머리에 있기로 '혈'이라 하였다.

따라서 머리와 관계가 있는 글자는 다 '頁'이 붙어 있다. 예를 들면 '頭'(머리 두)는 몸통과 머리를 연결시키고 있는 것을 형용한 글자로 '豆'(제사 그릇 두)와 '頁'을 붙인 것이다. 또 '首'(머리 수)는 본디 코 위에 이마 그리고 그 위에 나 있는 머리카락을 형용한 글자다.

그래서 '頭'라 하면 목 위에 자리한 머리를 일컬은 것인데 비하여 '首'는 코 위에서 머리카락까지를 일컫는 글자다. 그리고 '頂'(이마 정)은 같은 머리 중에서도 머리 중의 머리라는 뜻으로 '정수리'를 일컫는 말이다. 그리고 '頁'에 '彡'을 붙이면 '須'(모름지기 수)라 하는데 모름지기라는 말은 반드시라는 뜻으로 본디 남정네의 얼굴에 '반드시' 나는 수염을 뜻한 말이었다.

본디 정상적인 모양을 한 남정네들은 반드시 얼굴에 장한 수염이 붙어 있어야 한다. 그렇지 않고 수염이 없다면 이는 밭갈이 하는 삼월에 게으름을 피워 밭을 갈지 않은 대가로 형벌을 받았다는 증거가 될 수밖에 없기 때문이다.

다만 잘 생긴 사내는 반드시 얼굴 전체에 문기가 흐르고 또한 수염이 권위를 나타내야 한다. 이런 뜻에서 잘 생긴 남자를 두고 '彦'(선비 언)이라 하고, 이같이 문채가 흐르고 수염이 버젓한 선비의 표준적인 얼굴을 일컬어 '顔'(얼굴 안)이라 하였다.

따라서 같은 얼굴이라 할지라도 '面'(얼굴 면)과 '顔'은 서로 다르다. '面'은 코(自)를 중심으로 그 위에 자리한 이마와 양 옆의 두 볼을 형용한 글자로 그 어떤 사람의 얼굴이든 다 공통적으로 가리킨 얼굴을 말하나 이에 비하여 '顔'은 보다 차원이 높은 얼굴을 뜻하는 말이다.

자신의 몸이나 얼굴은 곧 자신의 이름이라 해도 과언이 아니다. 사람은 반드시 사람의 얼굴이어야 한다는 말이다.

面 얼굴 면
코를 중심으로 두 볼과 이마까지를 본뜸

사람이 지니는 신체 부위에서 가장 중요히 여기는 것은 단연 '얼굴'이다. 얼굴 중에서도 가장 중요하고 가장 먼저 눈에 띄는 것은 눈도 아니요 귀도 아니며 바로 코라 말할 수 있다.

코는 바로 목구멍과 숨구멍에서도 더욱 중요한 숨구멍을 갖고 있으며, 또한 얼굴의 가장 중심 자리에 있음과 동시에 또한 가장 뾰쪽한 모양으로 되어 있기 때문에 얼굴 가운데에서도 제일 먼저 눈에 띌 수밖에 없다.

그래서 어린아이에게 이목구비를 가르쳐 줄 때에는 반드시 코를 기점으로 해서 이목구비를 가늠해 주는 것이 일반적인 예다. 따라서 얼굴 하면 누구나 다 코를 중심으로 설명할 수밖에 없고 코의 아래가 입, 코의 양 옆구리에 붙은 것이 눈과 귀, 그리고 코 위에 있는 이마를 말하고, 거기에 양 볼을 합쳐 통칭 얼굴이라 하였다.

얼굴 안에 들어 있는 뇌와 더불어 얼굴은 참으로 중요한 신체의 부위요 또는 사람 개개인이 다 다른 모습을 지닌 것도 일단은 얼굴이기 때문에 누가 누구를 보았다 할 때 뒷모습을 보았다거나 옆모습을 보았다고 하면 이것은 직접적으로 본 것이 아니요 얼굴을 맞대어야만 참으로 누가 누구를 보았다고 하는 것이다.

코를 중심으로 좌우상하로 뻗어 나간 이목구비를 합쳐 왜 하필 얼굴이라 하는가? 그것은 바로 우리 몸 안에 '얼'을 담아내는 구멍이 일곱이나 뚫려 있기 때문에 우선 '얼'이라 하였고, 그 구멍들을 잘 유지하기 위해서는 높고 낮은 모양새가 주어져야 하기 때문에 '굴'이라 말한 것이다.

'얼굴'이란 다름이 아니라 얼이 출입하는 구멍이 일곱이나 주어져 있다는 말이요, 그 구멍들은 제 각기 알맞은 자리에 굴로서 자리하고 있기 때문에 붙여져 있는 이름인 것이다.

만약 눈으로 보이는 것이 잘 보이지 않는다면 눈이 고장 난 관계로 눈이 얼얼(어른거린다)하다고 말하고, 귓속에 예상 밖의 소식이 전해져 온다면 귀가 얼얼하다고 말하며, 입이 얼얼하다 하면 지나친 자극에 따라 정상적인 입맛을 잃었다는 말이다.

이처럼 얼굴은 이미 그 사람의 표정을 통하여 그가 느끼는 감정의 상태를 짐작할 수 있기 때문에 어떤 이가 누구의 감정 상태를 짐작하는 것을 일러 눈치를 살핀다고 말하는데 이는 곧 그 사람을 정면으로 바라보지 않고 몰래 살짝 살핀다는 뜻이다.

얼굴은 그 사람의 감정 상태를 제대로 나타내는 것이며, 또한 그 사람의 됨됨이를 짐작할 수 있는 유일한 것이기 때문에 예로부터 사람들은 자신의 얼굴을 잘 꾸미기에 급급하였다. 그래서 고대로부터 오늘에 이르기까지 화장술은 끊임없이 발전해 왔다.

가장 잘 알려진 화장의 하나는 곧 자신의 얼굴에 흰 가루를 발라 자신을 은폐시킨다는 것이다. 그래서 나온 말이 '麵'이라는 글자이니 흰 밀가루를 얼굴에 쳐 발라 자신의 얼굴을 화장하고 남는 것은 반죽하여 음식으로 끓여 먹는다는 말이다.

자신의 얼굴을 치장하는 것이 먼저냐 아니면 밀가루로 음식을 만들어 먹는 것이 먼저냐 하는 문제는 쉽사리 답할 수 있는 문제가 아니다. 그것은 각자의 취향에 따라 선택할 문제이다. 먹는 것도 중요하지만 각자의 얼굴을 잘 가꾸는 것 또한 먹는 것에 뒤지는 일이 아니었기 때문이다.

首 머리 수
얼굴의 이마에 머리털이 난 모양

사람의 얼굴이란 코를 중심으로 양 볼과 이마를 일컫는 말이다. 그래서 그중 머리(首)라는 말은 코와 코 위의 이마에 머리털이 나 있는 모양을 그대로 본뜬 글자요, 또한 전체 몸통 중에서 머리라 함은 '頁'(머리 혈)에 목의 모양인 豆를 붙여 '頭'(머리 두)라 하였다.

따라서 단순히 머리라 하면 코를 중심으로 코 위에 있는 이마, 그리고 이마 위에 자리한 머리털의 모양을 그대로 본떠 '首'(머리 수)라 하고, 다시 몸 전체를 통틀어 놓고 단지 머리라 하면 몸통에 머리를 연결시키고 있는 목의 모양을 '頁'에 붙여 '頭'라 말하고 있다.

사람의 몸에서의 일부라는 뜻으로 '頁'을 말하기 때문에 '人'의 위에 머리를 나타내는 글자를 쓴 것이며, 이를 '혈'이라고 읽는 까닭은 사람의 머리에는 이목구비 등 감각기관의 구멍이 일곱 개나 붙어 있기 때문에 이를 '혈'(穴; 구멍 혈과 통하는 글자)이라 읽는다.

머리를 '수'라 읽는 까닭은 사람이나 짐승의 수를 헤아릴 때는 반드시 머리를 세어 헤아리기 때문에 자연히 '수'라 읽지 않을 수 없다. 우리가 짐승을 헤아릴 때 몇 마리라고 하는 말 자체가 그 근원은 '머리'에서 나온 말이다.

아무튼 '首'와 '頭'는 같은 머리를 일컫는 말이기는 하나 그 쓰임새는 약간 다르다. 그리고 머리 중에서도 가장 꼭대기를 나타내는 말로는 정수리가 있는데 이 정수리는 머리 중에서도 가장 꼭대기라는 뜻으로 '頂'(정수리 또는 꼭대기라는 뜻)이라 한다.

얼굴 가운데 가장 평평한 곳을 일러 '題'(이마 제)라 하는데 그 뜻은 얼굴 중에서 그래도 가장 반반한 곳이 이마이기 때문에 '是'(바를 시)에 '頁'(머리 혈)을 짝지어 놓은 글자다. 바로 이마 밑에 눈이 있기로 '題目'이라는 말이 나왔다.

'제목'은 책의 겉표지에 나타난 것을 말하는데 이는 곧 제목이 전체 내용을 일별하고 있기 때문에 붙여진 이름이다. 모든 책의 내용을 한마디로 총괄해 말한 것이 바로 제목이라는 말로, 이마와 눈을 잘 살피면 그 사람의 정체를 짐작할 수도 있다는 뜻이다.

사람이 제정신대로 잘 살아 나가면 그럴 리가 없지마는 만약 집단의 규율을 등지거나 심지어 가장 포악한 역적질을 한다면 급기야 잡아다가 목을 쳐 거꾸로 매달아 놓는 형벌을 받을 수도 있다. 이런 뜻에서 머리를 거꾸로 매달아 놓는 형벌에서 유래된 글자가 '縣'(매달을 현)이다.

머리를 거꾸로 쳐 박은 모양에 매달다는 뜻을 지닌 '系'(맬 계)를 붙인 글자인데 이는 나아가 형벌을 원칙적으로 시행하는 자는 범법자가 살고 있는 그 지방에서 수행한다는 뜻으로 지방행정의 단위를 뜻하는 말로 쓰이게 되었다.

머리나 일곱 구멍이 박혀 있는 얼굴은 몸에서 가장 중요한 것이다. 그래서 발밑부터 모든 몸통과 팔다리는 다 머리를 가장 위에 두고 있는 까닭은 새삼 그것이 가장 중요하기 때문이라는 분명한 이유가 있는 것이다.

몸 어느 한 군데라도 아픔을 견디기는 어렵다. 그러나 제일 어려운 것은 몸의 머리가 그쳐 버린 것이기 때문에 '止'에 머리를 붙이면 '頉'(고장날 탈)이 된다.

須 모름지기 수
얼굴에 난 수염

'彡'(터럭 삼)이라는 글자는 본디 터럭이 무성하게 난 모양을 뜻하는 글로 그림을 그릴 때에 나타나는 장식을 말하는 글자다. 그래서 '彩'라 하면 초목에서 얻어진 자연 물감으로 장식하다는 말로 '采'(캘 채)에 '彡'을 붙여 쓴 글자다.

또 '彫'(새길 조)는 어떤 물건에 두루 장식을 가하다는 뜻으로 '周'(두루 조)에 '彡'을 붙인 글자다. 나아가 '彬'(빛날 빈)은 내용이나 형식이 다 빛나다는 뜻으로 "문과 질이 빛나야만 가히 스승이 될 수 있다."(文質彬彬然後, 可以爲師)는 말처럼 겉으로 나타난 형식이나 내용이 똑같이 훌륭해야 가히 참다운 스승이 될 수 있다는 말이다.

아무튼 어떤 물건에 장식이 주어져야 그 물건이 더욱 빛나듯, 사람도 그 위상에 걸맞은 장식이 주어져야 빛난다는 것을 느낄 수 있다. 그래서 남녀에 공통적으로 타고난 것이 머리털이요, 특히 남자에게는 수염이라는 것이다. 이는 반드시 없어서는 안 될 것으로 필수적이라는 뜻이 들어 있다.

이런 뜻에서 '須'(모름지기 수)란 본디 '鬚'(수염 수)에서 파생된 글자로 동물이나 사람들의 입가에 난 턱수염을 그 근원으로 '모름지기'란 '반드시' 또는 '필수적'이라는 뜻이다. 특히 인간에게서의 수염은 바로 권위의 상징이기 때문이다.

만약 남자의 얼굴에 수염이 없고 그저 밋밋하다고 보면 어떻다고 볼 것인가? 아무래도 수염이 나 있는 것과는 큰 차이가 있다고 보아야 할 것이다. 그래서 똑같은 얼굴이지만 여성에게는 전혀 수염이 없지만 이와는 달리 남성인 경우에는 수염이 많다.

입을 중심으로 입가를 둘러싸고 있는 위턱 수염과 아래턱 수염을 말하는 '鬚'(위턱 수염 수)와 '而'(턱수염 이), '鬢'(구레나룻 빈), '翁'(늙은이 옹) 등은 모두 다 남성의 권위를 상징하는 말이다. '翁'은 늙은 할아비란 여러 손자를 다 거느리는 공적인 존재로 '羽'는 무성한 수염을 나타낸다.

따라서 오늘날과는 달리 대부분의 남성들은 늙으면 늙을수록 수염이 장한 모습에 머리털도 가장 긴 모양을 한 그 모습을 연상하여 머리털이나 수염이 길면 길수록 더 어른스럽다는 뜻에서 '長'(길 장; 어른 장)을 똑같은 뜻으로 여겼던 것이다.

아직도 고풍을 숭상하는 일부 할아버지들은 여전히 장한 수염을 아끼며 살아가는 이들도 없지 않아 있다. 아주 정갈하게 잘 다듬어진 수염을 뽐내며 살아가는 할아버지를 어쩌다 마주치면 새삼 정감이 느껴진다.

인류가 이 땅에 정착하여 삶을 살아온 동안 땅에 대한 애착은 아주 크다. 처음에는 사냥을 통해 생명을 이어 왔다가, 그다음에는 비로소 농업에 정착하여 '아담은 밭 갈고 이브는 베 짜며' 살았다. 그래서 무엇보다도 때맞춰 봄에는 부지런히 밭 갈고 가을에는 서둘러 익은 곡식들을 갈무리하였다.

만약 봄에 밭 갈지 않고 게으름을 피운다면 반드시 거기에 걸맞은 형벌을 가했으니 그 형벌은 다만 제 얼굴을 장식하던 턱수염을 어김없이 잘라내어 그가 지니는 권위를 박탈해 버렸던 것이다. 턱수염(而)을 손봐주었어도 이를 두고 반항할 자는 없다. 오직 참을 수밖에 없어 '耐'(참을 내)다.

彡 빛날 삼

털 장식의 무늬를 그대로 본뜬 것

깃발이란 어떤 장소를 표시하거나 또는 어떤 무리를 나타내기 위한 상징으로 쓰이는 것이 통례이다. 바람을 맞아 펄럭이는 그 깃발 상하와 좌우에 털 장식이 있다면 훨씬 빛날 것이다.

마치 달리는 말에 갈기가 빛나듯, 바람에 펄럭이면 펄럭이는 그대로 털 장식이 있는 깃발은 더욱 빛나고도 돋보일 것이다. 그래서 바람에 휘날리는 기분이 더해져 그야말로 깃발이 날리는 것이 확실해져 기운이 더욱 솟구칠 것이다.

왜 싸움에는 반드시 깃발을 앞세우는 것인가? 그 까닭은 싸움 자체가 기를 두고 싸우는 것이기 때문이다. 동일한 조건에서 서로 싸운다면 으레 기가 센 쪽이 이기기 마련이며, 이긴다면 깃발을 날린다 하고 진다면 깃발이 쓰러진다는 말이다.

그래서 깃발의 상하좌우에 붙어 있는 털 장식은 그 기를 더욱 높이기 위해 붙여진 것이다. 같은 값이면 털 장식 무늬가 붙어서 펄럭이는 것과 그렇지 못한 것과는 전혀 다르다. 무수한 털 장식이 있지만 그것을 줄여 '彡'(셋으로 나타내어, 빛날 삼)이라 한 것은 한자의 원리 중에 많은 것은 셋으로 줄여 나타내는 원칙이 있기 때문이다.

즉, 아무리 많은 군중이 모여 있다 할지라도 '衆'(피를 섞어 마시며 여러 사람이 승리를 위해 뭉치다는 뜻)이라 하고 또 어떤 목적으로 많은 이들이 뭉쳤다는 뜻을 '聚'(모일 취)로 쓴다. 또 아무리 많은 봉우리를 자랑하는 산이라 할지라도 '山'(지면 위에 봉우리 셋)을 산이라 할 수밖에 없다.

나무가 하나 있으면 단순히 '木'(나무 목)이 되지만 둘 이상이 서 있다면 '林'(수풀 림)이 된다. 그런데 그 숲이 계속해 불어나는 추세라면 '森'(빽빽할 삼)이라 한다.

노자의 "도는 하나를 낳고 하나는 둘을 낳고 둘은 셋을 낳으니 셋은 만물을 낳는다."(道生一 一生二 二生三 三生萬物)〈도덕경 42장〉는 말씀과 같이 '三'은 곧 '二'(음양)가 화합하여 만들어진 것으로 만물이 불어나는 절대적인 형식인 것이기 때문이다.

초목의 잎이나 꽃을 손써 따서 음식의 재료를 쓰는 것을 일러 '菜'(나물 채)라고 한다. 그런데 또 한편 이 채취한 것을 물감으로 써서 색칠을 하는 것을 '彩'(채색할 채)라고 한다. 화학적으로 만들어진 물감이 나오기 이전에는 거의 자연에서 채취한 물감을 썼다.

그리하여 초목에서 채취한 나물을 먹이의 재료로 쓰면 '菜'가 되고 이를 물감으로 쓰면 '彩'가 되었다. 이때에 '彡'은 붓으로 빛내다는 뜻이기 때문에 깃발의 상하좌우에 붙은 털 장식의 무늬와 별로 다를 바 없는 '붓'을 뜻하는 말이 되었다.

"형식과 바탕이 다 빛나야 가히 스승이 될 수 있는 것이다."(文質彬彬然後, 可以爲師)라는 공자의 말씀처럼 바탕이 모자라는 형식은 마치 납으로 만든 도끼와도 같고, 형식이 모자란다면 스승의 축에 낄 수조차 없는 것이다.

사람은 반드시 갖추어야 할 네 가지가 있다고 하였다. 첫째는 몸가짐(身)이요, 둘째는 언어(言)요, 셋째는 글씨(書)요, 넷째는 판단력(判)이다. 몸이 제대로 갖추어지지 않으면 아예 애당초부터 격을 벗어날 수밖에 없고, 말이나 글이 모자라도 자신을 떳떳이 내세울 수 없으며 판단력이 모자라면 언제나 뒤쳐질 뿐이다.

文 글월 문
획을 교차하여 놓은 무늬

형형색색의 유형한 것을 나타낼 때에는 반드시 그 외형에 나타난 무늬를 통하는 것이 일반적인 예다. 창문의 문살을 예로 들면 좌우로 빗살처럼 두른 무늬를 일러 爻(육효 효)라 하는데 이 爻가 본래에는 같은 무늬를 말하는 文(무늬 문)과 같은 글자다.

좌우로 엇갈려 놓은 획을 일컬어 爻라 하였던 것인데 이 말에서 나온 두 가지 글이 하나는 爻 그대로 남아 있어 주역에서 변화의 추이를 가늠한다는 말로 쓰이고, 다른 하나는 文이 되어 넓은 의미로 형형색색의 무늬를 일컫는 말로 쓰이게 되었다.

爻나 文은 다같이 '본받다'는 뜻이 들어 있기 때문에 爻에서 불어난 效(본받을 효)는 본디의 본을 그대로 받다는 뜻이며, 본은 본디 씨앗이기 때문에 文化니 文明이니 하는 말은 역사적인 흐름에서 유행하는 사조를 그대로 반영하다, 또는 밝혀내다는 말이다.

나일론이라는 물질이 개발되어 쓰이게 되면 바야흐로 시대는 나일론 시대를 맞아 온통 세상은 나일론화 되기도 하고 나일론으로 밝아져 나일론 문명, 나일론 문화가 되는 것이다.

文이란 본디 주어진 무늬를 말하여 본받을 만한 대상을 일컫는 말이니, 말하자면 '씨앗'이라고 말할 수 있는 것이며, 이 '씨앗'은 개량은 할 수 있어도 도저히 만들어질 수는 없는 것이기 때문에 생래적인 것이다.

그렇기로 펑퍼짐하고 둥글넓적한 호박은 호박의 씨에서 비롯된 것이라면, 똑같이 둥글지만 외형상 푸른빛을 띠고 줄무늬가 촘촘히 그어져 있는 것은 수박일 뿐이다. 맛도 전혀 다르다. 수박은 쪼개면 붉고 달아 그냥 생으로 먹을 수 있지만 호박은 단지 익혀 먹어야 한다.

본디 호박이나 수박은 어디에서 나왔다는 말인가. 누구에서 나왔다기보다는 결국 하늘이 내린 '씨앗'일 뿐이며 그 '씨앗'을 가져다가 심어 둔 토양에 따라 그 모양이나 색깔이 각각 달라 장소에 따라 명품이 생기는 것이다. '씨앗'은 天文이요 그 '씨앗'을 받아다가 명품이 되고 안 되고는 산지에 따라 다른 것이다.

똑같은 생래적인 '씨앗'이지만 땅의 형편은 전혀 다르다. 우선 높고 낮음에 따라 기온이 큰 차이가 나고 토양의 사정 또한 전혀 다르다. 그래서 같은 '씨'라 할지라도 '産地'가 다르면 그 결과가 전혀 다를 수밖에 없다. 이런 뜻에서 우리는 산지 따라 물건이 다르다고 말하며 천문에 지산(地産)을 짝지어 말한다.

위에서 떨어진 같은 '씨'(文)라 할지라도 땅의 형편(厂; 높거나 낮음)에 따라 나타난 소득의 결과(生)는 전혀 다르기 때문에 장소에 따라 명품이 나올 수도 있고, 또한 그렇지 않을 수도 있다는 것이 우리들의 경험에서 얻어진 상식인 것이다.

그렇다면 사람은 낳아 어디로 보내야 할 것이며, 말은 낳아 어디로 보내어 기를 것인가? 물론 사람은 많은 이들의 경쟁 속에서 키워야 잘 자랄 수 있고, 말 역시 제주도로 보내야 바람직한 명마로 성장할 수 있는 틀이 잡히는 것이라 여겨 왔다.

설사 文을 '글'이라고만 치자. 그런데 글 역시도 때와 장소에 걸맞게 써야 그 빛을 발하는 글이 될 수 있다. 말글로 배워서 되글로 써 먹지 말고 되글을 배웠더라도 쓰기는 말글로 써야 한다.

司 말을 사
입으로 명령을 받아 수행하는 이

온 나라를 다스리는 이는 군주였고, 그 군주가 전체를 다 다스릴 수 없기 때문에 적절한 땅을 나눠 다스리도록 하는 군주의 대리인을 일컬어 '제후'(諸侯)라 하였다. 즉, 영토를 제후에게 나누어 주어 이를 다스리도록 한다는 뜻에서 봉건(封建)이라 하였으니 바로 봉건주의이다.

이때 군주는 당연히 나라 전체에 명령을 내리는 주체이며, 각지의 영지를 받아 군주의 큰 명령을 되받아 다스리는 자는 제후들이니 제후란 다른 이가 아니라 "지방에서 임금의 명령을 받아 수행하는 이"(臣司事於外者 신사사어외자)일 따름이다.

그래서 '司'(맡을 사)라는 벼슬은 지방에서 군주를 대신하여 군주의 일을 수행하는 사람이라는 뜻으로 여기에서 '맡다'는 것은 어디까지나 군주의 명령을 제대로 맡아 행한다는 말이다. 따라서 군주의 옆에 가까이 있으면서 궁중 내부의 살림을 맡은 '后'(왕후 후)와도 같은 존재이기 때문에 '后'를 뒤집어 쓴 글자가 곧 '司'다.

이런 뜻에서 '司'는 일을 수행함에 있어서 대리인이라는 뜻이 집중적으로 들어 있기 때문에 명령을 받아 그 명령을 직접적으로 수행하는 것을 '司令'이라 하고, 또 그 맡은 바의 내용을 일러 '詞'라고 말하기도 한다.

예를 들면 오늘날에도 어떤 행사를 진행할 때에 그 행사를 주재하는 이를 일러 주례(主禮)라 하고 진행을 맡은 이를 사회자(司會者)라 하는 것과도 같다. 또 '詞'(말씀 사)는 같은 종류의 말이라 할지라도 본디 어떤 명령이나 행사의 내용을 알리는 말을 뜻하는 말이었다.

'司'는 명령을 내는 주인이 아니라 그 명령을 받아 수행하는 대리인이라는 뜻이기 때문에 본질적으로 집행자라는 뜻으로 첫째가는 우두머리가 아니라 그 우두머리 밑에서 일을 실제로 수행한다는 의미에서 두 번째라는 뜻이 있다.

어떤 물건이 오래되어 겉에 때가 끼었다고 치자. 그렇다면 그 때는 세월이 흐른 만큼의 때가 그 물건을 덮었기 때문에 물건의 본체에 덮여진 때를 일러 우리는 '垢'(때 구)라 한다. 겉에 덮인 먼지가 곧 오래된 때라는 말이다.

시간을 두고 겉을 덮은 먼지는 단순히 털어서 날아갈 수만은 없는 심각한 문제가 있는 법이다. 민족 공동체에도 시간이 지날수록 알게 모르게 바람직하지 못한 관습이나 습관을 통해 얻어진 남모를 때가 있을 수 있다.

그 때는 반드시 외부적인 요소에서만 원인을 구할 수만은 없다. 오히려 때가 상당히 두껍게 나앉은 까닭은 어쩌면 내부적으로 분출된 끈끈한 땀과 같은 액체를 제때 닦아내지 못했기 때문에 외부로부터 불어온 먼지가 착실하게 나앉은 것인지도 모른다. 그래서 제때에 청산해야 할 것들은 과감히 잘 씻어 내야 하는 법이다.

한낱 '닦는다'는 말은 그저 '문질러 없앤다'는 말이 아니다. 본디 '修'(닦을 수)만 볼지라도 단순히 닦는다는 뜻만이 아니다. 첫째로 '털어 낼 것은 과감히 털어 내고'(攵; 칠 복), 이미 나앉아 오래된 묵은 먼지는 물걸레로 말끔히 닦아내고(修의 옆은 본디 水), 그리고 또 쉽사리 먼지가 나앉을 수 없도록 마른 걸레로 빛내야(彡) 한다.

털지도 않고 걸레질도 않고 빛내지도 않으면 먼지를 뒤집어쓰고 살 뿐이다.

印 도장 인
집정자가 지니는 신물

예로부터 공무를 집행하는 이는 반드시 그 신분에 걸맞은 부절을 지니고 있기 마련이었다. 예를 들면 나라를 지키는 자는 玉 卩(옥절), 나머지 도시나 시골을 지키는 자는 角 卩(각절), 산을 지키는 자는 虎 卩(호절), 작은 나라를 지키는 자는 人 卩(인절) 등을 지녀 그에 걸맞은 공무 수행에 적절히 썼다.

뿐만 아니라 연못을 관리하는 자는 용절(龍 卩), 국경의 관문을 지키는 자는 부절(符 卩), 재화의 왕래를 지키는 자는 새절(璽 卩), 도로를 관리하는 자는 정절(旌 卩) 등을 지니고 그에 걸맞은 공무를 수행하였던 것이다.

여기에서 말하는 ‘ 卩’(병부 절)은 곧 ‘節’(마디 절)을 말하는 ‘서신’(瑞信)으로 본디에는 하나의 물건을 두 동강이 내어 한 쪽은 관리하는 자가 지니고 한 쪽은 그냥 놓아두었다가 각기 신표로 주어 일을 처리토록 한 뒤 그를 서로 맞춰 합치되는지의 여부를 확인하는 일종의 징표다.

따라서 이런 제도가 오늘날까지 전통으로 내려온 것은 원본에 찍은 도장의 일부와 부분에 찍은 도장의 일부를 대조하여 그 둘이 딱 들어맞는다면 이것을 옳은 것이라 말하고, 만약 서로 부합이 되지 않는다면 가짜라 판정하는 기준이 바로 ‘부절’(符節)이다.

또 신분의 고하에 따라 부절도 다른데 부절이 처음으로 사용하게 된 것은 대략 진시황 때라 일러 오며 천자나 제후들의 것은 ‘璽’(옥새 새)라 하며 유독 옥으로 만들었기 때문에 ‘옥새’(玉璽)라 하고 나머지 열후들 중에 이천 석 이상이 지니는 것을 ‘章’(도장 장), 천 석 이하 사백 석까지 지니는 이들의 것을 ‘印’(도장 인)이라 하였다.

이처럼 신분의 고하에 따라 도장도 각양각색이며 특히 오늘날까지 ‘도장’이라 일러오는 그 근거는 천자나 제후가 아닌 나머지 열후들이 지녔던 것의 ‘도장’을 말하니 그 도장에 새겼던 내용은 굳이 글자만이 아니라, 그림도 있었을 법한 것이다.

아무튼 자신의 직함이나 이름을 앞세우는 것은 물론 그 일에 책임을 진다는 뜻이며 일단 찍은 도장이 그 일을 전적으로 자신의 직함을 걸고 무한한 책임을 진다는 것을 나타낸 것이라 볼 때에 참으로 도장을 잘 간수하는 일은 심사숙고해야 할 일이다.

오늘날에는 도장 대신에 직접적으로 자신의 이름을 자신만의 고유한 표기로 나타내는 ‘사인’으로 대체하여 쓰는 것이 일반적인 추세이기 때문에 점차 도장이라는 물건은 사라져 간다.

‘사인’이 반드시 서양의 풍속에서 유래된 것만은 아니다. ‘사인’ 이전에 우리 선조들은 ‘수결’(手結)이라는 멋진 형태의 사인을 사용했다. 자신이 분명 결재를 했다는 증거를 대강 초서나 아니면 그림과도 같은 것으로 멋지게 표시했던 것이다.

반드시 도장은 손써서 찍어야 한다. 그래서 손을 뜻하는 ‘爪’(손 조) 밑에 ‘卩’을 맞붙여 ‘印’(도장 인)이라 하였고, 또 도장은 손써서 눌러야 하기 때문에 누르다는 말을 ‘抑’(누를 억)이라 하였던 것이다.

여기에서 말하는 누르다는 말은 관장이 백성들을 억누르다는 말이 아니라 그와는 반대로 백성들을 존중하는 말일 것이다. 그런데 그것을 마치 꼼짝도 못하게 억누르다는 뜻이라 풀이한 것은 잘못되어도 한참 잘못된 말인 듯싶다.

色 색 색
사람의 얼굴에 나타난 색

사람의 얼굴에서 그 사람의 기분 상태를 파악하자면 우선 먼저 양미간을 살피는 것이 매우 중요하다. 그 사람의 기분 상태는 마음속에 깊숙이 꽂혀 있는 것은 분명한데 그 마음속 깊숙이 꽂혀 있는 기가 밖으로 드러나는 것은 반드시 양미간에 나타나기 때문이다.

얼굴색과 그 사람의 마음은 서로가 부합되는 것이 보통이기 때문에 얼굴색을 말하는 '色'(색 색)은 사람을 뜻하는 '人'(사람 인) 밑에 두 눈썹 사이에 꽂힌 기를 뜻하는 '巴'(병절 부)를 붙여 만든 글자다. 이로 인하여 색이라는 글자가 널리 인신되어 어떤 사물이 지니고 있는 나름대로의 색깔을 뜻하는 말로 쓰였다.

어두운 색과 밝은 색으로 나누듯 색에는 여러 종류가 있다. 그중에서 색 전체를 두고 다섯 가지로 구분해 본다면 빨강, 파랑, 노랑, 흰색, 검정을 들 수 있다.

이 중에서 빨강 파랑 노랑은 이른바 원색이라 불러 오는 것이고, 검정은 색의 혼합, 흰색은 빛의 합성을 말하여 원색인 세 가지 색을 기본으로 하여 똑같은 비율로 혼합한 색이 바로 검정이며, 나아가 이 색들은 본디 바탕색인 흰 것이 근본이기 때문에 색을 빛으로 돌이켜 보면 결국 흰색이 될 수밖에 없는 것이다.

또한 색을 다섯 가지로 분류하는 데는 다른 근거도 있다. 즉, 이 세상 모든 만물은 다 형형색색으로 꾸며져 있는데 그중 다섯 가지 형은 주로 외형으로 나타난 것이고, 기는 주로 내면적인 속에 깖아 있는 것이다.

흔히 관상을 본다고 말할 때에는 외형으로 나타난 다섯 모양을 기본으로 잘 살피고, 게다가 속에 깖아 있는 기를 샅샅이 살피는 것이기 때문에 기 또한 다섯 가지 색으로 나누어 보는 것이 보통이다. 그렇기에 오형오색으로 살피는 것이 관상의 기본이다.

문제는 오형오색으로 나누어 살핀다고 하나 외형으로 나타난 오형을 살피기는 비교적 쉬울 수 있지만 내면에 흐르고 있는 사람의 기를 살피기란 여간 어려운 것이 아니다. “모양을 살피고 색을 살핀다”(觀形察色)는 조건 중 관형보다는 찰색하기가 어려운 것이다.

사람의 얼굴이 마음가짐에 따라 시시각각으로 변하니 모양을 잘 살피는 것이 쉬운 일은 아니나, 그보다도 더 복잡다단하게 변하고 찰나에 달라지는 기색을 살피기가 더욱 어려운 것이다. 또 더욱 어려운 것은 상대를 보는 내 자신도 시시각각으로 변하는 것이다.

속담에 “꼴값을 한다.”는 말이 있듯이 다섯 꼴이 지니는 대략을 살피면 다음과 같다. 첫째, 직사각형 꼴은 나무와 같은 형이라 나온 부분과 묻힌 부분이 있기 때문에 이중성이 있는 것이 특징이다.

둘째, 비교적 정사각형은 금과 같은 형이라 발언이 세고 자신력이 충만하다. 셋째, 삼각형 중 바른 삼각형은 물과 같은 형이라 밑으로 파고드는 추세가 심하고 대부분 이기적이다.

넷째, 위로 뾰족한 역삼각형은 타오르는 불과 같은 형상이라 성격이 불같고 드러나기를 좋아하며, 다섯째, 거의 각도 지지 않고 비교적 둥그런 얼굴을 지닌 형은 별다른 재주는 없으나 다만 사람을 잘 포섭하는 덕이 있기로 누구나 다 좋아하는 형이다.

모양으로만 보아도 다섯에 다섯을 곱하여 스물다섯으로 나눠 본다.

辟 임금 벽
죄를 징벌하는 형벌로 다스리는 임금

세상에서 가장 두려운 것은 죄를 짓고 그에 해당하는 벌을 받는 것이다. 몸에 체벌을 가하는 것 이상으로 무서운 벌은 없다. 옛날에는 눈에는 눈, 코에는 코, 입에는 입이라 하여 체벌을 가했다.

거짓으로 남을 비방하는 말을 했을 때에는 입에 체벌을 가하였고, 남의 비밀을 몰래 훔쳐보는 짓을 함부로 했을 때에는 반드시 눈에 체벌을 가하였으며, 진실이 아닌 거짓을 그대로 듣고 아무런 확인이 없이 다른 이에게 유포하는 자는 귀에 체벌을 가했던 것이다.

다스리는 일은 두 가지 측면이 있다. 하나는 바람직한 일을 하는 자에 대하여는 포상을 하는 일이요, 반면에 허물을 짓고 사회를 혼란시키는 자들에 대하여는 체벌을 가했다. 그래서 잘하는 이에게는 상을 내리고 잘못을 저지르는 자들은 먹물로 표를 한다거나 멀리 귀양을 보냈던 것이다.

특히 잘못을 저지른 자에게 먹물로 표를 한다거나 멀리 귀양을 보내는 것은 이른바 왕이 할 수 있는 최종적인 권한이기 때문에 이런 권한을 가진 임금을 일러 '辟'(임금 벽)이라고 하였다. 죄(辛;형벌을 다스리는 도구)로 형을 집행하는 무서운 임금을 뜻하는 말이다.

일반 백성들은 하늘과 땅과 사람 및 만물을 통틀어 다스리는 자를 '임금'이라 하여 '王'(임금 왕)이라 말하지만 이 말은 천지인삼재를 다 다스린다는 뜻이며, 또 '君'(임금 군)이란 한 손에 정권을 꼭 쥐고 입으로는 천하를 호령한다는 뜻이다.

따라서 왕이니 군이니 하는 말은 다스리는 최고 책임자라는 뜻이 뚜렷하고, 본디 '王'이란 착한 정치를 베풀어 모든 백성들이 왕에게 돌아와 의지한다는 뜻이 있다. 그러나 '辟'은 죄를 저질렀을 때에 반드시 벌을 가한다는 뜻이다. 그래서 왕이란 본디 '숲속의 맹금'(林禽)이라는 뜻이었다.

'璧'(큰 구슬 벽)이란 화씨가 주워서 초나라 임금에게 바쳤다는 지름이 한 자 남짓 되는 큰 둥근 구슬을 말하니, "초나라는 이 둥근 큰 구슬을 보배로 여기지만, 그것은 단지 물질적인 보배일 뿐이며 실은 인간에게 주어진 아주 짧은 시간을 두고 다투어야 할 일이다."(尺璧非寶(척벽비보), 寸陰是競(촌음시경))〈천자문〉라는 금쪽같은 말씀이 떠오른다.

'壁'(울타리 벽)은 울타리나 벽들은 내가 사는 공간과 다른 이가 사는 공간을 명백히 구분하는 것이 곧 울타리이기 때문에 이때의 '辟'은 명백히 구분하다는 뜻에 '土'를 붙여 시비를 명백히 하다는 점을 그대로 붙여 만든 글자다.

한편 임금은 잘못을 저지른 신하를 항상 먼 곳으로 귀양 보낼 수 있기 때문에 임금의 명령에 따라 멀리 귀양 간 곳을 나타내는 글자로 '辟'에 '亻'을 붙인 '僻'(치우칠 벽; 후미진 곳이라는 뜻)이 된다. 따라서 흔히 '偏僻'(편벽; 치우치다는 뜻)하다는 것은 한쪽으로 치우친 것을 뜻한다.

또 '霹'(벼락 벽)이라 함은 대부분 비가 쏟아질 때에 동반해 내리는 무서운 벼락이라는 뜻이며, '靂'(벼락 력)도 또한 비와 함께 땅 위에 떨어지는 무서운 벼락을 뜻한다. 따라서 임금이 가져야 할 덕목은 백성들을 선으로 다스림은 물론이지만, 간혹 추상과 같은 위엄을 지니고 백성들에게 벼락을 내려 응징할 줄도 알아야 한다.

형벌은 반드시 명령에 따라야 하기로 '口'와 '辛'(죄 신)을 짝지어 놓은 게 아닌가 싶다.

包 포태 포

어미의 배 속에 아이가 든 모양

본디 '勹'(쌀 포)라는 글자는 사람이 몸을 구부려 어떤 물건을 안은 모양을 상형한 글자다. 그런데 여기에 '巳'를 더하면 어미가 아이를 잉태한 모양으로 '包'(안을 포)라 한다. 사람은 누구나 어미가 아이를 배 속에서 만 9개월을 안았다가 출산한다는 것을 극명하게 나타낸 글자인 것이다.

어미는 반드시 아비를 만나서 '씨'를 받은 뒤에 포태 속에 아이를 가져 이를 기를 수밖에 없다는 사실 자체가 곧 어미에게 부하된 책임이라는 말이다. 그렇기에 어미는 반드시 아비와 더불어 이 아이를 잘 자라도록 돌보지 않으면 안 된다.

사람뿐만이 아니라 모든 생물들은 다 음양의 화합으로 이뤄지기 마련이므로 옛 말씀에 "천지가 있은 연후에 남녀가 있고, 남녀가 있은 연후에 부부가 있고, 부부가 있은 연후에 부자가 있고, 부자가 있은 연후에 군신이 있다."고 하였다.

그렇기 때문에 부부의 도가 있고, 부부의 도가 있은 연후에 부자의 도가 있으며, 부자의 도가 있은 연후에 군신의 도가 있다고 하여 꼭 지켜야 할 세 가지 큰 벼릿줄(三綱)을 천지에서부터 군신유의(君臣有義)로 확충시켜 논해 온 것이다.

남녀가 결합하여 부부가 되는 것은 자연에 천지가 있기 때문인 것이니 이 부부의 결합이란 바로 천지의 결합으로 말하면 하늘에서 떠돌던 구름이 용케도 바람을 타고 흐르다가 굵은 빗방울로 뭉쳐 비로 떨어지는 것과 전혀 다를 바 없다.

그래서 남녀가 정을 통하는 것을 일러 '운우지정'(雲雨之情)이라 하고 구름이 비가 되어 내리는 데에는 반드시 바람의 매개가 있어야 하기 때문에 남녀 사이를 매개하는 중신어미를 속칭 '바람잡이'라 일러 왔다.

천지의 화합이 곧 남녀의 화합이라 결국 음양의 화합이 곧 인륜의 시작이기 때문에 남녀 사이에서 나온 새로운 남녀는 다시 이 땅에 나타난 새로운 시작의 근거가 될 뿐이라 모두가 다 이를 일러 '몸'이라 하니 '몸'은 곧 '모임'의 준말일 뿐이다.

내 몸은 어디까지나 부모의 모임에서 나온 것이며, 나의 자녀 역시도 또한 우리 부부의 모임에서 나온 것이기 때문에 천지만물 모두가 다 한결같이 음양의 모임일 뿐이다.

이미 부모의 모임에서 내 몸이 나왔기 때문에 사는 동안 건강하게 사는 것도 곧 음양을 조화시키며 살아야 하고 사는 동안 별 탈 없이 살다가도 죽음에 당도하면 결국 음양이 분리되어 흩어지는 것이다.

그렇기에 "삶은 한 조각의 구름이 일어남과 같고, 죽음은 바로 한 조각의 구름이 흩어짐과도 같다."(生也一片浮雲起[생야일편부운기], 死也一片浮雲滅[사야일편부운멸])고 하였다. 바람이 몰아쳐 뭉쳐 준 것을 결국 바람이 흩어 버린다는 것이다.

어미의 배 속에 용케도 든 아이가 우리가 직접 상상할 수 있는 유일한 나의 최초 모습이기 때문에 '胞'(아기집 포)는 아이가 드는 포태라는 뜻이며, '抱'(보듬을 포)는 두 손을 써서 감싸 안는다는 뜻이며, '砲'(대포 포)는 본디 돌을 장진해서 이를 쏘아대는 무기를 말한다.

여기에 다시 '袍'(보자기 포)는 무슨 물건을 감싸는 보자기를 말하며, 또 '飽'(배부를 포)는 밥을 잔뜩 먹어 배가 부르다는 뜻이며, '匏'(바가지 포)는 어떤 물건을 감싸 담아 놓는 바가지를 뜻한다.

苟 삼가할 구
羊과 包와 口를 합쳐 말을 삼가다는 뜻

본디 ‘羊’의 속성은 착하고도 아름답다고 하여 ‘善’도 ‘美’도 다 ‘羊’에서 취한 글자다. 착하다(善)는 말은 양떼가 순순히 우리 속으로 든다는 뜻으로 도착하다는 것을 의미하며, 통통한 양은 모양도 아름답고 하는 짓거리도 아름답다는 뜻에서 ‘美’(통통한 양이라는 뜻)라 하였다.

어린 양은 더욱 순수하고도 착하다는 뜻에서 ‘勹’(구부러진 양의 모양)를 붙이고 나아가 어린 양이 천진난만하게 굴 듯 말을 삼갈 줄 안다는 뜻에서 ‘苟’(삼가할 구 또는 진실로 구)라 하였다.

나아가 삼가야 할 것은 바로 말을 삼가야 하기 때문에 ‘口’를 붙였고, 말을 삼가는 일은 낳자마자 삼갈 줄 아는 것이 아니요 오랜 훈련을 통해서 이뤄지는 것이기 때문에 ‘攵’(칠 복)을 덧붙여 ‘敬’(공경 경)을 만들어 놓았다.

모든 것은 마음에서 나오는 것이라, 마음이 착하면 입에서 나오는 말도 착하게 나오고 그와 반대로 모진 마음을 가진 자는 모진 말이 나온다는 뜻에서 ‘敬’이라는 글자는 사물을 대할 때에 반드시 유념해야 할 글자인 것은 틀림없다.

그래서 일찍이 공자도 이르기를 “사물을 대할 때에는 반드시 공경으로 대하고 신의를 지켜야 한다.”(敬事而信[경사이신])고 하였고, 율곡은 일생을 두고 지녀야 할 종신사업을 일컬어 “안으로는 생각에 사특함을 두지 않는 것이고, 밖으로는 사물을 대하여 공경치 않음이 없음"(思无邪 無不敬)이라 일렀던 것이다.

생각에 사특함을 두지 않는 것은 이른바 "마음속에 충신을 둔다는 것이며, 행동을 돈독히 하여 공경한다는 뜻"(主忠信 行篤敬)일 따름이라, 모든 것이 마음에서 우러나오는 것이기 때문에 마음속으로는 충신을 모실 것이고 밖으로 드러난 행실은 공경을 잃지 말아야 한다는 것이다.

생각에 사특함이 없어야 한다는 말은 마음을 마치 맑은 샘물처럼 보존해 내듯 불순물이 마음의 샘물에 흘러들지 말아야 한다는 것이며, 행실을 돈독히 하여 공경하다는 뜻은 적어도 가볍게 굴지 않은 나머지 사물을 공경하되 첫째는 마음의 소리를 잘 단속하라는 뜻이다.

말이란 한번 뱉어 버리면 마치 흘러 버린 물을 주워 담을 수 없듯이 수습할 수 없는 것이다. 모처럼 잘못 나간 말을 수습할 수 있는 길은 참으로 어려우니, 말이 잘못 나간 그 순간부터 이를 만회하고자 해도 아마 수십 배 정도의 노력으로도 가능하기가 어렵다.

말처럼 이루려면 우선 그 말이 참되어야 하는 것이고, 그대로 이루려면 반드시 끊임없는 정성이 필요한 것이라, '誠'(정성 성)이 바로 '진실로 성'인 것이며 진실되다는 말은 곧 마음에 충신을 잃지 않는다는 말일 따름이다.

이런 뜻에서 誠敬信 석 자는 참으로 귀중한 가르침이다. 진실을 삶의 중요한 가치로 삼는 것도 중요하지만 말처럼 이루려는 꾸준한 노력도 중요하기 때문에 '誠'은 곧 공부의 요도라면 '敬'은 곧 공부의 정도를 가늠할 수 있는 바탕인 것이다.

여기에서 '信'이란 내가 하는 말이 듣는 이들에게 반드시 믿음이 가야 한다는 말이라 어쩌면 '信'이란 사람이 이 세상에 서 있을 자리를 확보하는 일이라 말할 수 있다.

鬼 귀신 귀
사람이 죽어 돌아간 것

사람은 누구나 죽으면 다 돌아가기 마련이다. 그런데 죽기 직전의 모습을 그려 보면 참으로 험상궂은 얼굴일 수밖에 없다. 그래서 막상 죽고 나면 험상궂은 얼굴을 기본 삼아 머리에는 뿔이 나고 다리는 외다리일 뿐 아니라, 뿔이 난 대신에 꼬리가 붙어 있다고 여겼다.

언제나 뿔이 달린 소와 함께 일하다 죽었기 때문에 가장 가까운 소와 닮을 수밖에 없겠다 여겨 뿔이 났다고 보았고, 한편 죽은 이를 묻어 두고 제사를 지낸다면 아주 먼 곳에 묻어 두었다 할지라도 기름 냄새만 풍긴다면 곧바로 찾아 올 수 있다는 점에서 상상해 온 것이다.

다리가 똑같으면 또박또박 걸어올 수 있어서 시간이 걸리지만 마치 토끼처럼 외다리로 되어 있다면 한쪽 다리로 잡아당기고 한쪽 다리로 밀어 붙여 되도록 빨리 올 수 있다고 상상하여 붙여진 그림이 외다리라는 말이다. 또 꼬리가 있는 것은 어차피 뿔이 있기 때문에 덩달아 붙여진 것이라 여겨진다.

이처럼 사람이기 때문에 사람이 죽으면 사람 자체의 모습보다도 사람과 가장 절친했던 소와 같은 모습이 될 수밖에 없다는 것이 어김없는 지론이며, 나아가 사람이 죽어서 다시 사람이 된다고 말하기보다는 일단 사람보다는 약간 급이 낮은 소가 된다는 상상은 그럴싸한 말이다.

그리고 고작해야 백 년도 못 사는 인생이 숨을 거두게 되는 것은 마치 친가에서 곱게 자라던 딸이 백년가약을 맺고 차비를 차려 시집을 가는 것과 똑같이 돌아가는 것이기 때문에 죽음 자체도 돌아간다는 뜻으로 '귀'라 일렀던 것이다.

낙엽은 떨어진 곧바로 그 뿌리로 돌아가 다시 그 나무가 잘 자랄 수 있는 거름으로 돌아가듯 우리 인생도 한번 죽은 후에 그 죽음이 또다시 삶으로 재생되듯 재생되어야 원칙인데 사실 그런지 어쩐지를 잘 모르는 인생이 죽음 이후를 '鬼'(귀신 귀)라 하는 것은 소박한 일이다.

처녀나 총각이 미처 혼사를 치르지도 못하고 죽었을 때에는 반드시 죽은 남녀를 골라 짝을 맺어 주는 것이 상례였다. 이때에는 결혼도 못하고 죽은 남녀는 각각 사람들의 교통이 빈번한 길가에 살며시 묻어 두고 각자가 잘 알아서 적당한 짝을 찾아 짝을 맺으라는 기회를 부여하기도 하였다. 그래서 나온 말이 '魅'(미성년인 채 죽은 귀신)이다.

'魅'는 미성년으로 죽은 자를 말하기 때문에 '未'에 '鬼'를 붙여 만든 글자로 상대를 감쪽같이 홀리는 힘을 발휘하라는 뜻으로 '홀릴 매'라고도 한다.

귀신도 여러 종류가 있다. 장대같이 커다란 귀신은 '魔'(귀신 중의 왕)라 하고, 남을 해치는 데 특기를 가진 귀신은 두 배나 더 큰 힘이 있기로 '魎'(도깨비 량)이라 하고, 죽은 후에 자리 잡지도 못하고 떠돌아다니는 귀신을 '魑'(떠돌이 귀신 이)라 한다.

산 자가 느낄 때에 귀신은 죽음의 세계에서 놀기 때문에 무섭게 여기는 것도 사실이다. 그래서 만들어진 말이 곧 '畏'(두려울 외)이다. 귀신의 머리만 상상해 볼지라도 두려운 생각이 날 수밖에 없다는 말로 귀신의 머리를 떠받는 모양을 말한 것이다.

귀신은 경문에 막히고 사람은 경우에 막히는 법이다. 옳은 것은 언제나 옳은 것이라는 말이다.

山 뫼 산
기운이 널리 흩어져 있고 생물이 의지하는 산

하늘은 온통 한 통속이나 땅은 그렇지 않다. 산과 평야와 바다가 서로 나누어져 있다. 그래서 "하늘은 둥글지만 땅은 모나 있다."(天圓地方)라고도 하고, 또는 씨는 하늘로부터 얻어진 생래적인 것이지만 그 씨를 땅에 묻어 두면 지형이나 지질에 따라 생산되는 형식이 서로 다르다고 한다.

산과 물은 각기 다르면서도 닮은 점이 있다. 물은 낮은 곳을 골라 흘러가지만 산은 높이 솟은 채 물을 흘려 버리기 마련이다. 즉, 산은 물을 가두는 울타리일 뿐이라, 산을 넘어 흐르는 물은 도저히 있을 수 없다.

그러나 산과 물은 그저 높고 낮은 것과 불가분의 관계를 지니고 있지만 산과 물은 언제나 '기'를 통하기 때문에 '산택통기'(山澤通氣)라는 말이 있다. 높은 산과 낮은 바다가 서로 무관하지 않고, 기를 통한다는 말이다.

산도 산 나름이지 다 같은 산이 아니다. 이 세상에서 가장 높은 산은 에베레스트 산이다. 흔히 이 산을 천산(天山)이라 하고 이 천산 다음으로 큰 산을 곤륜산(崑崙山)이라 한다. 그리고 중국을 중심으로 산들이 뻗어 내린 산들의 맥은 대략 다섯 맥이 있다고 한다.

첫째는 황하의 물길과 맘먹는 산맥이 하나 있고, 둘째는 양자강의 물길과 맘먹는 산맥이 있다. 그리고 실크로드의 북쪽을 이루는 산맥과 다시 실크로드 남쪽을 이루는 산맥이 있다. 나아가 곤륜산을 중심으로 러시아나 만주 일대를 거쳐 백두산을 내고 다시 백두대간을 거쳐 바닷속으로 들었다가 일본 열도에서 후지산으로 솟은 맥이 있다.

이처럼 서왕모(西王母)가 산다는 곤륜산에서 중국 내륙으로는 두 맥이 뻗어 내려 각각 황하나 양자강의 울타리가 되고, 서양으로 통하는 실크로드와는 남북으로 두 맥을 이루고 있으며, 또 다른 한편으로는 중국과 국경을 이루는 천산산맥과 그 연장으로 만주 일대를 에우다가 백두산을 만들고 다시 뻗어 대간을 이루는 산맥이 그것들이다.

한반도만을 축소하여 살펴보면 백두산이 쭉 뻗어내려 큰 줄기를 짓고 그 줄기가 금강산을 거쳐 소백산에 이르러 서쪽으로 뻗어 지리산을 낳고 다시 그 지리산 줄기 중에서 호남정맥으로 뻗어 변산을 낳고 다시 변산 줄기가 바다로 숨어들어 다도해의 여러 섬을 만들었다.

그래서 산이란 어디까지나 봉우리가 즐비하게 솟아난 것을 형상하되 그 많은 봉우리들을 다 표현하지 않고 세 봉우리만을 뽑아 '山'(뫼 산)이라 쓴 것이요, 다만 '바닷속의 산'인 섬은 갈매기가 앉는 산이라는 뜻에서 '島'(섬 도)라 이른 것이다.

산을 반드시 산이라 부르는 까닭은 수많은 동물과 식물들이 의지해 살아가기 마련이기 때문에 산은 많은 기가 흩어져 있을 뿐만 아니라 많은 생물들이 의지해 산다는 말(宣氣散生萬物 선기산생만물)이며, 또 한편으로는 돌들이 모여 높이 쌓여 있다는 말(有石而高 유석이고)이다.

많은 기들이 흩어져 있기 때문에 그 같은 기들을 바다로 흘려보내고 많은 돌들이 쌓여서 산을 이루었기 때문에 그 높은 만큼이나 우람한 모양을 그대로 지켜 내며 산 속에 갊아 있는 물들을 어김없이 흘려 내보내고 있는 것이다.

그렇기로 산은 지금은 우람한 자태를 뽐낼 수 있지만 언제나 뽐낼 수만 있는 것이 아니요, 수억만 년이 지나면 결국 덜어지고 떨어져 바다가 되고야 말 수밖에 없을 터이다.

厂 언덕 한
평지보다 높은 언덕을 이르는 모양

하늘은 높고 낮은 구분이 없으나 땅은 그렇지 않다. 높은 것도 있고 낮은 것도 있으며, 또 한편으로는 깊은 것도 있고 엉뚱하게 하늘을 찌를 듯 솟아나 높은 것도 있다. 그래서 하늘은 고하가 따로 없기 때문에 '一'이라 하나 땅은 다만 고저가 분명하기 때문에 '– –'이라 한다.

하늘 자체는 높낮이가 따로 없고 동서남북의 방면이 따로 없지만 그에 반하여 땅은 바다처럼 깊은 곳이 있는가 하면 산처럼 높은 곳이 있기도 하다. 또 동서남북과도 같은 방면이 정확한 것이 땅이라는 말이다.

물과 뭍을 나누는 해안선을 잘 살펴보면 바다에서 밀려오는 파도가 감히 쳐들어올 수 없이 의연히 솟아 있는 산이 있는가 하면, 나지막한 평지를 이루고 있기는 하나 바다에서 밀려오는 파도를 슬며시 받아들여 모래밭을 이루는 곳도 있다.

그래서 바다와 육지를 가르는 경계선으로서의 해안선을 뜻하는 언덕이란 같은 언덕 중에서도 한편으로는 의연히 솟는 산과 또 다른 한편으로는 밀려오는 파도를 살며시 받아들이되 어느 한계로 받아들이는 것이지 한계 이상을 넘지 않는다는 뜻에서 '岸'(언덕 안; 바다와 뭍을 가르는 언덕이라는 뜻)이라 하였다.

뭍의 입장에서 볼 때 밀려드는 파도를 단단히 산으로 막아 버리는 높은 산이 있으니 '厂'과 '山'을 붙여 쓰기도 하고, 그와는 반대로 밀려오는 파도를 어느 정도 수동적으로 받아들이듯 여유롭게 받아들이지만 어느 한계에 이르면 파도를 막아 버리기 때문에 '厂'과 '干'(막을 간)을 붙이기도 한다.

밀려드는 파도를 산으로 막아 버린다면 파도에 심한 상처를 입어 덜어지는 것이 상례지만 여유롭고 양보하는 듯 파도를 어느 정도 받아들이지만 어느 한계에 이르러서는 차분히 막는다면 전혀 제가 지닌 흙을 잃을 필요는 없다.

바다는 자신을 부드럽게 받아들이는 지형에다가 강물에서 흘러내린 각종의 모래나 바닷속의 진흙을 한줌이라도 슬그머니 붙여다 준다. 그래서 산 아래에 연못이 바짝 붙어 있으면 이를 〈주역〉 64괘 중에서 山澤損(산 밑에 있는 연못은 덜어 준다는 뜻이 있음)이라 하였다.

한편 하늘을 원인이라 여긴다면 땅은 그 원인을 제공 받아 실제로 결과를 이루는 것이라 이를 수 있다. 하나의 씨가 어떤 열매를 맺어 이루는 것은 하늘이 아니라 땅이다. 아무리 씨가 성하다 할지라도 땅이 그 씨를 앗아 결과를 짓지 않으면 안 된다.

씨는 반드시 어떤 씨이건 선천적으로 그 씨 속에 고유한 무늬가 있기 마련이다. 같은 박이라 할지라도 호박은 별다른 무늬가 없지만 수박은 반드시 파란 바탕에 짙은 줄무늬가 있기 마련이다. 그래서 호박을 심으면 호박이 나고 수박을 심으면 수박이 나는 것이다.

선천적으로 나타난 씨는 반드시 땅이 앗아야 난다. 그래서 씨앗이라는 말이 나왔다. 왜 그러냐 하고 묻는다면 '文'(무늬 문)이 높고 낮은 땅에 묻힌다면('厂') 그때야 비로소 그 어떤 나름대로의 무늬가 그려진 모양이 나온다('生')는 말이다.

"콩을 심으면 반드시 콩이 날 것이요, 오이를 심으면 반드시 오이가 날 것이다."(種豆得豆, 種瓜得瓜)라는 말은 곧 '産'(낳을 산)을 풀어 말한 것이다. 콩 심은 데 콩 나고 팥 심은 데 팥 나는 것이다.

石 돌 석
언덕 아래에 떨어져 굴러다니는 돌 모양

세상에 가장 많은 것은 흙이요 돌이다. 돌의 원 고향은 아마도 산인 듯 싶다. 산이 산답게 높이 솟아 있는 까닭은 거대한 바윗덩어리가 이미 산속에 들어 있기 때문이다. 그래서 이 거대한 산속의 바위를 일러 '巖'(큰 바위 암)이라 한다. 왜냐하면 산을 엄연히 받들고 있기 때문이다.

대부분 큰 바위는 산속에 묻혀 산을 받치고 있기는 하나 더러는 산 위에 볼록 나와 있는 수도 있다. 그래서 굳이 '巖'과는 좀 다르게 드러나 있는 산속의 바위는 '岩'(바위 암)이라 하며, 그중에서 더러는 산 아래로 떨어져 흐르는 물을 가로막는 것도 또한 바위이다.

그래서 산 아래로 떨어져 있는 바위와 그 바위를 비껴 흐르는 물을 그대로 본떠 만든 글자가 곧 '谷'(골짜기 곡)이다. 물론 떨어져 있는 바위만 있는 것이 아니라, 많은 돌들도 또한 골짜기에 꽉 차 있다. 그래서 언덕 아래에 떨어져 굴러다니는 돌을 '石'(돌 석)이라 하였다.

물에 씻겨 굴러다니는 것이 '돌'이기 때문에 골짜기에 있는 돌들은 거의가 다 둥글둥글하다. 아무리 단단한 돌이라도 세월을 두고 굴러다니는 돌들은 단단하기는 하나 대부분 물에 씻기고 또한 돌과 돌들이 서로 부딪혀 모래가 되기도 하고 흙이 되기도 한다.

단단했던 돌들이 부서져 흙도 되고 모래도 되기 때문에 본디 모래라는 말은 돌이 잘게 부서진 것을 말하기 때문에 '砂'(모래 사)라 말하기도 하고, 더욱 잘게 부서진 것은 흙이 되어 모든 식물이 자랄 수 있는 바탕이 되기 때문에 '一'(바탕이라는 뜻)에 '屮'(풀 돋을 철)을 합성시켜 '土'(흙 토)라 하였다.

한편 모래도 대강 두 부류가 있다. 굵은 모래는 돌에서 부서져 나온 모래로 주로 강가에 널려 있는 모래다. 그러나 더욱 물에 씻기고 씻기어 가는 모래가 된 것들은 바다까지 흘러 나갔다가 다시 파도에 휩쓸려 주로 바닷가에 있는 가는 모래라, 이를 '沙'(바닷모래 사)라 한다.

따라서 같은 모래라도 굵은 강모래가 있는가 하면 입자가 가는 바닷모래가 있다. 건축을 하는 데는 반드시 강모래를 써야 한다. 바닷모래를 강모래 대신 쓸 수 없는 까닭은, 첫째, 짠물에 질박아 있다가 나온 모래라 쓸 수가 없고, 둘째, 입자가 흙과 같아 쓸 수 없다.

흔히 억만년을 두고 멀리 생각하면 "지난날의 뽕밭이 푸른 바다가 되고, 또한 푸른 바다가 뽕밭이 될 수 있다."(桑田變爲碧海[상전변위벽해], 碧海化爲桑田[벽해화위상전]) 라고 말한다.

과연 옳은 말이라 여길 수 있다. 그렇다면 물 따라 흘러간 흙이 흙보다 가는 진흙이 되어 바닷가에 모이고 그 바닷가에 모인 진흙이 언젠가는 합쳐져 다시 돌이 되고 돌이 또 뭉쳐 바위가 되고 바위는 다시 큰 바위가 되어 산을 이룰 수도 있으리라.

높은 산이 점차 세월을 두고 부서지는 것은 큰 것이 작은 것으로 변하는 꼴이라 보자면, 진흙이 뭉쳐 장차 큰 바위로까지 되는 일은 작은 것이 뭉쳐 큰 것으로 되어 가는 자연적인 현상일 뿐이다. 大가 小로 변하고 小가 뭉쳐 大가 된다는 기막힌 우주의 섭리를 한 조각의 돌에서도 살필 수 있다.

나아가 有는 無로 無는 다시 有로 순환 무궁하는 원리가 역연하다.

長 길 장
몸에서 계속 자라는 머리털의 모양

옛날에는 머리를 깎지 않고 자연 상태에서 그대로 자라게 내버려 두었다. 신체발부는 모두 부모가 주신 바라 감히 훼손하지 않는 것이 효의 시작이라고 여겼기 때문이다. 아마도 효를 실천하는 소극적인 한 방법이었으리라.

그래서 사람의 머리에서 계속해 자라는 머리털의 모양을 그대로 그린 것이 곧 '長'(길 장)이다. 더 나아가 효를 제대로 실천하는 예는 머리털뿐만 아니라 계속해 자라나는 손톱이나 발톱까지도 깎지 않고 자라는 대로 그냥 놓아두는 경우도 있었다.

사실 자랄 대로 그냥 놓아둔다고 할지라도 무한정 자라는 것은 아니다. 특히 사람의 머리털은 자라면서도 한편 빠지는 것이 예사다. 그래서 계속해 자란다는 뜻을 지닌 '長'에 빠진다는 뜻을 가진 '犮'(뺄 발)에 또한 머리털이 나 있기 때문에 빛나다는 뜻을 지닌 '彡'(빛날 삼)을 붙여 '髮'(머리털 발)이라 하였다.

땅 위에서 흐르고 있는 모든 물들이 끊임없이 흐르는 대로 바다로 들어가지만 들어가는 대로 고스란히 바다에 쌓여 간다면 바다는 넘쳐 버릴 수밖에 없을 것이다. 그러나 그렇지 않다. 흘러들어 가는 만큼 증발해 하늘의 구름으로 변해 버린다.

계속해 자라면서도 한편 계속해 빠져 버리는 사람의 머리털이나 끊임없이 흐르지만 흐르는 만큼 증발되어 결국 구름의 양과 흘러든 물의 양이 같을 수밖에 없다는 원리는 참으로 신기할 따름이다. 이런 점에서 '長'과 같이 길다는 뜻을 가진 글자는 샘에서 바다, 다시 바다에서 샘으로 꾸준히 순환한다는 '永'(길 영) 자가 있다.

사람의 몸에서는 '長'이 길다는 뜻이요 몸 이외의 자연에서는 물의 흐름, 그리고 증발, 다시 비로 뿌려 내리는 물의 순환을 말하는 '永'이 제일 길다는 뜻이다. 활도 잡아당기면 곧 '베풀다'는 뜻이 되기 때문에 '張'(베풀 장)이 되고, '肆'(베풀 사)도 역시 붓으로 길게 늘어트려 물건들을 진열하거나 또는 진열한 가게를 뜻하는 말이다.

'길다'의 반대말은 '짧다'는 말이다. 짧다는 말은 화살의 길이보다 짧거나 또는 제기 그릇보다 낮으면 짧다는 뜻으로 '短'(짧을 단)을 썼다. 길이로 헤아리면 화살보다 짧고 높이로 보면 제기 그릇보다 낮으면 짧다는 말이었다.

왜 그렇게 썼을까? 그 까닭은 무기로 쓰는 화살도 일정한 길이가 맞아야 하고 어느 집에서나 지내는 제사 그릇 역시도 일정한 높이를 갖추어야 하기 때문이었다. 다만 크고 작은 제사의 차이는 그릇의 수로 나타냈던 것이다.

아무래도 사람들이 여럿이 모인 집단 중에서 머리털이 가장 긴 사람이 어른일 수밖에 없기 때문에 '長'(어른 장)이라 쓰기도 한다. 그리고 어른과 반대되는 아이는 자연히 아직 힘이 적다는 뜻으로 '幼'(어릴 유)라고 하였다.

흔히 말하기를, "길고 짧은 것이 어떤 집에나 다 있지만 덥거나 서늘한 차이는 다 같다."(長短家家有[장단가가유], 炎凉處處同[염량처처동])〈명심보감〉이라 하였다. 그렇기는 하지만 "길고 짧은 것도 헤아려 봐야 알거나 무겁고 가벼운 것 또한 저울질 해봐야 안다."(度然後知長短[탁연후지장단], 權然後知輕重[권연후지경중])하였다.

勿 말 물
고을을 알리는 깃발의 모양

대부분 사람들이 모여 사는 집단에는 그 집단 나름대로의 상징을 가지고 그것을 나타내는 깃발이 있다. 이 깃발의 모양을 일러 '勿'이라 하였는데 본디 자기 집단에 소속되어 있는 사람 이외에는 함부로 출입을 제한한다는 뜻으로 세운 것이 곧 깃발이다.

따라서 깃발의 모양을 본떠 깃발을 세우는 자루를 기본으로 하여 깃발에 달아맨 수술을 세 가닥으로 본뜬 것이 '勿'(말 물)이다. 본디 깃발에 달아맨 수술은 여러 색깔을 모아 놓은 것으로 세 가닥에서 아홉 가닥에 이르는 다양한 것이었다,

그러나 그 참된 뜻은 자기 집단 이외의 사람들의 출입을 엄격히 제한하는 데 목적이 있었기 때문에 되도록 출입을 말라는 뜻으로 '말 물'이라는 뜻을 붙인 것만은 사실인 듯싶다. 나아가 빛나는 수술들이 여러 색깔 등을 모은 것이라는 점에서 번쩍거리며 비추다는 뜻이 파생되어 잡색을 말하기도 한다.

소를 예로 들면 '物'(물건 물)이라는 글자는 잡색이 섞인 소를 말한다. 순수한 혈통으로 이루어진 소보다는 색깔이 섞인 소가 훨씬 우수하기 때문에 잡색소야말로 여러 물건 중에서도 물건이라는 뜻을 지녔다.

해는 항상 아침이 되면 떠오르고 날이 맑으면 눈부시게 비추기 마련이다. 비추는 해를 마주보고 해와 더불어 눈싸움을 해서는 안 된다. 그 어떤

사람도 해와 눈싸움을 하면 백발백중 시력을 잃기 마련이다. 그렇기 때문에 마주보지 말라는 '勿'을 썼다.

이런 뜻에서 '물'이란 해가 비추다는 뜻이 있다. 해가 떠 있는 동안에 비추는 것이지 해가 지고 나면 해를 볼 수 없는 노릇이다. 그래서 해가 뜨는 아침을 말하는 '旦'(아침 단)에 비추다는 뜻으로 '勿'을 밑에 붙이면 해가 비추다는 뜻이다.

그리고 거기에 '阝'(언덕 부)를 붙이면 이른바 볕드는 쪽(陽)이라는 뜻이 된다. 볕드는 쪽이 있다면 볕에 가리어 어두운 쪽도 있기 마련인데 이 어두운 쪽은 언덕을 중심으로 구름끼에 포함된 쪽이라는 뜻에서 '陰'(그늘 음)이라 하였다.

세상 이치는 낮이 줄어 밤이 되고 밤이 깊어 다시 낮으로 바뀌는 것이 정상적인 궤도인 것과 마찬가지로 산동에 자리 잡고 사는 이의 습성은 아침 해를 일찍 맞이할 수 있지만 산서에 자리 잡고 사는 이의 습성은 한 때라도 늦게까지 일을 하기 마련이다.

결국 음양은 이미 음양 이전에 있었던 존재의 두 가닥으로 시간을 두고 음과 양이 서로 엎치락뒤치락 상승을 반복하며 무한히 변화해 나가는 것이 전체 우주의 실다운 상이라 보는 것이 옳다.

그 뚜렷한 증거가 밤낮의 반복 그 자체가 아닌가 싶다. 밤낮의 모양새도 또한 엎치락뒤치락 끊임없이 반복되는 것이니 일 년을 두고 밤이 제일 길은 것을 동지라면, 그와 반대로 낮의 길이가 가장 길어 쨍쨍 쬐는 햇살에 지루한 하루를 보내는 때는 바로 하지다.

그러나 저러나 간에 천지 안에 진열되어 있는 만물은 알고 보니 다 음양의 합성물로 그야말로 잡색을 띤 '萬物'일 뿐이다. 만물이란 곧 다양한 음양의 합성물을 말한다. 그 다양한 것들을 제대로만 활용할 수 있다면 못 이룰 일이 없는 것이다.